한자능력 검정시험

4급(4II)

머리말

먼저 굳은 결심으로 「한자능력검정시험」을 준비하기 위해 이 책을 선택해 첫 장을 펼친 수험생 여러분께 격려와 감사의 말을 전하고 싶다. 어떤 시험이건 간에 처음에는 막막하고 자신 없기는 누구나 마찬가지일 것이다. 특히 한자시험이라면 그 부담감은 더하리라 생각된다. 그동안 한자교육의 필요성은 여러 강한 비판과 목소리에도 불구하고 강조되어 온 것이 사실이다. 그것은 다름 아닌 한자는 국어와 더불어 우리 문학과 역사의 이해는 물론이고 나아가 21세기를 사는 지금도 실생활에 꼭 필요한 언어수단이 되고 있기 때문이다. 가까이 우리 주위를 둘러봐도 매일 아침 접하는 신문이나 간판, 자기를 소개하기 위해 주고 받는 명함 한 장에 이르기까지 우리 생활에 가까이 자리잡고 있음을 알 수 있다. 또한 세계화·국제화시대를 맞아 이제는 우리 이웃으로 자리잡은 중국과의 교역 확대 등으로 인해 한자교육의 중요성은 더 이상 강조하지 않아도 피부로 느끼고 있을 것이다. 이러한 이유로 인해 해를 거듭할수록 「한자능력검정시험」이 남녀노소 누구나 응시할 수 있는 자격시험으로 자리잡아 가고 있다고 볼 수 있다. 본서는 누구나 쉽게 한자를 익히고 쓸 수 있도록 하자는데 가장 큰 역점을 두었으며, 또한 지금까지 시행되었던 실제문제를 철저히 분석하여 이 책 한 권만으로도 충분한 시험 준비가 될 수 있도록 구성하였다. 아무쪼록 여러분이 끝까지 최선을 다해 노력한다면 좋은 결과를 얻으리라 믿어 의심치 않으며, 여러분의 건투를 빈다.

차례

part 01 한자이해의 기초
- 01. 한자의 형성과 구조 ········· 14
- 02. 한자어의 기본구조 ········· 16
- 03. 한자의 부수 ········· 20

part 02 한자능력검정시험 필수한자 해설
- 01. 4급선정 1000字 읽기 ········· 22
  - 기출예상문제 ········· 166
- 02. 4급선정 500字 쓰기 및 활용 ········· 182
  - 기출예상문제 ········· 282

part 03 한자어의 활용
- 01. 결합어 ········· 304
  - 기출예상문제 ········· 316
- 02. 동의어·반의어 ········· 320
  - 기출예상문제 ········· 328
- 03. 동음이의어 ········· 330
  - 기출예상문제 ········· 346
- 04. 한자의 장·단음 ········· 348
  - 기출예상문제 ········· 358
- 05. 한자성어풀이 ········· 360
  - 기출예상문제 ········· 368

특징 및 구성

한자이해의 기초

본격적인 학습에 앞서 한자에 대한 기본적인 내용을 체계적으로 정리하여 수록했습니다.

필수한자 해설

각 급수에 따른 필수한자의 음과 뜻, 활용 예를 수록하여 학습 효율을 높였습니다.

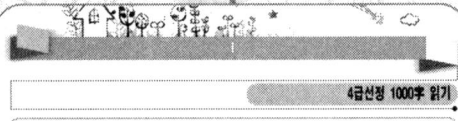

한자어의 활용

빈출 결합어, 동의어·반의어, 동음이의어, 한자숙어 및 한자성어 풀이를 정리하여 수록했습니다.

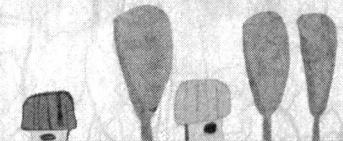

시험 안내

최근 한자교육의 열풍이 뜨겁게 불고 있다. 한자는 우리 생활에 가까이 자리잡고 있으며 세계화·국제화 시대를 맞아 한자학습의 절실한 필요성과 함께 한자교육의 중요성은 더욱더 강조된다. 특히 최근에는 점점 잊혀져 가는 한자를 되살리려는 노력이 전 사회적으로 확산되면서 각 기업체의 입사시험 및 공무원이나 정부투자기관 등의 필기시험과 면접시험에서도 한자능력테스트를 중요 선발기준으로 삼고 있어 한자능력의 필요성이 더욱 강조된다. 이로 인해 해를 거듭할수록 한자능력시험의 응시열과 합격률이 높아져가고 있어 한자의 학습이 매우 중요하다 하겠다.

❶ **시행기관** … 사단법인
❷ **시험시기** … 년 4회 시행
❸ **응시자격** … 학력·경력 제한없이 누구나 응시 가능
❹ **출제내용** … 독음, 훈음, 한자쓰기, 장단음, 반의어(상대어), 완성형 부수, 동의어(유의어), 동음이의어, 뜻풀이, 약자, 필순, 한문
❺ **급수별 합격기준**

구분	특급·특급Ⅱ	1급	2급·3급·3Ⅱ	4급·4급Ⅱ·5급	6급	6급Ⅱ	7급	7급Ⅱ	8급
출제문항수	200	200	150	100	90	80	70	50	60
합격문항수	160	160	100	70	63	56	49	35	42
시험시간	100	90	60	50	50	50	50	50	50

❻ **급수배정**

급수	읽기	쓰기	수준 및 특성
특급	5,978	3,500	國漢混用 古典을 불편 없이 읽고, 연구할 수 있는 수준 고급 (韓中 古典 추출한자 도합 5978자, 쓰기 3500자)
특급Ⅱ	4,918	2,355	國漢混用 古典을 불편 없이 읽고, 연구할 수 있는 수준 중급 (KSX1001 한자 4888자 포함, 전체 4918자, 쓰기 2355자)
1급	3,500	2,005	國漢混用 古典을 불편 없이 읽고, 연구할 수 있는 수준 초급 (상용한자+준상용한자 도합 3500자, 쓰기 2005자)
2급	2,355	1,817	國漢混用 古典을 불편 없이 읽고, 연구할 수 있는 수준 초급 (상용한자+준상용한자 도합 3500자, 쓰기 2005자)
3급	1,817	1,000	고급 常用漢字 활용의 중급 단계 (상용한자 1817자-교육부 1800자 모두 포함, 쓰기 1000자)
3급Ⅱ	1,500	750	고급 常用漢字 활용의 초급 단계(상용한자 1500자, 쓰기 750자)
4급	1,000	500	중급 常用漢字 활용의 고급 단계(상용한자 1000자, 쓰기 500자)
4급Ⅱ	750	400	중급 常用漢字 활용의 중급 단계(상용한자 750자, 쓰기 400자)
5급	500	300	중급 常用漢字 활용의 중급 단계(상용한자 500자, 쓰기 300자)
5급Ⅱ	400	225	중급 常用漢字 활용의 초급 단계(상용한자 400자, 쓰기 225자)
6급	300	150	기초 常用漢字 활용의 고급 단계(상용한자 300자, 쓰기 150자)
6급Ⅱ	225	50	기초 常用漢字 활용의 중급 단계(상용한자 225자, 쓰기 50자)
7급	150	–	기초 常用漢字 활용의 초급 단계(상용한자 150자)
7급Ⅱ	100	–	기초 常用漢字 활용의 초급 단계(상용한자 100자)
8급	50	–	漢字 學習 동기 부여를 위한 급수(상용한자 50자)

❼ 급수별 출제기준

구분	특급 특급Ⅱ	1급	2급 3급·3급Ⅱ	4급	4급Ⅱ	5급·5급Ⅱ	6급	6급Ⅱ	7급	7급Ⅱ	8급
음독	45	50	45	32	35	35	33	32	32	22	24
훈독	27	32	27	22	22	23	22	29	30	30	24
장단음	10	10	5	3	0	0	0	0	0	0	0
반의어(상대어)	10	10	10	3	3	3	3	2	2	2	0
완성형(성어)	10	15	10	5	5	4	3	2	2	2	0
부수	10	10	5	3	3	0	0	0	0	0	0
동의어(유의어)	10	10	5	3	3	3	2	0	0	0	0
동음이의어	10	10	5	3	3	3	2	0	0	0	0
뜻풀이	5	10	5	3	3	3	2	2	2	2	0
약자	3	3	3	3	3	3	0	0	0	0	0
한자쓰기	40	40	30	20	20	20	20	10	0	0	0
필순	0	0	0	0	0	3	3	3	2	2	2
한문	20	0	0	0	0	0	0	0	0	0	0
출제문제(계)	200	200	150	100	100	100	90	80	70	60	50

배정한자 4급 1000字 · 4급 II 750字

한자능력검정시험 4급 배정한자는 1000字, 4급 II 배정한자는 750字입니다. 一字一字 꼭 익혀두십시오.

ㄱ

家 집 가	歌 노래 가	價 값 가	可 옳을 가	加 더할 가	假 거짓 가	街 거리 가	暇 겨를 가	角 뿔 각	各 각각 각
覺 깨달을 각	刻 새길 각	間 사이 간(때간)	看 볼 간	簡 편지 간 대쪽 간	干 방패 간	感 느낄 감	監 볼 감	減 덜 감	甘 달 감
敢 감히 감	甲 첫째천간 갑	江 강 강	強 굳셀 강(강할강)	康 편안할 강	講 익힐 강	降 내릴 강(항복할 항)	開 열 개	改 고칠 개	個 낱 개
客 손님 객	更 다시 갱(고칠 경)	車 수레 거(차)	擧 들 거, 모두 거	去 갈 거	巨 클 거	據 의거할 거	拒 막을 거	居 있을 거, 살 거	建 세울 건
件 사건 건	健 튼튼할 건	傑 뛰어날 걸	檢 조사할 검	儉 검소할 검	格 바로잡을 격	擊 부딪칠 격	激 과격할 격	見 볼 견	堅 굳을 견
犬 개 견	決 정할 결	結 맺을 결	潔 깨끗할 결	缺 이지러질 결	京 서울 경	敬 공경할 경	景 볕 경	輕 가벼울 경	競 겨룰 경
經 경서 경	境 지경 경	慶 경사 경	警 경계할 경	驚 놀랄 경	傾 기울 경	鏡 거울 경	界 세계 계	計 꾀계, 셈할 계	係 맬 계
繼 이을 계	階 섬돌 계	戒 경계할 계	季 끝철, 계절 계	鷄 닭 계	系 계통 계	高 높을 고	苦 쓸 고	古 옛 고	告 알릴 고
考 상고할 고	固 굳을 고	故 옛 고, 까닭 고	孤 외로울 고	庫 곳집 고	曲 굽을 곡	穀 곡식 곡	困 괴로울 곤	骨 뼈 골	工 장인 공
空 빌 공	公 공변될 공	功 공공, 일할 공	共 함께 공	孔 구멍 공	攻 칠 공, 익힐 공	科 과정 과	果 실과 과	課 매길, 과목 과	過 지날 과
關 빗장 관	觀 볼 관	官 벼슬 관	管 피리관, 관할 관	光 빛 광	廣 넓을 광	鑛 쇳돌 광	校 학교 교	敎 가르칠 교	交 사귈 교
橋 다리 교	九 아홉 구	口 입 구	球 공 구	區 지경 구	舊 옛 구	具 갖출 구	救 구원할 구	求 구할 구	究 연구할 구
句 글귀 구	構 얽을 구	國 나라 국	局 방국, 판 국	軍 군사 군	郡 고을 군	君 임금 군	群 무리군(뭐리군)	屈 굽을 굴	宮 집 궁
窮 다할 궁	權 권세권, 저울추 권	勸 권할 권	卷 책 권	券 문서권, 책권	貴 귀할 귀	歸 돌아갈 귀	規 법 규	均 고를 균	極 다할 극
劇 심할 극	根 뿌리 근	近 가까울 근	筋 힘줄 근	勤 부지런할 근	金 쇠 금	今 이제 금	禁 금할 금	急 급할 급	級 등급 급
給 줄 급	氣 기운 기	記 기록할 기	旗 기 기	己 몸 기, 여섯째천간 기	基 터 기, 바탕 기	技 재주 기	汽 김 기(거의 훈)	期 기약할 기	器 그릇 기
起 일어날 기	奇 기이할 기	機 틀 기	紀 적을 기	寄 부칠 기	吉 길할 길				

ㄴ

暖 따뜻할 난	難 어려울 난	南 남녘 남	男 사내 남	納 바칠 납	內 안 내	女 계집 녀(여)	年 해 년(연)	念 생각할 념(염)	勞 힘쓸 노(로)
怒 성낼 노	農 농사 농	能 능할 능							

ㄷ

多 많을 다	短 짧을 단	團 모일 단	壇 단 단	斷 끊을 단	端 실마리 단	單 홑 단	禮 박달나무 단	段 귿단, 조각 단	達 통달할 달
談 말씀 담	擔 멜 담, 맡을 담	答 대답할 답	堂 집 당	當 마땅할 당	黨 무리 당	大 큰 대	代 대신할 대	對 대답할 대	待 기다릴 대
隊 대 대	帶 띠 대	德 덕 덕	道 길 도, 말할 도	圖 그림 도	度 법도 도	到 이를 도	島 섬 도	都 도읍 도	導 이끌 도
徒 걸어다닐 도	逃 달아날 도	盜 훔칠 도	讀 읽을 독	獨 홀로 독	督 살펴볼 독	毒 독 독	東 동녘 동	動 움직일 동	洞 고을 동
同 한가지 동	冬 겨울 동	童 아이 동	銅 구리 동	頭 머리 두	豆 콩두, 팥두	斗 말 두	得 얻을 득	登 오를 등	等 가지런할 등
燈 등잔 등									

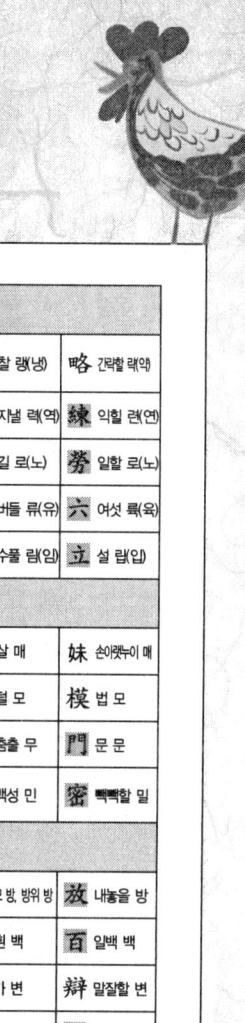

ㄹ

羅 그물 라(나)	樂 즐길 락(풍류 악)	落 떨어질 락	亂 어지러울 란(난)	卵 알 란(난)	覽 볼 람(남)	朗 밝을 랑(낭)	來 올 래(내)	冷 찰 랭(냉)	略 간략할 략(약)
良 좋을 량(양)	量 헤아릴 량(양)	兩 두 량(양)	糧 양식 량(양)	旅 나그네 려(여)	麗 고울 려(여)	慮 생각할 려(여)	力 힘 력(역)	歷 지날 력(역)	練 익힐 련(연)
連 이을 련(연)	列 줄 렬(열)	烈 세찰 렬(열)	領 다스릴 령(영)	令 영 령(영)	例 법식 례(예)	禮 예도 례(예)	老 늙은이 로(노)	路 길 로(노)	勞 일할 로(노)
綠 초록빛 록(녹)	錄 기록할 록(녹)	論 말할 론(논)	料 되질할 료	龍 용 룡	類 무리 류(유)	流 흐를 류(유)	留 머무를 류(유)	柳 버들 류(유)	六 여섯 륙(육)
陸 뭍 륙(육)	輪 바퀴 륜(윤)	律 법률 률(율)	里 마을 리	理 다스릴 리(이)	利 날카로울 리(이)	李 오얏 리(이)	離 떼놓을 리(이)	林 수풀 림(임)	立 설 립(입)

ㅁ

馬 말 마	萬 일만 만	滿 찰 만	末 끝 말	望 바랄 망	亡 망할 망	每 매양 매	賣 팔 매	買 살 매	妹 손아랫누이 매
脈 맥 맥	面 낯 면	勉 힘쓸 면	名 이름 명	命 목숨 명	明 밝을 명	鳴 울 명	母 어미 모	毛 털 모	模 법 모
木 나무 목	目 눈 목	牧 칠 목	妙 묘할 묘	墓 무덤 묘	無 없을 무	武 굳셀 무	務 일무, 힘쓸 무	舞 춤출 무	門 문 문
文 무늬문 글월 문	問 물을 문	聞 들을 문	物 만물 물	米 쌀 미	美 아름다울 미	味 맛 미	未 아닐 미 여덟째지지 미	民 백성 민	密 빽빽할 밀

ㅂ

朴 후박나무 박	博 넓을 박, 노름 박	拍 칠 박	反 되돌릴 반	半 반 반	班 나눌 반	發 필발 쏠발	髮 터럭 발	方 모방, 방위 방	放 내놓을 방
房 방 방	防 둑방, 막을 방	訪 찾을 방	妨 방해할 방	倍 곱 배	配 아내 배	背 등 배	拜 절 배	白 흰 백	百 일백 백
番 갈마들 번	罰 죄 벌	伐 칠 벌	範 법 범, 한계 범	犯 범할 범	法 법 법	壁 벽 벽	變 변할 변	邊 가 변	辯 말잘할 변
別 나눌 별	病 병 병	兵 군사 병	報 갚을 보	寶 보배 보	保 지킬 보	步 걸음 보	普 널리 보	服 옷 복	福 복 복
伏 엎드릴 복	複 겹칠 복	本 근본 본	奉 받들 봉	父 아비 부	夫 지아비 부	部 거느릴 부	婦 며느리 부	富 부유할 부	復 다시 부·돌아올 복
副 버금 부	府 곳집 부, 마을 부	否 아닐 부	負 질 부	北 북녘 북	分 나눌 분	憤 결낼 분	粉 가루 분	不 아닐 불	佛 부처 불
比 견줄 비	鼻 코 비	費 쓸 비	備 갖출 비	悲 슬플 비	非 아닐 비	飛 날 비	祕 숨길 비	批 칠 비	碑 돌기둥 비
貧 가난할 빈	氷 얼음 빙								

ㅅ

四 넉 사	事 일 사	社 토지신 사	使 하여금 사	死 죽을 사	仕 벼슬할 사	士 선비 사	史 역사 사	思 생각할 사	寫 베낄 사
査 사실할 사	謝 사례할 사	師 스승 사	舍 집 사	寺 절 사	辭 말 사	絲 실 사	私 사사로울 사	射 궁술 사	山 뫼 산
算 셀 산	産 낳을 산	散 흩어질 산	殺 죽일 살	三 석 삼	上 위 상	相 서로 상	商 장사 상	賞 상줄 상	狀 형상 상
床 상상의 음역자	常 항상 상	想 생각할 상	象 코끼리 상	傷 상처 상	色 빛 색	生 날 생	西 서녘 서	書 쓸서 책 서	序 차례 서
夕 저녁 석	石 돌 석	席 자리 석	先 먼저 선	線 줄 선	仙 신선 선	鮮 고울 선	善 착할 선	船 배 선	選 가릴 선
宣 베풀 선	雪 눈 설	說 말씀 설	設 베풀 설	舌 혀 설	姓 성성 계통	成 이룰 성	省 살필성 덜생	性 성품 성	誠 정성 성
聖 성스러울 성	城 성 성	聲 소리 성	星 별 성	盛 담을 성	世 세상 세, 대 세	歲 해 세	洗 씻을 세	勢 기세 세	細 가늘 세
稅 세금 세	小 작을 소	少 적을 소	所 바 소, 곳 소	消 사라질 소	掃 쓸 소	笑 웃을 소	素 흴 소, 바탕 소	速 빠를 속	束 묶을 속
俗 풍속 속	續 이을 속	屬 엮을 속, 이을 촉	孫 손자 손	損 덜 손	送 보낼 송	松 소나무 송	頌 기릴 송	水 물 수	手 손 수
數 셀 수	樹 나무 수	首 머리 수	收 거둘 수	授 줄 수	受 받을 수	修 닦을 수	守 지킬 수	秀 빼어날 수	宿 묵을 숙

肅 엄숙할 숙	叔 아재비 숙	順 순할 순	純 순수할 순	術 꾀·재주 술	崇 높을 숭	習 익힐 습	勝 이길 승	承 받들 승	市 저자 시
時 때 시	始 처음 시	示 보일 시	視 볼 시	試 시험할 시	詩 시 시	施 베풀 시	是 옳을 시·이 시	食 밥 식	植 심을 식
式 법 식	識 알 식·적을 지	息 숨쉴 식	信 믿을 신	身 몸 신	新 새 신	神 귀신 신	臣 신하 신	申 아홉째지지·원숭이 신	室 집 실
失 잃을 실	實 열매 실	心 마음 심	深 깊을 심	十 열 십	氏 성씨				

ㅇ

兒 아이 아	惡 악할 악	安 편안할 안	案 책상 안	眼 눈 안	暗 어두울 암	壓 누를 압	愛 사랑 애	液 진 액	額 이마 액
野 들 야	夜 밤 야	弱 약할 약	藥 약 약	約 묶을 약	洋 바다 양	陽 볕 양	養 기를 양	羊 양 양	樣 모양 양
語 말씀 어	魚 고기 어	漁 고기잡을 어	億 억 억	言 말씀 언	嚴 엄할 엄	業 업 업	餘 남을 여	如 같을 여	與 줄 여
逆 거스를 역	易 바꿀 역·쉬울 이	域 지경 역	然 그러할 연	煙 연기 연	演 밀리흐를 연	硏 갈 연	延 끌 연	緣 가선 연	鉛 납 연
燃 사를 연	熱 더울 열	葉 잎 엽	英 꽃부리 영	永 길 영	榮 꽃 영	營 경영할 영	迎 맞이할 영	映 비출 영	藝 심을 예
豫 미리 예	五 다섯 오	午 일곱째지지·낮 오	誤 그릇할 오	屋 집 옥	玉 옥 옥	溫 따뜻할 온	完 완전할 완	王 임금 왕	往 갈 왕
外 밖 외	要 구할 요	曜 빛날 요·일 요	謠 노래 요	浴 목욕할 욕	勇 날쌜 용	用 쓸 용	容 얼굴 용	右 오른쪽 우	雨 비 우
友 벗 우	牛 소 우	遇 만날 우	優 넉넉할 우	郵 역참 우	運 돌 운	雲 구름 운	雄 수컷 웅	園 동산 원	遠 멀 원
元 으뜸 원	願 원할 원	原 근원 원	院 담 원	員 수효 원	圓 둥글 원	怨 원망할 원	援 당길 원	源 근원 원	月 달 월
偉 훌륭할 위	位 자리 위	爲 할 위	衛 지킬 위	圍 둘레 위	危 위태할 위	威 위엄 위	委 맡길 위	慰 위로할 위	有 있을 유
由 말미암을 유	油 기름 유	遺 끼칠 유	乳 젖 유	遊 놀 유	儒 선비 유	育 기를 육	肉 고기 육	銀 은 은·돈 은	恩 은혜 은
隱 숨길 은	音 소리 음	飮 마실 음	陰 응달 음	邑 고을 읍	應 응할 응	意 뜻 의	醫 의원 의	衣 옷 의	義 옳을 의
議 의논할 의	依 의지할 의	疑 의심할 의	儀 거동 의	二 두 이	以 써 이	耳 귀 이	移 옮길 이	異 다를 이	益 더할 익
人 사람 인	因 인할 인	認 알 인	印 도장 인	引 끌 인	仁 어질 인	一 한 일	日 해 일	任 맡길 임	入 들 입

ㅈ

自 스스로 자	子 아들 자·첫째지지(쥐) 자	字 글자 자	者 놈 자	姿 맵시 자	姉 누이·재의 (여)	資 재물 자	昨 어제 작	作 지을 작	殘 해칠 잔
雜 섞일 잡	長 길 장	場 마당 장	章 글 장	將 장차 장	障 가로막을 장	壯 씩씩할 장	腸 창자 장	裝 꾸밀 장	獎 권면할 장
帳 휘장 장	張 베풀 장	才 재주 재	在 있을 재	財 재물 재	材 재목 재	災 재앙 재	再 두 재	爭 다툴 쟁	貯 쌓을 저
低 밑 저	底 밑 저	的 과녁 적	赤 붉을 적	敵 원수 적	適 갈 적	籍 서적 적	賊 도둑 적	績 살낳을 적	積 쌓을 적
電 번개 전	全 온전할 전	前 앞 전	戰 싸울 전	典 법 전	傳 전할 전	展 펼 전	田 밭 전	專 오로지 전	轉 구를 전
錢 돈 전	節 마디 절	切 끊을 절·통째 체	絶 끊을 절	折 꺾을 절	店 가게 점	點 점 점	占 차지할 점	接 사귈 접	正 바를 정
庭 뜰 정	定 정할 정	情 뜻 정	停 머무를 정	精 쓿은쌀 정	程 단위 정	政 정사 정	丁 넷째천간 정	整 가지런할 정	靜 고요할 정
弟 아우 제	第 차례 제	題 표제 제	祭 제사 제	濟 건널 제	製 지을 제	際 사이 제	制 마를 제	提 끌 제	除 섬돌 제
帝 임금 제	祖 조상 조	朝 아침 조	調 고를 조	操 잡을 조	助 도울 조	鳥 새 조	造 지을 조	早 새벽 조	條 가지 조
組 끈 조	潮 조수 조	足 발 족	族 겨레 족	尊 높을 존	存 있을 존	卒 군사 졸	種 씨 종·심을 종	終 끝날 종	宗 마루 종

從 좇을 종	鐘 종 종	左 왼 좌	座 자리 좌	罪 허물 죄	主 주인 주	住 살 주	注 물댈 주	晝 낮 주	週 돌 주
州 고을 주	走 달릴 주	周 두루 주	朱 붉을 주	酒 술 주	竹 대 죽	準 수준기 준	中 가운데 중	重 무거울 중	衆 무리 중
增 불을 증	證 증거 증	紙 종이 지	地 땅 지	知 알 지	止 그칠 지	至 이를 지	志 뜻 지	支 가를 지	指 손가락 지
誌 기록할 지	持 가질 지	智 슬기 지	直 곧을 직	職 벼슬 직	織 짤 직	進 나아갈 진	眞 참 진	盡 다될 진	珍 보배 진
陣 줄 진	質 바탕 질	集 모일 집							

ㅊ

次 버금 차	差 어긋날 차	着 붙을 착(저)	讚 기릴 찬	察 살필 찰	參 간여할참(석삼)	窓 창 창	唱 노래 창	創 비롯할 창	採 캘 채
責 꾸짖을 책	冊 책 책	處 살 처	川 내 천	千 일천 천	天 하늘 천	泉 샘 천	鐵 쇠 철	靑 푸를 청	淸 맑을 청
請 청할 청	聽 들을 청	廳 관청 청	體 몸 체	草 풀 초	初 처음 초	招 부를 초	寸 마디 촌	村 마을 촌	銃 총 총
總 거느릴 총	最 가장 최	秋 가을 추	推 옮길 추	祝 빌 축	築 쌓을 축	蓄 쌓을 축	縮 다스릴 축	春 봄 춘	出 날 출
充 찰 충	蟲 벌레 충	忠 충성 충	取 취할 취	趣 달릴 취	就 이룰 취	測 잴 측	層 층 층	致 보낼 치	置 둘 치
齒 이 치	治 다스릴 치	則 법칙 칙 곧 즉 본뜰 측	親 친할 친	七 일곱 칠	侵 침노할 침	寢 잠잘 침	針 바늘 침	稱 일컬을 칭	

ㅋ

快 쾌할 쾌									

ㅌ

打 칠 타	他 다를 타	卓 높을 탁	炭 숯 탄	彈 탄알 탄	歎 읊을 탄	脫 벗을 탈	探 찾을 탐	太 클 태	態 모양 태
宅 집 택(댁)	擇 가릴 택	土 흙 토	討 칠 토	通 통할 통	統 큰 줄기 통	痛 아플 통	退 물러날 퇴	鬪 싸움 투	投 던질 투
特 특별할 특									

ㅍ

波 물결 파	破 깨뜨릴 파	派 물갈래 파	板 널빤지 판	判 판가름할 판	八 여덟 팔	敗 깨뜨릴 패	便 편할 편	篇 책 편	平 평평할 평
評 품평할 평	閉 닫을 폐	砲 돌쇠뇌 포	包 쌀 포	布 베풀 포	胞 태보 포	暴 사나울 포 (드러낼 폭)	爆 터질 폭	表 겉 표	票 불똥뛸 표
標 표할 표	品 물건 품	風 바람 풍	豊 풍성할 풍	疲 지칠 피	避 피할 피	必 반드시 필	筆 붓 필		

ㅎ

下 아래 하	夏 여름 하	河 강이름 하	學 배울 학	韓 나라이름 한	漢 나라 한	寒 찰 한	限 한계 한	閑 한가할 한	恨 한탄할 한
合 합할 합	港 항구 항	航 배 항	抗 막을 항	海 바다 해	害 해칠 해	解 풀 해	核 씨 핵	幸 다행 행	行 갈 행 행렬 행
向 향할 향	香 향기 향	鄕 시골 향	許 허락할 허	虛 빌 허	憲 법 헌	驗 증험할 험	險 험할 험	革 가죽 혁 고칠 혁	現 나타날 현
賢 어질 현	顯 나타날 현	血 피 혈	協 맞을 협	兄 맏 형	形 모양 형	刑 형벌 형	惠 은혜 혜	號 부르짖을 호	湖 호수 호
呼 부를 호	護 보호할 호	好 좋을 호	戶 지게 호	或 혹 혹	混 섞을 혼	婚 혼인할 혼	紅 붉을 홍	火 불 화	話 말할 화
花 꽃 화	和 화할 화	畫 그림 화	化 될 화	貨 재물 화	華 빛날 화	確 굳을 확	患 근심 환	環 고리 환	歡 기뻐할 환
活 살 활	黃 누를 황	況 하물며 황	會 모일 회	回 돌 회	灰 재 회	孝 효도 효	效 본받을 효	後 뒤 후	候 물을 후
厚 두터울 후	訓 가르칠 훈	揮 휘두를 휘	休 쉴 휴	凶 흉할 흉	黑 검을 흑	吸 숨들이쉴 흡	興 일 흥	希 바랄 희	喜 기쁠 희

※ 4급 배정한자 1000자 중 4급Ⅱ 배정한자 750자는 음영처리 되어 있음.

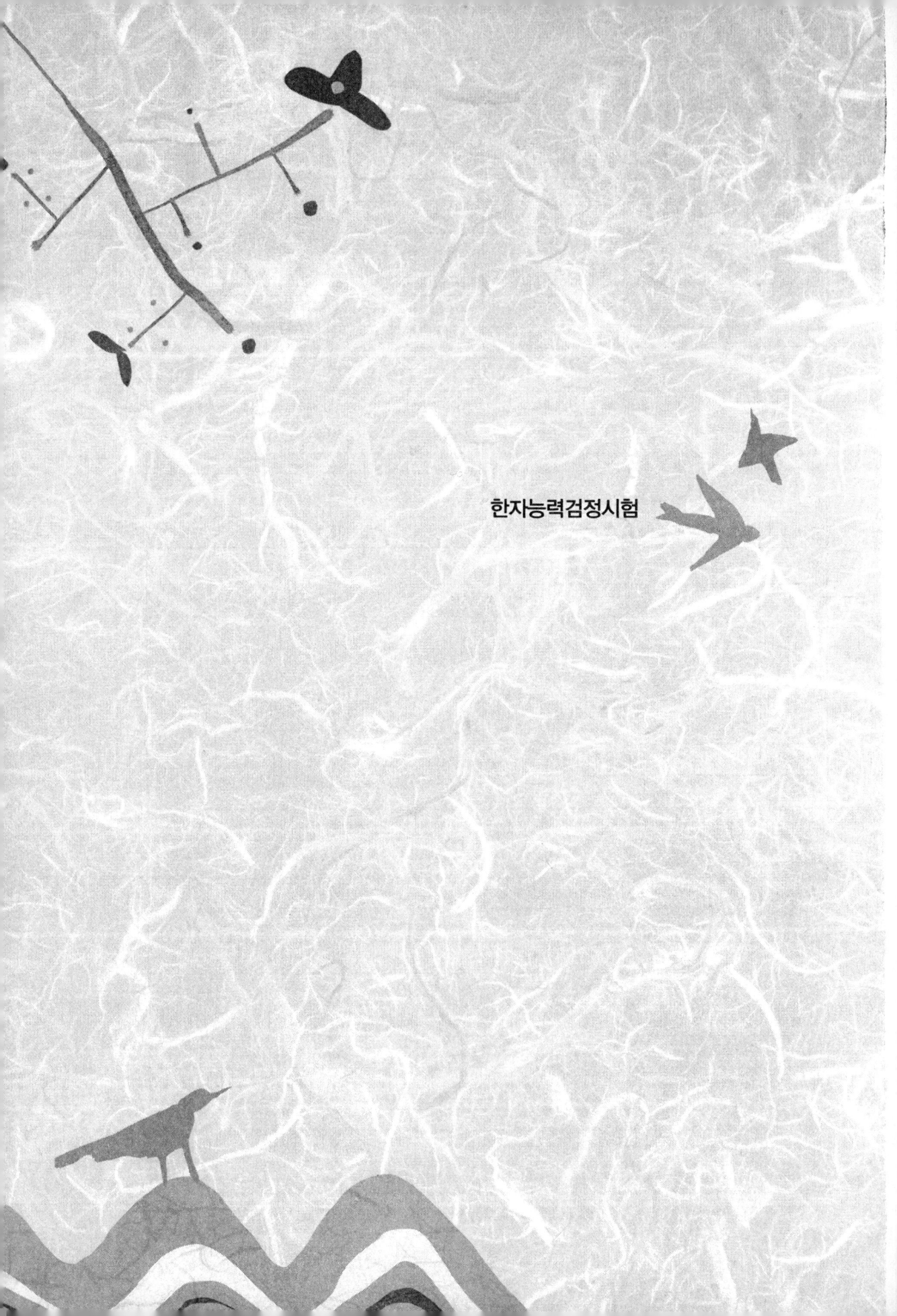
한자능력검정시험

한자이해의 기초

01. 한자의 형성과 구조
02. 한자어의 기본구조
03. 한자의 부수

한자의 형성과 구조

본격적인 한자 익히기에 앞서 한자의 형성과정과 그 구조에 대한 이해는 필수적이라 할 수 있다. 이것은 보다 쉬운 한자학습은 물론이고 나아가 한문학을 이해하는데 중요한 밑거름이 된다. 특히 한자간의 독특한 구성원리인 六書(육서)에 대하여 자세히 알아보도록 한다.

1 한자의 발생(發生)

중국 상고시대인 황제(黃帝) 때(黃帝元年 : B.C. 2674년)에 사관(史官)이던 창힐(創頡)이 새의 발자국을 보고 만들었다고 전한다. 이외에도 복희(伏羲)·주양(朱襄) 등이 만들었다는 설(說)도 있다. 그러나 한자는 어느 한 사람의 손에 의하여 만들어졌다고 생각하기 어렵고, 오랜 시일이 지나는 동안에 여러 사람의 손을 거쳐 형성되었다고 본다. 한자가 생기기 이전에 문자대용으로 사용한 방법으로는 결승(結繩)·팔괘(八卦)·서계(書契) 등이 있었다고 한다.

2 한자 자체(字體)의 변천(變遷)

한자는 오랜 역사를 거치는 동안에 그 모양도 많이 변천되었다. 옛날의 갑골문자(甲骨文字)에서부터 시작하여 전서(篆書)·예서(隸書)·해서(楷書)·행서(行書)·초서(草書) 등 다양한 서체의 변화를 보이고 있으나, 오늘날은 해서와 행서가 많이 쓰이고 있다.

3 한자의 전래(傳來)

한자가 언제부터 우리나라에 들어왔는지 그 확실한 연대를 추정하기는 곤란하나, 상고시대부터 중국 민족의 빈번한 이동에 따라 그들과 접촉이 잦았던 우리 북방에서는 이미 한자(漢字)·한문(漢文)을 받아들였을 것으로 추측되며, 위만조선이나 한사군 시대에는 이미 우리 민족에 널리 보급되었을 것이다.

> ▶ 갑골문자 … 거북이의 껍질 [龜甲] 이나 짐승의 뼈에 새긴 문자를 말하는 것으로서, 중국에서 가장 오래된 것이다. 이것은 은(殷)나라 때(B.C. 1751~1111년)에 사용되었다. 은은 본래 탕왕(湯王)이 상 [河南省 商邱縣] 에 도읍을 정하여 상(商)이라고 불렀는데, 19대 왕 반경(盤庚)이 은 [河南省 安陽縣] 으로 도읍을 옮겨 은(殷)이라고 불리게 되었다. 은나라의 도읍지가 있던 곳을 은허(殷墟)라 하는데, 이곳에서 오래 전부터 갑골문자가 새겨진 갑골이 출토되었다. 은나라 왕실에서는 거북이의 껍질을 이용하여 점을 쳤고, 그 점친 내용을 거북이의 껍질에 새겨 기록하였던 것이다.

삼국시대에 들어와서 중국과 가장 가까웠던 고구려에서는 건국초기부터 한자를 사용하였을 것이고, 백제와 신라도 고구려를 거쳐 한자·한문을 받아들였을 것이다.「삼국사기(三國史記)」에 의하면 고구려는 소수림왕 2년(372)에 태학(太學)을 세워 한자·한문교육에 힘썼으며, 백제에서도 고이왕 52년(285)에 「천자문(千字文)」과 「논어(論語)」를 일본에 전해주었다는 것으로 보아, 삼국시대에는 한자·한문이 어느 곳에서나 상당히 널리 보급되었을 것이다. 그 뒤, 고려·조선시대에 이르러서는 한문학의 황금시대를 이루어 많은 학자를 배출하였고, 세종대왕에 의하여 한

글이 창제되기까지의 모든 기록이 한자에 의하여 행하여졌다. 한글제정 이후에도 한자·한문은 끊임없이 사용되어 왔다.

4 한자의 3요소

한자는 표의문자(表意文字 ; 그림에 의해서나 사물의 형상을 그대로 베껴서 시각에 의해 사상을 전달하는 문자)이기 때문에, 각 한자마다 고유한 모양(形)·소리(音)·뜻(義)의 3요소를 갖추고 있다.

> 예 馬[形] → 마[音] - 말[義]　手[形] → 수[音] - 손[義]

5 육서(六書)

한자는 표의문자(表意文字)로 그 글자의 체(字體)가 매우 복잡하게 보이나, 자세히 관찰하면 각 글자들은 어떠한 원칙에 의하여 만들어졌거나 조합되어 있음을 발견할 수 있다. 예로부터 상형(象形), 지사(指事), 회의(會意), 형성(形聲) 및 전주(轉注), 가차(假借)의 여섯가지 구성원리와 사용방법으로 한자의 구조를 설명하여 왔는데, 이를 육서(六書)라고 한다.

(1) 상형문자(象形文字) : 구체적인 사물의 모양을 본떠서 만든 글자

> 예 日(☉→日)　山(⛰→山)

(2) 지사문자(指事文字) : 그림으로 본뜨기 어려운 추상적인 생각이나 뜻을 점·선 등의 기호나 부호로써 나타낸 글자

> 예 上(●→上)　本(木→本)

(3) 회의문자(會意文字) : 이미 만들어진 글자의 뜻을 둘 이상 결합해 새로운 뜻을 나타내는 글자 (뜻 + 뜻)

> 예 明(日 + 月 → 明)　好(女 + 子 → 好)　信(人 + 言 → 信)

(4) 형성문자(形聲文字) : 음을 나타내는 부분과 뜻을 나타내는 부분이 결합해서 이루어진 글자 (뜻 + 음)

> 예 空[穴(뜻부분) + 工(음부분) → 空]　忘[亡(음부분) + 心(뜻부분) → 忘]

(5) 전주문자(轉注文字) : 이미 있는 글자의 본래의 뜻을 확대하여 다른 뜻으로 전용해서 쓰는 글자

> 예 樂
> ・본래의 뜻 : 풍류 → 音樂(음악)
> ・전용된 뜻 : 즐겁다 → 樂園(낙원)
>
> 善
> ・본래의 뜻 : 착하다 → 善行(선행)
> ・전용된 뜻 : 잘하다 → 善用(선용)

(6) 가차문자(假借文字) : 글자의 본래의 뜻과는 상관없이 나타내려는 사물의 모양이나 음이 비슷한 글자를 빌려서 표현하는 응용방법

> 예 佛蘭西(불란서)　亞細亞(아세아)　弗($, 달러)

한자어의 기본구조

한자어(漢字語)는 한자(漢字)를 구성요소로 하여 모두 일정한 구성원리를 갖고 있다. 이 구성원리는 한자(漢字)와 한자(漢字)가 서로 결합하여 한 단위의 의미체(意味體)를 이루도록 하는 것이다. 이때 한자와 한자 사이에는 반드시 기능상의 관계를 맺게 되는데, 이 관계를 유형별로 살펴보면 다음과 같다.

1 병렬관계(竝列關係)

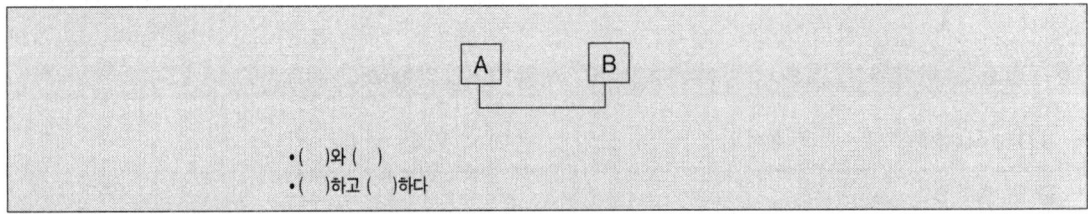

- ( )와 ( )
- ( )하고 ( )하다

(1) 상대관계(相對關係) : 뜻이 서로 상대되는 글자

> 예) 雌 ↔ 雄(자웅 : 짐승의 암컷과 수컷) 喜 ↔ 怒(희노 : 기쁨과 노여움)

(2) 대등관계(對等關係) : 뜻이 서로 대등한 글자끼리 어울려진 짜임

> 예) 魚 - 貝(어패 : 물고기와 조개) 貴 - 重(귀중 : 귀하고 중함)

(3) 유사관계(類似關係) : 뜻이 같거나 비슷한 글자끼리 어울려진 짜임

> 예) 樹 = 木(수목 : 나무) 海 = 洋(해양 : 바다)

2 어순(語順)이 우리말과 같은 구조

(1) 수식관계(修飾關係) : 수식어 + 피수식어의 짜임

수식어 피수식어

( )한(의) ( )

> 예 恩師(은사 : 은혜로운 스승)   淸風(청풍 : 맑은 바람)

(2) 주술관계(主述關係) : 주어 + 서술어의 짜임(‖)

```
            주 어  ‖  서술어
         (   )이(가) ‖ (   )하다
```

> 예 夜 ‖ 深(야심 : 밤이 깊다)   日 ‖ 出(일출 : 해가 뜨다)

3 어순(語順)이 우리말과 반대인 구조

(1) 술목관계(術目關係) : 서술어 + 목적어의 짜임(|)

```
            서술어  |  목적어
         (   )하다 | (   )을 → (   )을 (   )하다
```

> 예 受 | 業(수업 : 학업을 받다)   讀 | 書(독서 : 책을 읽다)

(2) 술보관계(術補關係) : 서술어 + 보어의 짜임(/)

```
            서술어  /  보 어
         (   )하다 / (   )에(으로) → (   )에(으로) (   )하다
```

> 예 登 / 山(등산 : 산에 오르다)   有 / 力(유력 : 힘이 있다)

(3) 보조관계(補助關係) : 본용언 + 보조용언의 짜임(+)

```
            본용언  +  보조용언
         (   )하지 않다 or (   )하지 못한다
```

> 예 不 + 當(부당 : 당치 않다)   未 + 知(미지 : 알지 못하다)

한자의 부수

부수란 자전(字典)이나 사전(辭典)에서 글자를 찾는데 필요한 기본글자를 말한다. 본래 부수는 한자의 글자모양을 바탕으로 같은 부분, 비슷한 부분을 가진 한자를 한 곳에 모아놓고 공통된 부분을 질서있게 배열하기 위하여 채택한 기본자이므로 한자의 짜임과 뗄 수 없는 관계를 가지고 있다. 부수는 또한 '변(邊)', '방(傍)', '머리', '받침', '몸'의 다섯가지 원리에 의해 나누어진다. (글자가 어느 부분에 위치하느냐에 따라 분류)

1 제부수글자

一	한 일	乙	새 을	二	두 이	人	사람 인	入	들 입	八	여덟 팔	刀	칼 도
又	또 우	口	입 구	力	힘 력	土	흙 토	士	선비 사	夕	저녁 석	大	큰 대
女	계집 녀	子	아들 자	寸	마디 촌	小	작을 소	山	뫼 산	工	장인 공	己	몸 기
巾	수건 건	干	방패 간	弓	활 궁	心	마음 심	文	글월 문	斗	말 두	日	날 일
曰	가로 왈	月	달 월	木	나무 목	止	그칠 지	水	물 수	火	불 화	香	향기 향
首	머리 수	見	볼 견	谷	계곡 곡	赤	붉을 적	走	달아날 주	足	발 족	身	몸 신
車	수레 거	里	마을 리	至	이를 지	臣	신하 신	瓦	기와 와	甘	달 감	用	쓸 용
色	빛 색	龜	거북 귀	龍	용 룡	齒	이 치	齊	가지런할 제	鼠	쥐 서	黃	누를 황
黑	검을 흑	魚	물고기 o	鳥	새 조	鹿	사슴 록	麥	보리 맥	麻	삼 마	骨	뼈 골
高	높을 고	鬼	귀신 귀	面	낯 면	音	소리 음	風	바람 풍	飛	날 비	豆	콩 두

2 변형된 부수

부수의 원형		변형	부수의 원형		변형	부수의 원형		변형	부수의 원형		변형
乙	새 을	乚	人	사람 인	亻	刀	칼 도	刂	川	내 천	巛
心	마음 심	忄	手	손 수	扌	水	물 수	氵	犬	개 견	犭
玉	구슬 옥	王	示	보일 시	礻	衣	옷 의	衤	火	불 화	灬
肉	고기 육	月	艸	풀 초	艹	竹	대나무 죽	竹	邑	고을 읍	阝
阜	언덕 부	阝	辵	쉬엄쉬엄갈 착	辶·辶	卩	병부 절	㔾	攴	칠 복	攵
无	없을 무	旡	歹	뼈앙상할 알	歺	爪	손톱 조	爫	牛	소 우	牛
网	그물 망	罒	羊	양 양	羊	襾	덮을 아	襾	老	늙을 로	耂

글이 창제되기까지의 모든 기록이 한자에 의하여 행하여졌다. 한글제정 이후에도 한자·한문은 끊임없이 사용되어 왔다.

4 한자의 3요소

한자는 표의문자(表意文字 ; 그림에 의해서나 사물의 형상을 그대로 베껴서 시각에 의해 사상을 전달하는 문자)이기 때문에, 각 한자마다 고유한 모양(形)·소리(音)·뜻(義)의 3요소를 갖추고 있다.

> 예) 馬 [形] → 마 [音] - 말 [義]   手 [形] → 수 [音] - 손 [義]

5 육서(六書)

한자는 표의문자(表意文字)로 그 글자의 체(字體)가 매우 복잡하게 보이나, 자세히 관찰하면 각 글자들은 어떠한 원칙에 의하여 만들어졌거나 조합되어 있음을 발견할 수 있다. 예로부터 상형(象形), 지사(指事), 회의(會意), 형성(形聲) 및 전주(轉注), 가차(假借)의 여섯가지 구성원리와 사용방법으로 한자의 구조를 설명하여 왔는데, 이를 육서(六書)라고 한다.

(1) 상형문자(象形文字) : 구체적인 사물의 모양을 본떠서 만든 글자

> 예) 日(☉→日)   山(⛰→山)

(2) 지사문자(指事文字) : 그림으로 본뜨기 어려운 추상적인 생각이나 뜻을 점·선 등의 기호나 부호로써 나타낸 글자

> 예) 上(•→上)   本(木→本)

(3) 회의문자(會意文字) : 이미 만들어진 글자의 뜻을 둘 이상 결합해 새로운 뜻을 나타내는 글자 (뜻 + 뜻)

> 예) 明(日 + 月→明)   好(女 + 子→好)   信(人 + 言→信)

(4) 형성문자(形聲文字) : 음을 나타내는 부분과 뜻을 나타내는 부분이 결합해서 이루어진 글자 (뜻 + 음)

> 예) 空 [穴(뜻부분) + 工(음부분) → 空]   忘 [亡(음부분) + 心(뜻부분) → 忘]

(5) 전주문자(轉注文字) : 이미 있는 글자의 본래의 뜻을 확대하여 다른 뜻으로 전용해서 쓰는 글자

> 예) 樂
> • 본래의 뜻 : 풍류 → 音樂(음악)
> • 전용된 뜻 : 즐겁다 → 樂園(낙원)
>
> 善
> • 본래의 뜻 : 착하다 → 善行(선행)
> • 전용된 뜻 : 잘하다 → 善用(선용)

(6) 가차문자(假借文字) : 글자의 본래의 뜻과는 상관없이 나타내려는 사물의 모양이나 음이 비슷한 글자를 빌려서 표현하는 응용방법

> 예) 佛蘭西(불란서)   亞細亞(아세아)   弗($, 달러)

한자어의 기본구조

한자어(漢字語)는 한자(漢字)를 구성요소로 하여 모두 일정한 구성원리를 갖고 있다. 이 구성원리는 한자(漢字)와 한자(漢字)가 서로 결합하여 한 단위의 의미체(意味體)를 이루도록 하는 것이다. 이때 한자와 한자 사이에는 반드시 기능상의 관계를 맺게 되는데, 이 관계를 유형별로 살펴보면 다음과 같다.

1 병렬관계(竝列關係)

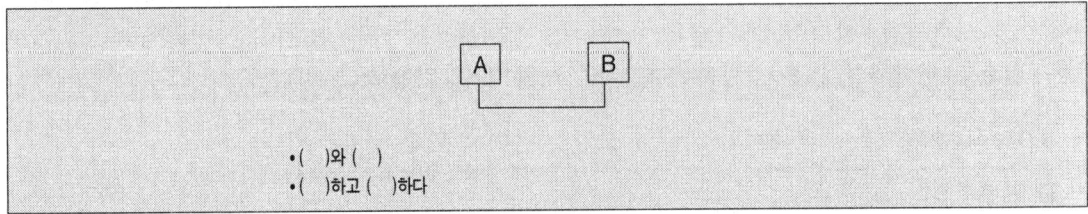

- ( )와 ( )
- ( )하고 ( )하다

(1) 상대관계(相對關係) : 뜻이 서로 상대되는 글자

> 예) 雌 ↔ 雄(자웅 : 짐승의 암컷과 수컷) 喜 ↔ 怒(희노 : 기쁨과 노여움)

(2) 대등관계(對等關係) : 뜻이 서로 대등한 글자끼리 어울려진 짜임

> 예) 魚 – 貝(어패 : 물고기와 조개) 貴 – 重(귀중 : 귀하고 중함)

(3) 유사관계(類似關係) : 뜻이 같거나 비슷한 글자끼리 어울려진 짜임

> 예) 樹 = 木(수목 : 나무) 海 = 洋(해양 : 바다)

2 어순(語順)이 우리말과 같은 구조

(1) 수식관계(修飾關係) : 수식어 + 피수식어의 짜임(└→)

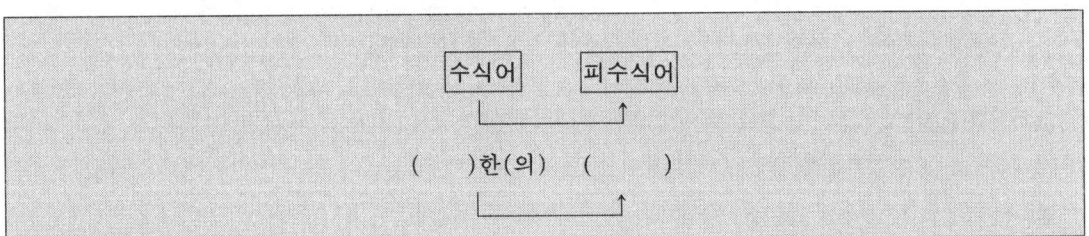

예) 恩師(은사 : 은혜로운 스승)   淸風(청풍 : 맑은 바람)

(2) 주술관계(主述關係) : 주어 + 서술어의 짜임(∥)

주 어 ∥ 서술어
(   )이(가) ∥ (   )하다

예) 夜 ∥ 深(야심 : 밤이 깊다)   日 ∥ 出(일출 : 해가 뜨다)

3 어순(語順)이 우리말과 반대인 구조

(1) 술목관계(術目關係) : 서술어 + 목적어의 짜임(|)

서술어 | 목적어
(   )하다 | (   )을 → (   )을 (   )하다

예) 受 | 業(수업 : 학업을 받다)   讀 | 書(독서 : 책을 읽다)

(2) 술보관계(術補關係) : 서술어 + 보어의 짜임(/)

서술어 / 보 어
(   )하다 / (   )에(으로) → (   )에(으로) (   )하다

예) 登 / 山(등산 : 산에 오르다)   有 / 力(유력 : 힘이 있다)

(3) 보조관계(補助關係) : 본용언 + 보조용언의 짜임(+)

본용언 + 보조용언
(   )하지 않다 or (   )하지 못한다

예) 不 + 當(부당 : 당치 않다)   未 + 知(미지 : 알지 못하다)

한자의 부수

부수란 자전(字典)이나 사전(辭典)에서 글자를 찾는데 필요한 기본글자를 말한다. 본래 부수는 한자의 글자모양을 바탕으로 같은 부분, 비슷한 부분을 가진 한자를 한 곳에 모아놓고 공통된 부분을 질서있게 배열하기 위하여 채택한 기본자이므로 한자의 짜임과 뗄 수 없는 관계를 가지고 있다. 부수는 또한 '변(邊)', '방(傍)', '머리', '받침', '몸'의 다섯가지 원리에 의해 나누어진다. (글자가 어느 부분에 위치하느냐에 따라 분류)

1 제부수글자

一	한 일	乙	새 을	二	두 이	人	사람 인	入	들 입	八	여덟 팔	刀	칼 도
又	또 우	口	입 구	力	힘 력	土	흙 토	士	선비 사	夕	저녁 석	大	큰 대
女	계집 녀	子	아들 자	寸	마디 촌	小	작을 소	山	뫼 산	工	장인 공	己	몸 기
巾	수건 건	千	방패 간	弓	활 궁	心	마음 심	文	글월 문	斗	말 두	日	날 일
曰	가로 왈	月	달 월	木	나무 목	止	그칠 지	水	물 수	火	불 화	香	향기 향
首	머리 수	見	볼 견	谷	계곡 곡	赤	붉을 적	走	달아날 주	足	발 족	身	몸 신
車	수레 거	里	마을 리	至	이를 지	臣	신하 신	瓦	기와 와	甘	달 감	用	쓸 용
色	빛 색	龜	거북 귀	龍	용 룡	齒	이 치	齊	가지런할 제	鼠	쥐 서	黃	누를 황
黑	검을 흑	魚	물고기 어	鳥	새 조	鹿	사슴 록	麥	보리 맥	麻	삼 마	骨	뼈 골
高	높을 고	鬼	귀신 귀	面	낯 면	音	소리 음	風	바람 풍	飛	날 비	豆	콩 두

2 변형된 부수

부수의 원형		변형	부수의 원형		변형	부수의 원형		변형	부수의 원형		변형
乙	새 을	乚	人	사람 인	亻	刀	칼 도	刂	川	내 천	巛
心	마음 심	忄	手	손 수	扌	水	물 수	氵	犬	개 견	犭
玉	구슬 옥	王	示	보일 시	礻	衣	옷 의	衤	火	불 화	灬
肉	고기 육	月	艸	풀 초	艹	竹	대나무 죽	𥫗	邑	고을 읍	阝
阜	언덕 부	阝	辵	쉬엄쉬엄갈 착	辶·辶	卩	병부 절	㔾	攴	칠 복	攵
无	없을 무	旡	歹	뼈앙상할 알	歺	爪	손톱 조	爫	牛	소 우	牛
网	그물 망	罒	羊	양 양	羊	襾	덮을 아	襾	老	늙을 로	耂

잠깐만	나이를 나타내는 한자어(漢字語)
나이	한자어
10세	충년(沖年)
15세	지학(志學)
20세	약관(弱冠)
30세	이립(而立)
40세	불혹(不惑)
50세	지천명(知天命)
60세	이순(耳順)
61세	회갑(回甲), 환갑(還甲)
62세	진갑(進甲)
70세	고희(古稀), 종심(從心)
77세	희수(喜壽)
88세	미수(米壽)
90세	졸수(卒壽)
91세	망백(望百)
99세	백수(白壽)
100세	기원지수(期願之壽)

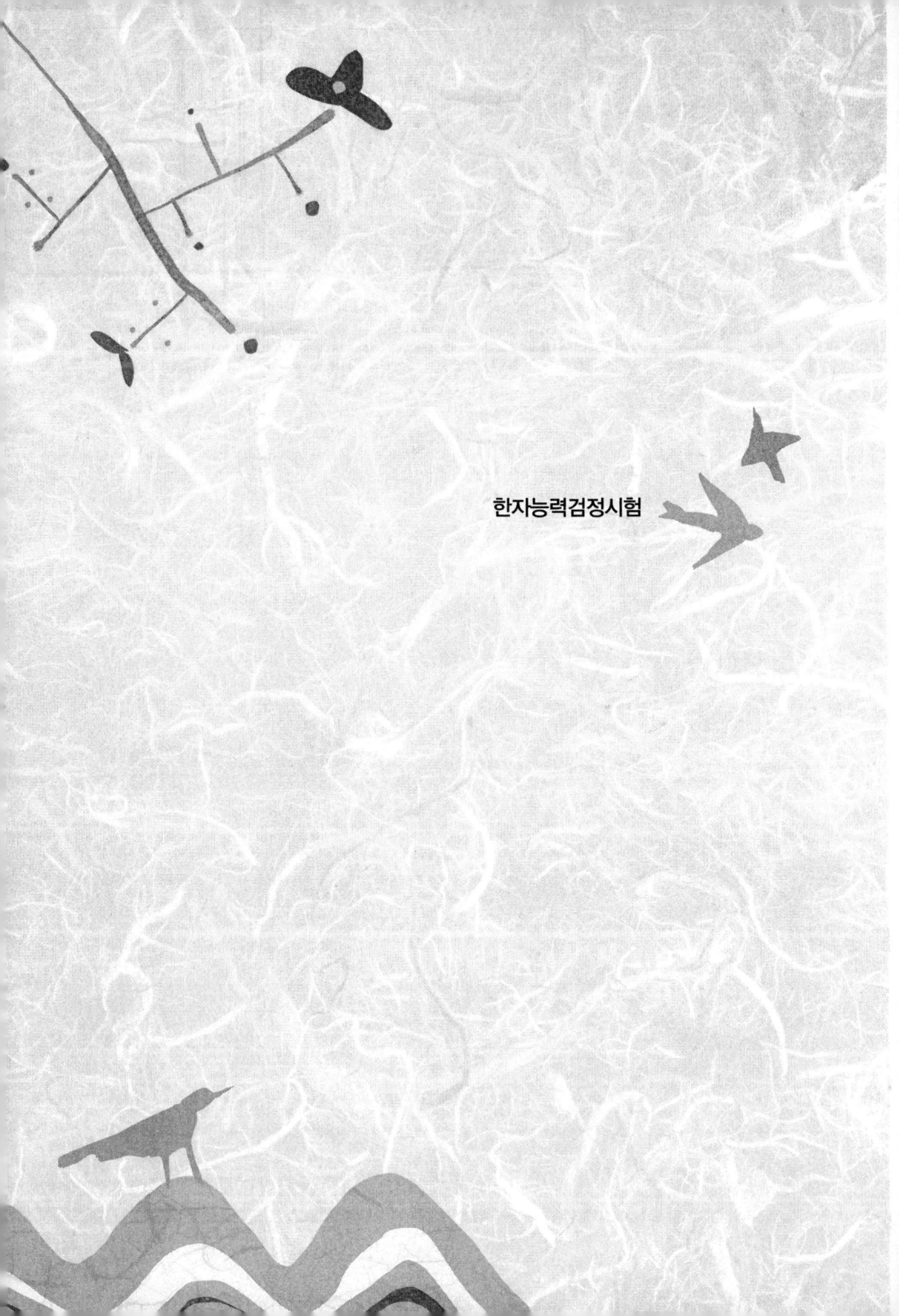

한자능력검정시험 필수한자 해설

01. 4급선정 1000字 읽기
02. 4급선정 500字 쓰기 및 활용

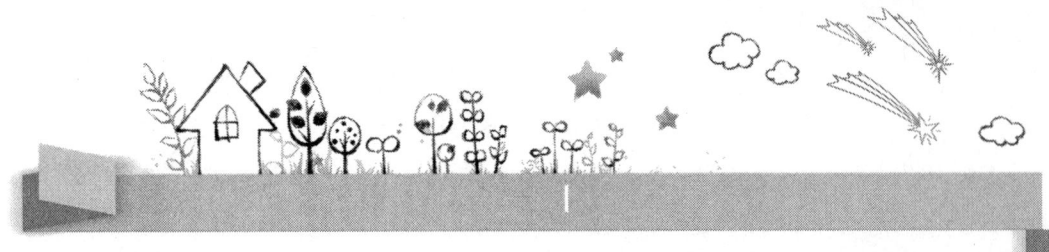

4급선정 1000字 읽기

한자능력검정시험 4급 읽기 필수배정 한자는 총 1,000字입니다. 이전의 급수들을 초급수준으로 분류하고, 4급(4급Ⅱ)부터를 중급으로 분류할 수 있습니다. 따라서 그 중요성이 더 강조되는 필수한자인 셈입니다. 1,000字를 하나하나 모두 숙지해 고급과정으로 더 발전할 수 있는 기초실력으로 쌓아 둡시다. 이 단원과 관련된 문제유형은 **讀音**(30)과 **訓音**(22), 그리고 한자어의 뜻풀이(3)입니다.

假	부수: 人(亻)부 획수: 9획	假				
거짓 가		假面(가면)		假名(가명)		假想(가상)

價	부수: 人(亻)부 획수: 13획	價				
값 가, 가치 가		價格(가격)		價値(가치)		原價(원가)

加	부수: 力부 획수: 3획	加				
더할 가		加減(가감)		加升(가승)		加工(가공)

可	부수: 口부 획수: 2획	可				
옳을 가		可決(가결)		可能(가능)		可否(가부)

家	부수: 宀부 획수: 7획	家				
집 가		家系(가계)		家法(가법)		家門(가문)

暇	부수 : 日부 획수 : 9획	暇			
겨를 가		餘暇(여가)	閑暇(한가)		休暇(휴가)

架	부수 : 木부 획수 : 5획	架			
시렁 가		架空(가공)	架設(가설)		高架(고가)

歌	부수 : 欠부 획수 : 10획	歌			
노래 가		歌謠(가요)	歌曲(가곡)		歌手(가수)

街	부수 : 行부 획수 : 6획	街			
거리 가		街路(가로)	街頭(가두)		商街(상가)

刻	부수 : 刀(刂)부 획수 : 6획	刻			
새길 각		刻本(각본)	刻印(각인)		頃刻(경각)

各	부수 : 口부 획수 : 3획	各			
각각 각		各論(각론)	各部(각부)		各界(각계)

覺	부수 : 見부 획수 : 13획	覺			
깨달을 각		覺醒(각성)	覺悟(각오)		味覺(미각)

角	제부수글자	角			
뿔 각		角度(각도)	角逐(각축)	四角(사각)	

干	제부수글자	干			
방패 간, 구할 간		干滿(간만)	干涉(간섭)	干拓地(간척지)	

看	부수 : 目부 획수 : 4획	看			
볼 간		看過(간과)	看守(간수)	看破(간파)	

簡	부수 : 竹부 획수 : 12획	簡			
편지 간		簡潔(간결)	簡略(간략)	簡易(간이)	

間	부수 : 門부 획수 : 4획	間			
사이 간(閒의 俗字)		間食(간식)	間奏(간주)	間接(간접)	

感	부수 : 心(忄)부 획수 : 9획	感			
느낄 감		感歎(감탄)	感情(감정)	所感(소감)	

敢	부수 : 支(攵)부 획수 : 8획	敢			
감히 감		敢行(감행)	敢鬪(감투)	勇敢(용감)	

減	부수 : 水(氵)부 획수 : 9획	減				
덜 감, 감할 감		減少(감소)		減員(감원)		減量(감량)

甘	제부수글자	甘				
달 감		甘味(감미)		甘受(감수)		甘言(감언)

監	부수 : 皿부 획수 : 9획	監				
볼 감		監禁(감금)		監視(감시)		移監(이감)

甲	부수 : 田부 획수 : 0획	甲				
첫째천간 갑, 갑옷 갑		甲骨文(갑골문)		甲乙(갑을)		甲子(갑자)

强	부수 : 弓부 획수 : 9획	强				
굳셀 강		强度(강도)		强力(강력)		强要(강요)

康	부수 : 广부 획수 : 8획	康				
편안할 강		康熙(강희)		康寧(강령)		健康(건강)

江	부수 : 水(氵)부 획수 : 3획	江				
강 강		江山(강산)		江湖(강호)		漢江(한강)

講	부수: 言부 획수: 10획	講					
익힐 강, 강론할 강		講義(강의)		講究(강구)		講堂(강당)	

降	부수: 阜(阝)부 획수: 6획	降					
내릴 강, 항복할 항		降雨(강우)		降雪(강설)		降臨(강림)	

個	부수: 人(亻)부 획수: 8획	個					
낱 개		個人(개인)		個別(개별)		個性(개성)	

改	부수: 攴(攵)부 획수: 3획	改					
고칠 개		改刊(개간)		改造(개조)		改定(개정)	

開	부수: 門부 획수: 4획	開					
열 개		開講(개강)		開學(개학)		未開(미개)	

客	부수: 宀부 획수: 6획	客					
손님 객		客室(객실)		客觀(객관)		主客(주객)	

更	부수: 日부 획수: 3획	更					
다시 갱, 고칠 경		更改(경개)		更新(갱신)		更訂(경정)	

去	부수: ㅿ부 획수: 3획	去			
갈 거, 버릴 거		去來(거래)	除去(제거)	過去(과거)	

居	부수: 尸부 획수: 5획	居			
살 거, 있을 거		居住(거주)	同居(동거)	別居(별거)	

巨	부수: 工부 획수: 2획	巨			
클 거		巨大(거대)	居木(거목)	巨人(거인)	

拒	부수: 手(扌)부 획수: 5획	拒			
물리칠 거		拒否(거부)	拒絶(거절)	抗拒(항거)	

據	부수: 手(扌)부 획수: 13획	據			
의거할 거		據點(거점)	本據(본거)	證據(증거)	

擧	부수: 手(扌)부 획수: 14획	擧			
들 거, 모두 거		擧動(거동)	列擧(열거)	選擧(선거)	

車	제부수글자	車			
수레 거·차, 성 차		馬車(마차)	車庫(차고)	車線(차선)	

件	부수: 人(亻)부 획수: 4획	件			
사건 건		件數(건수)		要件(요건)	條件(조건)

健	부수: 人(亻)부 획수: 9획	健			
건강할 건		健康(건강)		健在(건재)	健鬪(건투)

建	부수: 廴부 획수: 6획	建			
세울 건		建設(건설)		建立(건립)	建物(건물)

傑	부수: 人(亻)부 획수: 10획	傑			
뛰어날 걸		傑出(걸출)		傑作(걸작)	豪傑(호걸)

儉	부수: 人(亻)부 획수: 13획	儉			
검소할 검		儉素(검소)		儉約(검약)	勤儉(근검)

檢	부수: 木부 획수: 13획	檢			
조사할 검		檢査(검사)		檢證(검증)	檢擧(검거)

擊	부수: 手(扌)부 획수: 13획	擊			
칠 격		擊沈(격침)		擊退(격퇴)	擊破(격파)

格	부수: 木부 획수: 6획	格			
자격 격		格言(격언)	格式(격식)	資格(자격)	

激	부수: 水(氵)부 획수: 13획	激			
과격할 격		激怒(격노)	激突(격돌)	激昂(격앙)	

堅	부수: 土부 획수: 8획	堅			
굳을 견		堅固(견고)	堅實(견실)	强堅(강견)	

犬	제부수글자	犬			
개 견		犬馬(견마)	狂犬(광견)	忠犬(충견)	

見	제부수글자	見			
볼 견, 뵐 현		見聞(견문)	見解(견해)	發見(발견)	

決	부수: 水(氵)부 획수: 4획	決			
정할 결, 끊을 결		決定(결정)	決議(결의)	終決(종결)	

潔	부수: 水(氵)부 획수: 12획	潔			
깨끗할 결		潔白(결백)	潔癖(결벽)	簡潔(간결)	

結	부수: 糸부 획수: 6획	結			
맺을 결		結論(결론)	結末(결말)	締結(체결)	

缺	부수: 缶부 획수: 4획	缺			
이지러질 결		缺如(결여)	缺點(결점)	缺陷(결함)	

京	부수: 亠부 획수: 6획	京			
서울 경		京都(경도)	京畿(경기)	北京(북경)	

傾	부수: 人(亻)부 획수: 11획	傾			
기울 경		傾斜(경사)	傾向(경향)	傾聽(경청)	

境	부수: 土부 획수: 11획	境			
지경 경		境界(경계)	境地(경지)	地境(지경)	

慶	부수: 心(忄)부 획수: 11획	慶			
경사 경		慶祝(경축)	慶賀(경하)	慶事(경사)	

敬	부수: 攴(攵)부 획수: 9획	敬			
공경할 경		敬老(경로)	敬拜(경배)	敬語(경어)	

景	부수 : 日부 획수 : 8획	景			
경치 경, 별 경		景觀(경관)	景氣(경기)	景致(경치)	

競	부수 : 立부 획수 : 15획	競			
다툴 경, 겨룰 경		競爭(경쟁)	競技(경기)	競走(경주)	

經	부수 : 糸부 획수 : 7획	經			
경서 경, 책 경		經書(경서)	經典(경전)	五經(오경)	

警	부수 : 言부 획수 : 13획	警			
경계할 경		警戒(경계)	警察(경찰)	警護(경호)	

輕	부수 : 車부 획수 : 7획	輕			
가벼울 경		輕重(경중)	輕微(경미)	輕傷(경상)	

鏡	부수 : 金부 획수 : 11획	鏡			
거울 경		鏡臺(경대)	水鏡(수경)	眼鏡(안경)	

驚	부수 : 馬부 획수 : 13획	驚			
놀랄 경		驚異(경이)	驚歎(경탄)	驚喜(경희)	

係	부수 : 人(亻)부 획수 : 7획	係			
맬 계		關係(관계)	連係(연계)	係爭(계쟁)	

季	부수 : 子부 획수 : 5획	季			
끝 계, 계절 계		季節(계절)	四季(사계)	夏季(하계)	

戒	부수 : 戈부 획수 : 3획	戒			
경계할 계		戒嚴(계엄)	警戒(경계)	禁戒(금계)	

界	부수 : 田부 획수 : 4획	界			
세계 계		世界(세계)	商界(상계)	財界(재계)	

系	부수 : 糸부 획수 : 1획	系			
계통 계		系列(계열)	系統(계통)	大系(대계)	

繼	부수 : 糸부 획수 : 14획	繼			
이을 계		繼續(계속)	繼承(계승)	中繼(중계)	

計	부수 : 言부 획수 : 2획	計			
셈할 계, 꾀할 계		計算(계산)	計數(계수)	合計(합계)	

階	부수 : 阜(阝)부 획수 : 9획	階			
섬돌 계		階層(계층)	階段(계단)	位階(위계)	

鷄	부수 : 鳥부 획수 : 10획	鷄			
닭 계		鷄卵(계란)	鷄鳴(계명)	鷄油(계유)	

古	부수 : 口부 획수 : 2획	古			
옛 고		古今(고금)	古來(고래)	古事(고사)	

告	부수 : 口부 획수 : 4획	告			
알릴 고		告發(고발)	告白(고백)	廣告(광고)	

固	부수 : 口부 획수 : 5획	固			
굳을 고		固守(고수)	固有(고유)	固體(고체)	

孤	부수 : 子부 획수 : 5획	孤			
홀로 고		孤獨(고독)	孤兒(고아)	孤立(고립)	

庫	부수 : 广부 획수 : 7획	庫			
곳집 고		文庫(문고)	入庫(입고)	冷藏庫(냉장고)	

故	부수 : 攴(攵)부 획수 : 5획	故					
옛 고, 까닭 고	故國(고국)		故事(고사)		故意(고의)		

考	부수 : 老(耂)부 획수 : 2획	考					
헤아릴 고	考慮(고려)		考案(고안)		詳考(상고)		

苦	부수 : 艸(艹)부 획수 : 5획	苦					
괴로울 고	苦痛(고통)		苦心(고심)		死苦(사고)		

高	제부수글자	高					
높을 고	高空(고공)		航空(항공)		蒼空(창공)		

曲	부수 : 曰부 획수 : 2획	曲					
굽을 곡	曲直(곡직)		曲解(곡해)		樂曲(악곡)		

穀	부수 : 禾부 획수 : 10획	穀					
곡식 곡	穀食(곡식)		糧穀(양곡)		秋穀(추곡)		

困	부수 : 囗부 획수 : 4획	困					
곤할 곤	困難(곤란)		困窮(곤궁)		貧困(빈곤)		

骨	제부수글자	骨					
뼈 골		骨格(골격)		骸骨(해골)		骨子(골자)	

公	부수 : 八부 획수 : 2획	公					
공변될 공, 함께할 공		公的(공적)		公社(공사)		公直(공직)	

共	부수 : 八부 획수 : 4획	共					
함께 공		共同(공동)		共用(공용)		公共(공공)	

功	부수 : 力부 획수 : 3획	功					
공 공, 일할 공		功績(공적)		武功(무공)		勳功(훈공)	

孔	부수 : 子부 획수 : 1획	孔					
구멍 공, 성 공		孔孟(공맹)		孔子(공자)		氣孔(기공)	

工	제부수글자	工					
장인 공, 만들 공		工場(공장)		工人(공인)		手工(수공)	

攻	부수 : 攴(攵)부 획수 : 3획	攻					
칠 공, 익힐 공		攻擊(공격)		攻略(공략)		專攻(전공)	

空	부수 : 穴부 획수 : 3획	空			
빌 공		空氣(공기)		空軍(공군)	虛空(허공)

果	부수 : 木부 획수 : 4획	果			
열매 과, 결과 과		果實(과실)		成果(성과)	效果(효과)

科	부수 : 禾부 획수 : 4획	科			
과정 과, 조목 과		科目(과목)		敎科(교과)	學科(학과)

課	부수 : 言부 획수 : 8획	課			
부과할 과, 과목 과		課稅(과세)		課業(과업)	課題(과제)

過	부수 : 辶부 획수 : 9획	過			
지날 과, 허물 과		過誤(과오)		經過(경과)	超過(초과)

官	부수 : 宀부 획수 : 5획	官			
벼슬 관, 관청 관		官公署(관공서)		官吏(관리)	官僚(관료)

管	부수 : 竹부 획수 : 8획	管			
관 관		管樂器(관악기)		管絃(관현)	血管(혈관)

觀	부수 : 見부 획수 : 18획	觀			
볼 관		觀覽(관람)	觀望(관망)	觀象(관상)	

關	부수 : 門부 획수 : 11획	關			
관문 관, 관계할 관		關門(관문)	關係(관계)	聯關(연관)	

光	부수 : 儿부 획수 : 4획	光			
빛 광		光線(광선)	光彩(광채)	感光(감광)	

廣	부수 : 广부 획수 : 12획	廣			
넓을 광		廣場(광장)	廣闊(광활)	廣義(광의)	

鑛	부수 : 金부 획수 : 15획	鑛			
쇳돌 광		鑛物(광물)	鑛石(광석)	炭鑛(탄광)	

交	부수 : 亠부 획수 : 4획	交			
사귈 교, 엇갈릴 교		交感(교감)	交際(교제)	交差(교차)	

敎	부수 : 攴(攵)부 획수 : 7획	敎			
가르칠 교		敎師(교사)	敎授(교수)	下敎(하교)	

校	부수: 木부 획수: 6획	校					
학교 교		學校(학교)		登校(등교)		下校(하교)	

橋	부수: 木부 획수: 12획	橋					
다리 교		橋脚(교각)		架橋(가교)		橋頭(교두)	

九	부수: 乙부 획수: 1획	九					
아홉 구		九天(구천)		九九(구구)		九月(구월)	

口	제부수글자	口					
입 구		口頭(구두)		口傳(구전)		口誦(구송)	

具	부수: 八부 획수: 6획	具					
갖출 구, 그릇 구		道具(도구)		食具(식구)		玩具(완구)	

區	부수: 匚부 획수: 9획	區					
지경 구		區民(구민)		區域(구역)		區劃(구획)	

句	부수: 口부 획수: 2획	句					
글귀 구		句節(구절)		句點(구점)		語句(어구)	

救	부수: 攵(攴)부 획수: 7획	救			
구원할 구, 도울 구		救助(구조)	救援(구원)	救世(구세)	

構	부수: 木부 획수: 10획	構			
얽을 구		構文(구문)	構造(구조)	構築(구축)	

求	부수: 水(氵)부 획수: 2획	求			
구할 구, 탐낼 구		欲求(욕구)	求全(구전)		

球	부수: 王부 획수: 7획	球			
공 구		球審(구심)	地球(지구)	野球(야구)	

究	부수: 穴부 획수: 2획	究			
연구할 구, 궁구할 구		硏究(연구)	追究(추구)	學究(학구)	

舊	부수: 臼부 획수: 12획	舊			
옛 구, 오랠 구		舊禮(구례)	舊式(구식)	復舊(복구)	

國	부수: 囗부 획수: 8획	國			
나라 국		國家(국가)	國民(국민)	國權(국권)	

局	부수 : 尸부 획수 : 4획	局				
판 국		局面(국면)		終局(종국)		破局(파국)

君	부수 : 口부 획수 : 4획	君				
임금 군		君子(군자)		君臣(군신)		諸君(제군)

群	부수 : 羊부 획수 : 7획	群				
무리 군		群島(군도)		群居(군거)		大群(대군)

軍	부수 : 車부 획수 : 2획	軍				
군사 군		軍士(군사)		軍隊(군대)		敵軍(적군)

郡	부수 : 邑(阝)부 획수 : 7획	郡				
고을 군		郡民(군민)		郡廳(군청)		郡邑(군읍)

屈	부수 : 尸부 획수 : 5획	屈				
굽을 굴		屈辱(굴욕)		屈伏(굴복)		屈折(굴절)

宮	부수 : 宀부 획수 : 7획	宮				
집 궁		宮殿(궁전)		宮闕(궁궐)		宮中(궁중)

窮	부수 : 穴부 획수 : 10획	窮			
궁할 궁		窮極(궁극)	窮理(궁리)	無窮(무궁)	

券	부수 : 刀(刂)부 획수 : 6획	券			
문서 권, 책 권		株券(주권)	乘車券(승차권)	旅券(여권)	

勸	부수 : 力부 획수 : 18획	勸			
권할 권		勸獎(권장)	勸勵(권려)	勸學(권학)	

卷	부수 : 卩(㔾)부 획수 : 6획	卷			
책 권, 두루마리 권		卷頭(권두)	卷帙(권질)	全卷(전권)	

權	부수 : 木부 획수 : 18획	權			
권세 권		權力(권력)	權勢(권세)	主權(주권)	

歸	부수 : 止부 획수 : 14획	歸			
돌아갈 귀		歸國(귀국)	歸還(귀환)	歸家(귀가)	

貴	부수 : 貝부 획수 : 5획	貴			
귀할 귀		貴公子(귀공자)	貴夫人(귀부인)	貴下(귀하)	

規	부수: 見부 획수: 4획	規				
법 규		規範(규범)		規則(규칙)		法規(법규)

均	부수: 土부 획수: 4획	均				
고를 균		均等(균등)		均割(균할)		平均(평균)

劇	부수: 刀(刂)부 획수: 13획	劇				
심할 극, 연극 극		劇團(극단)		劇場(극장)		演劇(연극)

極	부수: 木부 획수: 9획	極				
다할 극, 지극할 극		極端(극단)		至極(지극)		南極(남극)

勤	부수: 力부 획수: 11획	勤				
부지런할 근		勤勉(근면)		勤勞(근로)		勤儉(근검)

根	부수: 木부 획수: 6획	根				
뿌리 근, 근본 근		根據(근거)		根源(근원)		根本(근본)

筋	부수: 竹부 획수: 6획	筋				
힘줄 근		筋力(근력)		筋肉(근육)		心筋(심근)

近	부수: 辵(辶)부 획수: 4획	近			
가까울 근		近者(근자)	近來(근래)	遠近(원근)	

今	부수: 人(亻)부 획수: 2획	今			
이제 금		今日(금일)	今年(금년)	當今(당금)	

禁	부수: 示(礻)부 획수: 8획	禁			
금할 금		禁止(금지)	禁煙(금연)	嚴禁(엄금)	

金	제부수글자	金			
쇠 금, 성 김		金星(금성)	金曜日(금요일)	金氏(김씨)	

急	부수: 心(忄)부 획수: 5획	急			
급할 급		急激(급격)	急騰(급등)	急落(급락)	

級	부수: 糸부 획수: 4획	級			
등급 급		等級(등급)	學級(학급)	階級(계급)	

給	부수: 糸부 획수: 6획	給			
줄 급		供給(공급)	俸給(봉급)	給食(급식)	

器	부수 : 口부 획수 : 13획	器			
그릇 기		器具(기구)	器械(기계)	器機(기기)	

基	부수 : 土부 획수 : 8획	基			
터 기, 바탕 기		基本(기본)	基盤(기반)	基礎(기초)	

奇	부수 : 大부 획수 : 5획	奇			
기이할 기		奇異(기이)	奇蹟(기적)	奇拔(기발)	

寄	부수 : 宀부 획수 : 8획	寄			
부칠 기, 붙일 기		寄附(기부)	寄稿(기고)	寄宿(기숙)	

己	제부수글자	己			
자기 기, 몸 기		自己(자기)	克己(극기)	利己(이기)	

技	부수 : 手(扌)부 획수 : 4획	技			
재주 기		技藝(기예)	技術(기술)	競技(경기)	

汽	부수 : 水(氵)부 획수 : 4획	汽			
김 기, 거의 흘		汽船(기선)	汽車(기차)	汽笛(기적)	

旗	부수 : 方부 획수 : 10획	旗			
기 기		旗手(기수)	白旗(백기)	弔旗(조기)	

期	부수 : 月부 획수 : 8획	期			
기약할 기, 기간 기		期間(기간)	期約(기약)	初期(초기)	

機	부수 : 木부 획수 : 12획	機			
틀 기		機械(기계)	機器(기기)	機會(기회)	

氣	부수 : 气부 획수 : 6획	氣			
기운 기, 숨 기		空氣(공기)	氣運(기운)	日氣(일기)	

紀	부수 : 糸부 획수 : 3획	紀			
실마리 기, 적을 기		紀綱(기강)	紀元(기원)	西紀(서기)	

記	부수 : 言부 획수 : 3획	記			
기록할 기, 기억할 기		記錄(기록)	記述(기술)	日記(일기)	

起	부수 : 走부 획수 : 3획	起			
일어날 기, 일어설 기		起伏(기복)	起床(기상)	想起(상기)	

吉	부수: 口부 획수: 3획	吉				
길할 길		吉兆(길조)		吉凶(길흉)		吉夢(길몽)

暖	부수: 日부 획수: 9획	暖				
따뜻할 난		暖房(난방)		暖流(난류)		寒暖(한난)

難	부수: 隹부 획수: 11획	難				
어려울 난		難産(난산)		難點(난점)		難題(난제)

南	부수: 十부 획수: 7획	南				
남녘 남		南方(남방)		南蠻(남만)		南山(남산)

男	부수: 田부 획수: 2획	男				
사내 남		男子(남자)		男女(남녀)		長男(장남)

納	부수: 糸부 획수: 4획	納				
들일 납		納入(납입)		納稅(납세)		出納(출납)

内	부수: 入부 획수: 2획	内				
안 내		案内(안내)		内外(내외)		以内(이내)

女	제부수글자	女				
계집 녀		女子(여자)		女神(여신)		女流(여류)

年	부수: 干부 획수: 3획	年				
해 년		年中(연중)		年歲(연세)		年下(연하)

念	부수: 心(忄)부 획수: 4획	念				
생각 념		念頭(염두)		思念(사념)		餘念(여념)

努	부수: 力부 획수: 5획	努				
힘쓸 노		努力(노력)				

怒	부수: 心(忄)부 획수: 5획	怒				
성낼 노		怒氣(노기)		怒髮(노발)		喜怒(희로)

農	부수: 辰부 획수: 6획	農				
농사 농		農事(농사)		農夫(농부)		農業(농업)

能	부수: 肉(月)부 획수: 6획	能				
능할 능, 재능 능		能力(능력)		能事(능사)		藝能(예능)

多	부수: 夕부 획수: 3획	多			
많을 다		多事(다사)	多少(다소)	多數(다수)	

單	부수: 口부 획수: 9획	單			
홀 단		單獨(단독)	單層(단층)	單行(단행)	

團	부수: 囗부 획수: 11획	團			
둥글 단, 모일 단		團圓(단원)	團長(단장)	團員(단원)	

壇	부수: 土부 획수: 13획	壇			
단 단		壇場(단장)	祭壇(제단)	演壇(연단)	

斷	부수: 斤부 획수: 14획	斷			
끊을 단		斷定(단정)	斷絶(단절)	中斷(중단)	

檀	부수: 木부 획수: 13획	檀			
박달나무 단		檀君(단군)			

段	부수: 殳부 획수: 5획	段			
층계 단		階段(계단)	文段(문단)	分段(분단)	

短	부수 : 矢부 획수 : 7획	短				
짧을 단		短刀(단도)		短文(단문)		長短(장단)

端	부수 : 立부 획수 : 9획	端				
실마리 단, 끝 단		端緒(단서)		西端(서단)		端正(단정)

達	부수 : 辵(辶)부 획수 : 9획	達				
통달할 달, 이를 달		達成(달성)		通達(통달)		傳達(전달)

擔	부수 : 手(扌)부 획수 : 13획	擔				
멜 담, 맡을 담		擔當(담당)		擔任(담임)		負擔(부담)

談	부수 : 言부 획수 : 8획	談				
이야기 담		談話(담화)		談論(담론)		弄談(농담)

答	부수 : 竹부 획수 : 6획	答				
대답할 담		對答(대답)		答狀(답장)		解答(해답)

堂	부수 : 土부 획수 : 8획	堂				
집 당		食堂(식당)		明堂(명당)		殿堂(전당)

當	부수 : 田부 획수 : 8획	當			
마땅할 당	當然(당연)		當否(당부)		妥當(타당)

黨	부수 : 黑부 획수 : 8획	黨			
무리 당	黨派(당파)		黨爭(당쟁)		黨員(당원)

大	제부수글자	大			
큰 대	大小(대소)		大概(대개)		大將(대장)

代	부수 : 人(亻)부 획수 : 3획	代			
대신할 대	代身(대신)		世代(세대)		代代(대대)

對	부수 : 寸부 획수 : 11획	對			
마주볼 대, 대답할 대	對答(대답)		接對(접대)		應對(응대)

帶	부수 : 巾부 획수 : 8획	帶			
띠 대	帶劍(대검)		角帶(각대)		聲帶(성대)

待	부수 : 彳부 획수 : 6획	待			
기다릴 대, 대할 대	待望(대망)		待遇(대우)		歡待(환대)

隊	부수 : 阜(阝)부 획수 : 9획	隊			
떼 대		軍隊(군대)	部隊(부대)		除隊(제대)

德	부수 : 彳부 획수 : 12획	德			
덕 덕		德望(덕망)	德分(덕분)		恩德(은덕)

到	부수 : 刀(刂)부 획수 : 6획	到			
이를 도		到着(도착)	到達(도달)		殺到(쇄도)

圖	부수 : 囗부 획수 : 11획	圖			
꾀할 도, 그림 도		圖鑑(도감)	圖面(도면)		圖書館(도서관)

導	부수 : 寸부 획수 : 13획	導			
이끌 도		指導(지도)	導出(도출)		導入(도입)

島	부수 : 山부 획수 : 7획	島			
섬 도		諸島(제도)	群島(군도)		半島(반도)

度	부수 : 广부 획수 : 6획	度			
정도 도, 헤아릴 탁		程度(정도)	傾度(경도)		濃度(농도)

徒	부수: 彳부 획수: 7획	徒			
걸어다닐 도, 무리 도		徒步(도보)	徒路(도로)	敎徒(교도)	

盜	부수: 皿부 획수: 7획	盜			
도둑 도		强盜(강도)	盜癖(도벽)	盜賊(도적)	

逃	부수: 辵(辶)부 획수: 6획	逃			
달아날 도		逃亡(도망)	逃走(도주)	逃避(도피)	

道	부수: 辵(辶)부 획수: 9획	道			
길 도, 말할 도		道路(도로)	道德(도덕)	方道(방도)	

都	부수: 邑(阝)부 획수: 9획	都			
도읍 도		京都(경도)	都市(도시)	都邑(도읍)	

毒	부수: 毋부 획수: 4획	毒			
독 독		毒性(독성)	梅毒(매독)	毒感(독감)	

獨	부수: 犬(犭)부 획수: 13획	獨			
홀로 독		孤獨(고독)	獨身(독신)	獨自(독자)	

督	부수 : 目부 획수 : 8획	督			
감독할 독, 재촉할 독		監督(감독)	督促(독촉)	總督(총독)	

讀	부수 : 言부 획수 : 15획	讀			
읽을 독, 구절 두		讀書(독서)	講讀(강독)	讀音(독음)	

冬	부수 : 冫부 획수 : 3획	冬			
겨울 동		冬季(동계)	冬眠(동면)	嚴冬(엄동)	

動	부수 : 力부 획수 : 9획	動			
움직일 동		動力(동력)	運動(운동)	自動車(자동차)	

同	부수 : 口부 획수 : 3획	同			
같을 동, 한가지 동		同居(동거)	同窓(동창)	一同(일동)	

東	부수 : 木부 획수 : 4획	東			
동녘 동		東西(동서)	北東(북동)		

洞	부수 : 水(氵)부 획수 : 6획	洞			
고을 동, 통할 통		洞窟(동굴)	洞察(통찰)	空洞(공동)	

童	부수 : 立부 획수 : 7획	童					
아이 동		童心(동심)		童話(동화)		兒童(아동)	

銅	부수 : 金부 획수 : 6획	銅					
구리 동		銅像(동상)		銅錢(동전)		靑銅(청동)	

斗	제부수글자	斗					
말 두, 우뚝할 두		斗酒(두주)		泰斗(태두)		大斗(대두)	

豆	제부수글자	豆					
콩 두, 팥 두		豆腐(두부)		豆乳(두유)		大豆(대두)	

頭	부수 : 頁부 획수 : 7획	頭					
머리 두		頭髮(두발)		頭腦(두뇌)		序頭(서두)	

得	부수 : 彳부 획수 : 8획	得					
얻을 득		得失(득실)		利得(이득)		所得(소득)	

登	부수 : 癶부 획수 : 7획	登					
오를 등		登山(등산)		登落(등락)		登場(등장)	

羅	부수 : 网(罒)부 획수 : 14획	羅		
벌일 라	新羅(신라)	羅列(나열)	羅針盤(나침반)

樂	부수 : 木부 획수 : 11획	樂		
즐거울 락, 좋아할 요, 음악 악	樂園(낙원)	樂水(요수)	樂器(악기)

落	부수 : 艸(艹)부 획수 : 9획	落		
떨어질 락	落葉(낙엽)	墜落(추락)	落第(낙제)

亂	부수 : 乙부 획수 : 12획	亂		
어지러울 란	混亂(혼란)	亂動(난동)	騷亂(소란)

卵	부수 : 卩(㔾)부 획수 : 5획	卵		
알 란	卵子(난자)	産卵(산란)	排卵(배란)

覽	부수 : 見부 획수 : 14획	覽		
볼 람	觀覽(관람)	遊覽(유람)	一覽(일람)

朗	부수 : 月부 획수 : 7획	朗		
밝을 랑	朗讀(낭독)	明朗(명랑)	晴朗(청랑)

來	부수 : 人부 획수 : 6획	來					
올 래		去來(거래)		來世(내세)		來航(내항)	

冷	부수 : 冫부 획수 : 5획	冷					
찰 랭		寒冷(한랭)		冷淡(냉담)		冷笑(냉소)	

略	부수 : 田부 획수 : 6획	略					
간략할 략		簡略(간략)		省略(생략)		略少(약소)	

兩	부수 : 入부 획수 : 6획	兩					
두 량		兩立(양립)		兩面(양면)		兩親(양친)	

糧	부수 : 米부 획수 : 12획	糧					
양식 량		糧食(양식)		糧穀(양곡)		食糧(식량)	

良	부수 : 艮부 획수 : 1획	良					
어질 량, 진실로 량		良心(양심)		良質(양질)		良好(양호)	

量	부수 : 里부 획수 : 5획	量					
헤아릴 량, 용량 량		水量(수량)		氣量(기량)		力量(역량)	

慮	부수: 心(忄)부 획수: 11획	慮			
생각할 려		考慮(고려)	配慮(배려)	思慮(사려)	

旅	부수: 方부 획수: 6획	旅			
나그네 려		旅行(여행)	旅路(여로)	旅館(여관)	

麗	부수: 鹿부 획수: 8획	麗			
고울 려		秀麗(수려)	華麗(화려)	高麗(고려)	

力	제부수글자	力			
힘 력		力器(역기)	力學(역학)	腕力(완력)	

歷	부수: 止부 획수: 12획	歷			
지낼 력		歷史(역사)	履歷(이력)	經歷(경력)	

練	부수: 糸부 획수: 9획	練			
단련할 련		鍛鍊(단련)	訓練(훈련)	洗練(세련)	

連	부수: 辵(辶)부 획수: 7획	連			
이을 련		連日(연일)	連打(연타)	連行(연행)	

列	부수: 刀(刂)부 획수: 4획	列			
벌릴 렬		列擧(열거)	羅列(나열)	行列(항렬)

烈	부수: 火(灬)부 획수: 6획	烈			
세찰 렬, 사나울 렬		烈女(열녀)	强烈(강렬)	激烈(격렬)

令	부수: 人(亻)부 획수: 3획	令			
명령할 령, 하여금 령		命令(명령)	使令(사령)	號令(호령)

領	부수: 頁부 획수: 5획	領			
다스릴 령		領內(영내)	領受(영수)	領土(영토)

例	부수: 人(亻)부 획수: 6획	例			
법식 례, 보기 례		例文(예문)	例題(예제)	凡例(범례)

禮	부수: 示(礻)부 획수: 13획	禮			
예절 례		禮節(예절)	禮義(예의)	婚禮(혼례)

勞	부수: 力부 획수: 10획	勞			
수고할 로		勞動(노동)	勞苦(노고)	勞使(노사)

老	제부수글자 (耂)	老			
늙을 로		老人(노인)	敬老(경로)	老少(노소)	

路	부수 : 足부 획수 : 6획	路			
길 로		路線(노선)	船路(선로)	進路(진로)	

綠	부수 : 糸부 획수 : 8획	綠			
푸를 록, 초록빛 록		綠陰(녹음)	綠色(녹색)	新綠(신록)	

錄	부수 : 金부 획수 : 8획	錄			
기록할 록		錄音(녹음)	登錄(등록)	收錄(수록)	

論	부수 : 言부 획수 : 8획	論			
논의할 론, 말할 론		論文(논문)	討論(토론)	論說(논설)	

料	부수 : 斗부 획수 : 6획	料			
헤아릴 료		料金(요금)	原料(원료)	材料(재료)	

龍	제부수글자	龍			
용 룡		龍宮(용궁)	龍顔(용안)	恐龍(공룡)	

柳	부수 : 木부 획수 : 5획	柳				
버드나무 류		垂柳(수류)		柳眉(유미)		柳氏(유씨)

流	부수 : 水(氵)부 획수 : 7획	流				
흐를 류		流通(유통)		流動(유동)		下流(하류)

留	부수 : 田부 획수 : 5획	留				
머무를 류, 남을 류		留學(유학)		滯留(체류)		留保(유보)

類	부수 : 頁부 획수 : 10획	類				
무리 류, 같을 류		種類(종류)		鳥類(조류)		類義語(유의어)

六	부수 : 八부 획수 : 2획	六				
여섯 륙		六十(육십)		六感(육감)		六角(육각)

陸	부수 : 阜(阝)부 획수 : 8획	陸				
뭍 륙, 육지 륙		陸地(육지)		大陸(대륙)		陸上(육상)

輪	부수 : 車부 획수 : 8획	輪				
바퀴 륜, 돌 륜		輪番(윤번)		輪回(윤회)		年輪(연륜)

律	부수: 彳부 획수: 6획	律			
법률 률, 가락 률	法律(법률)		戒律(계율)		旋律(선율)

利	부수: 刀(刂)부 획수: 5획	利			
이로울 리	利益(이익)		利害(이해)		勝利(승리)

李	부수: 木부 획수: 3획	李			
오얏나무 리	桃李(도리)		李氏(이씨)		

理	부수: 王(玉)부 획수: 7획	理			
이치 리, 다스릴 리	理致(이치)		道理(도리)		管理(관리)

里	제부수글자	里			
마을 리	邑里(읍리)		萬里(만리)		鄕里(향리)

離	부수: 隹부 획수: 11획	離			
떠날 리, 떨어질 리	離別(이별)		隔離(격리)		離婚(이혼)

林	부수: 木부 획수: 4획	林			
수풀 림	林業(임업)		松林(송림)		綠林(녹림)

立	제부수글자	立					
설 립		立場(입장)		自立(자립)		組立(조립)	

馬	제부수글자	馬					
말 마		馬車(마차)		馬夫(마부)		馬術(마술)	

滿	부수:水(氵)부 획수:11획	滿					
가득할 만		滿期(만기)		滿了(만료)		不滿(불만)	

萬	부수:艸(艹)부 획수:9획	萬					
일만 만		萬年(만년)		萬一(만일)		萬世(만세)	

末	부수:木부 획수:1획	末					
끝 말		末世(말세)		末年(말년)		月末(월말)	

亡	부수:亠부 획수:1획	亡					
망할 망		亡命(망명)		滅亡(멸망)		死亡(사망)	

望	부수:月부 획수:7획	望					
바랄 망, 원망할 망		希望(희망)		先望(선망)		信望(신망)	

妹	부수 : 女부 획수 : 5획	妹			
손아랫누이 매		姉妹(자매)	從妹(종매)	義妹(의매)	

每	부수 : 毋부 획수 : 3획	每			
매양 매, 마다 매		每日(매일)	每週(매주)	每回(매회)	

買	부수 : 貝부 획수 : 5획	買			
살 매		買價(매가)	購買(구매)	不買(불매)	

賣	부수 : 貝부 획수 : 8획	賣			
팔 매		賣買(매매)	賣店(매점)	賣上(매상)	

脈	부수 : 肉(月)부 획수 : 6획	脈			
맥 맥		脈絡(맥락)	脈搏(맥박)	靜脈(정맥)	

勉	부수 : 力부 획수 : 7획	勉			
힘쓸 면		勉學(면학)	勤勉(근면)	勉勵(면려)	

面	제부수글자	面			
얼굴 면		面前(면전)	面象(면상)	側面(측면)	

名	부수 : 口부 획수 : 3획	名					
이름 명, 이름날 명		名醫(명의)		命名(명명)		呼名(호명)	

命	부수 : 口부 획수 : 5획	命					
목숨 명, 시킬 명		命脈(명맥)		命中(명중)		命題(명제)	

明	부수 : 日부 획수 : 4획	明					
밝을 명		明日(명일)		明哲(명철)		透明(투명)	

鳴	부수 : 鳥부 획수 : 3획	鳴					
울 명		鷄鳴(계명)		鳴動(명동)		共鳴(공명)	

模	부수 : 木부 획수 : 11획	模					
법 모, 본뜰 모		模範(모범)		摸索(모색)		規模(규모)	

母	부수 : 毋부 획수 : 1획	母					
어머니 모		母乳(모유)		母親(모친)		母子(모자)	

毛	제부수글자	毛					
털 모		毛絲(모사)		毛織(모직)		毛皮(모피)	

木	제부수글자	木			
나무 목		木手(목수)	木曜日(목요일)	木刻(목각)	

牧	부수: 牛(牛)부 획수: 4획	牧			
목장 목, 기를 목		牧場(목장)	牧童(목동)	放牧(방목)	

目	제부수글자	目			
눈 목		目次(목차)	目的(목적)	刮目(괄목)	

墓	부수: 土부 획수: 11획	墓			
무덤 묘		墓地(묘지)	墓碑(묘비)	墓所(묘소)	

妙	부수: 女부 획수: 4획	妙			
묘할 묘		奧妙(오묘)	妙計(묘계)	絶妙(절묘)	

務	부수: 力부 획수: 9획	務			
힘쓸 무, 일 무		職務(직무)	業務(업무)	實務(실무)	

武	부수: 止부 획수: 4획	武			
굳셀 무		武士(무사)	文武(문무)	武術(무술)	

無	부수: 火(灬)부 획수: 8획	無					
없을 무		無謀(무모)		有無(유무)		無理(무리)	

舞	부수: 舛부 획수: 8획	舞					
춤출 무		舞踊(무용)		舞姬(무희)		舞臺(무대)	

門	제부수글자	門					
문 문		門前(문전)		門下(문하)		名門(명문)	

問	부수: 口부 획수: 8획	問					
물을 문		問答(문답)		問責(문책)		問題(문제)	

文	제부수글자	文					
글월 문		文句(문구)		文章(문장)		長文(장문)	

聞	부수: 耳부 획수: 8획	聞					
들을 문		聽聞(청문)		傳聞(전문)		風聞(풍문)	

物	부수: 牛(牜)부 획수: 4획	物					
물건 물		物件(물건)		萬物(만물)		事物(사물)	

味	부수 : 口부 획수 : 5획	味				
맛 미		味覺(미각)		味感(미감)		趣味(취미)

未	부수 : 木부 획수 : 1획	未				
아닐 미		未聞(미문)		未來(미래)		未婚(미혼)

米	제부수글자	米				
쌀 미		米泔(미감)		米課(미과)		米食(미식)

美	부수 : 羊부 획수 : 3획	美				
아름다울 미		美人(미인)		美化(미화)		美學(미학)

民	부수 : 氏부 획수 : 1획	民				
백성 민		民間(민간)		民間(민간)		官民(관민)

密	부수 : 宀부 획수 : 8획	密				
빽빽할 밀		密度(밀도)		密輸(밀수)		密封(밀봉)

博	부수 : 十부 획수 : 10획	博				
넓을 박, 노름 박		博士(박사)		博識(박식)		博學(박학)

拍	부수: 手(扌)부 획수: 5획	拍					
칠 박		拍手(박수)		拍子(박자)		拍車(박차)	

朴	부수: 木부 획수: 2획	朴					
성 박, 순박할 박		素朴(소박)		簡朴(간박)		淳朴(순박)	

半	부수: 十부 획수: 3획	半					
반 반, 가운데 반		半分(반분)		半音(반음)		折半(절반)	

反	부수: 又부 획수: 2획	反					
거스를 반, 뒤집을 번		反縛(반박)		反復(반복)		反省(반성)	

班	부수: 玉(王)부 획수: 6획	班					
나눌 반		班長(반장)		班別(반별)		一斑(일반)	

發	부수: 癶부 획수: 7획	發					
필 발		發展(발전)		出發(출발)		發車(발차)	

髮	부수: 髟부 획수: 5획	髮					
머리털 발		毛髮(모발)		散髮(산발)		假髮(가발)	

妨	부수: 女부 획수: 4획	妨					
방해할 방		妨害(방해)		妨止(방지)			

房	부수: 戶부 획수: 4획	房					
곁방 방, 집 방		監房(감방)		茶房(다방)		心房(심방)	

放	부수: 攴(攵)부 획수: 4획	放					
놓을 방, 내칠 방		放心(방심)		解放(해방)		放牧(방목)	

方	제부수글자	方					
방위 방, 모 방, 바야흐로 방		方面(방면)		方位(방위)		方向(방향)	

訪	부수: 言부 획수: 4획	訪					
찾을 방		探訪(탐방)		尋訪(심방)		訪問(방문)	

防	부수: 阜(阝)부 획수: 4획	防					
막을 방, 둑 방		防止(방지)		防犯(방범)		防火(방화)	

倍	부수: 人(亻)부 획수: 8획	倍					
갑절 배		倍加(배가)		倍數(배수)		倍率(배율)	

拜	부수 : 手부 획수 : 5획	拜				
절 배		拜禮(배례)		拜謁(배알)		歲拜(세배)

背	부수 : 肉(月)부 획수 : 5획	背				
등 배, 등질 배		背後(배후)		背泳(배영)		背反(배반)

配	부수 : 酉부 획수 : 3획	配				
짝지을 배		配偶者(배우자)		配慮(배려)		配合(배합)

白	제부수글자	白				
흰 백		白衣(백의)		白紙(백지)		白髮(백발)

百	부수 : 白부 획수 : 1획	百				
일백 백		百萬(백만)		百倍(백배)		百戰(백전)

番	부수 : 田부 획수 : 7획	番				
차례 번		番號(번호)		順番(순번)		番地(번지)

伐	부수 : 人(亻)부 획수 : 4획	伐				
칠 벌		伐木(벌목)		盜伐(도벌)		討伐(토벌)

罰	부수 : 网(罒)부 획수 : 9획	罰			
벌 벌		賞罰(상벌)		罰點(벌점)	罰則(벌칙)

犯	부수 : 犬(犭)부 획수 : 2획	犯			
범죄 범		犯罪(범죄)		犯人(범인)	共犯(공범)

範	부수 : 竹부 획수 : 9획	範			
법 범, 한계 범		範圍(범위)		規範(규범)	模範(모범)

法	부수 : 水(氵)부 획수 : 5획	法			
법 법		法學(법학)		法則(법칙)	民法(민법)

壁	부수 : 土부 획수 : 13획	壁			
벽 벽		壁面(벽면)		壁報(벽보)	壁畵(벽화)

變	부수 : 言부 획수 : 16획	變			
변할 변, 재앙 변		變化(변화)		變心(변심)	變節(변절)

辨	부수 : 辛부 획수 : 9획	辨			
분별할 변		辨明(변명)		辨告(변고)	辨別(변별)

邊	부수 : 辵(辶)부 획수 : 15획	邊			
가 변		邊方(변방)	邊防(변방)	身邊(신변)	

別	부수 : 刀(刂)부 획수 : 5획	別			
나눌 별, 다를 별		分別(분별)	別表(별표)	個別(개별)	

兵	부수 : 八부 획수 : 5획	兵			
병사 병		兵士(병사)	兵營(병영)	兵科(병과)	

病	부수 : 疒부 획수 : 5획	病			
병들 병		病院(병원)	病患(병환)	持病(지병)	

步	부수 : 止부 획수 : 3획	步			
걸음 보		步兵(보병)	散步(산보)	步道(보도)	

保	부수 : 人(亻)부 획수 : 7획	保			
보전할 보		保護(보호)	保育(보육)	保險(보험)	

報	부수 : 土부 획수 : 9획	報			
갚을 보, 알릴 보		報償(보상)	報答(보답)	報恩(보은)	

寶	부수 : 宀부 획수 : 17획	寶			
보배 보	寶物(보물)	寶玉(보옥)	寶貨(보화)

普	부수 : 日부 획수 : 8획	普			
넓을 보	普通(보통)	普及(보급)	普遍(보편)

伏	부수 : 人(亻)부 획수 : 4획	伏			
엎드릴 복, 절후 복	伏兵(복병)	降伏(항복)	潛伏(잠복)

服	부수 : 月부 획수 : 4획	服			
일할 복, 옷 복, 좇을 복	服裝(복장)	腹面(복면)	服從(복종)

福	부수 : 示(礻)부 획수 : 9획	福			
복 복	禍福(화복)	福利(복리)	幸福(행복)

複	부수 : 衣(衤)부 획수 : 9획	複			
겹칠 복	重複(중복)	複道(복도)	複衣(복의)

復	부수 : 彳부 획수 : 9획	復			
회복할 복, 다시 부	回復(회복)	復活(부활)	復原(복원)

本	부수: 木부 획수: 1획	本					
근본 본		本來(본래)		本性(본성)		本質(본질)	

奉	부수: 大부 획수: 5획	奉					
받들 봉		奉養(봉양)		奉仕(봉사)		奉送(봉송)	

副	부수: 刀(刂)부 획수: 9획	副					
버금 부		副詞(부사)		副賞(부상)		副業(부업)	

否	부수: 口부 획수: 4획	否					
아닐 부, 막힐 비		可否(가부)		拒否(거부)		當否(당부)	

夫	부수: 大부 획수: 1획	夫					
사내 부, 지아비 부		夫君(부군)		夫婦(부부)		匹夫(필부)	

婦	부수: 女부 획수: 8획	婦					
며느리 부, 지어미 부		婦女(부녀)		婦人(부인)		主婦(주부)	

富	부수: 宀부 획수: 9획	富					
부자 부, 넉넉할 부		富强(부강)		富國(부국)		富貴(부귀)	

府	부수: 广부 획수: 5획	府					
마을 부, 곳집 부		府立(부립)		政府(정부)		學府(학부)	

父	제부수글자	父					
아비 부		父子(부자)		父女(부녀)		父母(부모)	

負	부수: 貝부 획수: 2획	負					
질 부, 짐질 부		負擔(부담)		負傷(부상)		負債(부채)	

部	부수: 邑(阝)부 획수: 8획	部					
떼 부, 분류 부		部類(부류)		部分(부분)		部品(부품)	

北	부수: 匕부 획수: 3획	北					
북녘 북, 달아날 배		北半球(북반구)		北風(북풍)		北極(북극)	

分	부수: 刀(刂)부 획수: 2획	分					
나눌 분, 푼 푼		分家(분가)		分校(분교)		分離(분리)	

憤	부수: 心(忄)부 획수: 12획	憤					
분할 분		憤慨(분개)		憤怒(분노)		激憤(격분)	

粉	부수: 米부 획수: 4획	粉			
가루 분		粉末(분말)		粉乳(분유)	粉碎(분쇄)

不	부수: 一부 획수: 3획	不			
아닐 불, 아닐 부		不變(불변)		不遜(불손)	不信(불신)

佛	부수: 人(亻)부 획수: 5획	佛			
부처 불		佛家(불가)		佛界(불계)	佛力(불력)

備	부수: 人(亻)부 획수: 10획	備			
갖출 비		備忘錄(비망록)	備品(비품)		具備(구비)

悲	부수: 心(忄)부 획수: 8획	悲			
슬퍼할 비		悲劇(비극)		悲哀(비애)	悲慘(비참)

批	부수: 手(扌)부 획수: 4획	批			
비평할 비		批判(비판)		批評(비평)	批准(비준)

比	제부수글자	比			
견줄 비		比較(비교)		比例(비례)	比喩(비유)

碑	부수 : 石부 획수 : 8획	碑			
비석 비		碑銘(비명)	碑文(비문)	碑石(비석)	

祕	부수 : 示(礻)부 획수 : 5획	祕			
귀신 비, 숨길 비		祕密(비밀)	祕方(비방)	祕話(비화)	

費	부수 : 貝부 획수 : 5획	費			
쓸 비		經費(경비)	消費(소비)	浪費(낭비)	

非	제부수글자	非			
그를 비, 아닐 비		非難(비난)	非理(비리)	是非(시비)	

飛	제부수글자	飛			
날 비		飛翔(비상)	飛躍(비약)	飛行機(비행기)	

鼻	제부수글자	鼻			
코 비		鼻炎(비염)	鼻音(비음)	鼻祖(비조)	

貧	부수 : 貝부 획수 : 4획	貧			
가난할 빈		貧困(빈곤)	貧窮(빈궁)	貧弱(빈약)	

氷	부수: 水(氵)부 획수: 1획	氷					
얼음 빙, 얼 빙		氷上(빙상)		氷河(빙하)		氷解(빙해)	

事	부수: 亅 획수: 7획	事					
일 사, 섬길 사		事件(사건)		事故(사고)		事物(사물)	

仕	부수: 人(亻)부 획수: 3획	仕					
벼슬 사, 섬길 사		奉仕(봉사)		出仕(출사)		給仕(급사)	

使	부수: 人(亻)부 획수: 6획	使					
부릴 사		使命(사명)		使用(사용)		使節(사절)	

史	부수: 口부 획수: 2획	史					
사관 사, 역사 사		國史(국사)		歷史(역사)		有史(유사)	

四	부수: 囗부 획수: 2획	四					
넉 사		四角(사각)		四更(사경)		四君子(사군자)	

士	제부수글자	士					
선비 사		士卒(사졸)		士大夫(사대부)		騎士(기사)	

寫	부수: 宀획 획수: 12획	寫			
베낄 사		寫本(사본)	寫眞(사진)	寫實(사실)	

寺	부수: 寸부 획수: 3획	寺			
절 사, 내시 시		寺院(사원)	寺刹(사찰)	古寺(고사)	

射	부수: 寸부 획수: 7획	射			
쏠 사		射擊(사격)	射殺(사살)	射倖心(사행심)	

師	부수: 巾부 획수: 7획	師			
스승 사		師範(사범)	師表(사표)	師弟(사제)	

思	부수: 心(忄)부 획수: 5획	思			
생각 사		思考(사고)	思慮(사려)	思索(사색)	

查	부수: 木부 획수: 5획	查			
조사할 사		查察(사찰)	監査(감사)	檢査(검사)	

死	부수: 歹부 획수: 2획	死			
죽을 사		死亡(사망)	死傷(사상)	死鬪(사투)	

社	부수: 示(礻)부 획수: 3획	社			
모일 사, 제사지낼 사		社交(사교)	社長(사장)	會社(회사)	

私	부수: 禾부 획수: 2획	私			
사사로울 사		私有(사유)	私設(사설)	公私(공사)	

絲	부수: 糸부 획수: 6획	絲			
실 사		絹絲(견사)	毛絲(모사)	生絲(생사)	

舍	부수: 舌부 획수: 2획	舍			
집 사		客舍(객사)	官舍(관사)	幕舍(막사)	

謝	부수: 言부 획수: 10획	謝			
사례할 사, 사양할 사		謝禮(사례)	謝罪(사죄)	謝恩(사은)	

辭	부수: 辛부 획수: 12획	辭			
말씀 사, 사퇴할 사		辭讓(사양)	辭任(사임)	答辭(답사)	

山	제부수글자	山			
산 산, 뫼 산경		山水(산수)	山川(산천)	江山(강산)	

散	부수 : 攴(攵)부 획수 : 8획	散			
흩어질 산		散步(산보)	散發(산발)	散在(산재)	

産	부수 : 生부 획수 : 6획	産			
낳을 산		産物(산물)	生産(생산)	遺産(유산)	

算	부수 : 竹부 획수 : 8획	算			
셈할 산		算數(산수)	算出(산출)	勝算(승산)	

殺	부수 : 殳부 획수 : 7획	殺			
죽을 살, 덜 쇄		殺伐(살벌)	殺人(살인)	殺到(쇄도)	

三	부수 : 一부 획수 : 2획	三			
석 삼		三聖(삼성)	三月(삼월)	第三(제삼)	

上	부수 : 一부 획수 : 2획	上			
위 상, 오를 상		上席(상석)	上下(상하)	上狀(상장)	

傷	부수 : 人(亻)부 획수 : 11획	傷			
다칠 상, 해칠 상		傷處(상처)	負傷(부상)	傷心(상심)	

商	부수 : 口부 획수 : 8획	商			
장사 상		商街(상가)	商法(상법)	商社(상사)	

常	부수 : 巾부 획수 : 8획	常			
항상 상		常設(상설)	常用(상용)	恒常(항상)	

床	부수 : 广부 획수 : 4획	床			
평상 상		苗床(묘상)	起床(기상)	臨床(임상)	

想	부수 : 心(忄)부 획수 : 9획	想			
생각할 상		想像(상상)	想念(상념)	幻想(환상)	

狀	부수 : 犬(犭)부 획수 : 4획	狀			
모양 상, 문서 장		狀況(상황)	狀態(상태)	令狀(영장)	

相	부수 : 目부 획수 : 4획	相			
서로 상		相談(상담)	相異(상이)	相互(상호)	

象	부수 : 豕부 획수 : 5획	象			
코끼리 상, 모양 상		象牙(상아)	具象(구상)	對象(대상)	

賞	부수 : 貝부 획수 : 8획	賞			
상 상, 칭찬할 상		賞金(상금)	賞狀(상장)	懸賞(현상)	

色	제부수글자	色			
빛 색		色彩(색채)	色調(색조)	色盲(색맹)	

生	제부수글자	生			
날 생		生死(생사)	生産(생산)	出生(출생)	

序	부수 : 广부 획수 : 4획	序			
차례 서		秩序(질서)	序文(서문)	序頭(서두)	

書	부수 : 日부 획수 : 6획	書			
책 서, 글 서		書冊(서책)	書店(서점)	藏書(장서)	

西	부수 : 襾부 획수 : 0획	西			
서녘 서		西半球(서반구)	西向(서향)	泰西(태서)	

夕	제부수글자	夕			
저녁 석		夕刊(석간)	夕陽(석양)	朝夕(조석)	

席	부수 : 巾부 획수 : 7획	席				
자리 석		席次(석차)		席卷(석권)		客席(객석)

石	제부수글자	石				
돌 석		化石(화석)		巖石(암석)		盤石(반석)

仙	부수 : 人(亻)부 획수 : 3획	仙				
신선 선		仙人(선인)		仙女(선녀)		神仙(신선)

先	부수 : 儿부 획수 : 4획	先				
먼저 선		先唱(선창)		先祖(선조)		先後(선후)

善	부수 : 口부 획수 : 9획	善				
좋을 선, 착할 선, 잘할 선		善惡(선악)		善行(선행)		勸善(권선)

宣	부수 : 宀부 획수 : 6획	宣				
베풀 선		宣敎(선교)		宣言(선언)		宣布(선포)

線	부수 : 糸부 획수 : 9획	線				
줄 선, 실 선		線路(선로)		線形(선형)		光線(광선)

船	부수 : 舟부 획수 : 5획	船					
배 선		船泊(선박)		船籍(선적)		船窓(선창)	

選	부수 : 辵(辶)부 획수 : 12획	選					
가릴 선, 뽑을 선		選擧(선거)		選出(선출)		選拔(선발)	

鮮	부수 : 魚부 획수 : 6획	鮮					
생선 선, 고울 선		鮮明(선명)		鮮血(선혈)		新鮮(신선)	

舌	제부수글자	舌					
혀 설		舌根(설근)		舌戰(설전)		毒舌(독설)	

設	부수 : 言부 획수 : 4획	設					
베풀 설, 설령 설		設計(설계)		設置(설치)		新設(신설)	

說	부수 : 言부 획수 : 7획	說					
말씀 설, 달랠 세, 기쁠 열		說得(설득)		說明(설명)		小說(소설)	

雪	부수 : 雨부 획수 : 3획	雪					
눈 설, 씻을 설		雪景(설경)		雪辱(설욕)		萬年雪(만년설)	

城	부수 : 土부 획수 : 7획	城					
재(성) 성		城郭(성곽)		城主(성주)		都城(도성)	

姓	부수 : 女부 획수 : 5	姓					
성씨 성, 겨레 성		姓名(성명)		本姓(본성)		同姓(동성)	

性	부수 : 心(忄)부 획수 : 5	性					
성품 성, 성별 성		性質(성질)		性別(성별)		性向(성향)	

成	부수 : 戈부 획수 : 3획	成					
이룰 성, 이루어질 성		成功(성공)		結成(결성)		完成(완성)	

星	부수 : 日부 획수 : 5	星					
별 성		星辰(성신)		金星(금성)		綺羅星(기라성)	

盛	부수 : 皿부 획수 : 7획	盛					
성할 성		盛況(성황)		盛大(성대)		隆盛(융성)	

省	부수 : 目부 획수 : 4획	省					
살필 성, 덜 생		省察(성찰)		反省(반성)		省略(생략)	

聖	부수 : 耳부 획수 : 7획	聖			
성스러울 성, 성인 성		聖人(성인)	聖畫(성화)		神聖(신성)

聲	부수 : 耳부 획수 : 11획	聲			
소리 성		聲帶(성대)	怒聲(노성)		歡聲(환성)

誠	부수 : 言부 획수 : 7획	誠			
정성 성, 진실 성		誠實(성실)	誠心(성심)		忠誠(충성)

世	부수 : 一부 획수 : 4획	世			
세대 세, 세상 세		世代(세대)	世上(세상)		世界(세계)

勢	부수 : 力부 획수 : 11획	勢			
세력 세, 기세 세		勢力(세력)	氣勢(기세)		劣勢(열세)

歲	부수 : 止부 획수 : 9획	歲			
해 세, 나이 세		歲拜(세배)	歲月(세월)		歲出(세출)

洗	부수 : 水(氵)부 획수 : 6획	洗			
씻을 세		洗濯(세탁)	洗眼(세안)		洗腦(세뇌)

税	부수: 禾부 획수: 7획	税				
세금 세		税金(세금)		税入(세입)		納稅(납세)

細	부수: 糸부 획수: 5획	細				
가늘 세, 자세할 세		細密(세밀)		詳細(상세)		微細(미세)

小	제부수글자	小				
작을 소		小量(소량)		小文字(소문자)		大小(대소)

少	부수: 小부 획수: 1획	少				
적을 소, 젊을 소		老少(노소)		少額(소액)		減少(감소)

所	부수: 戶부 획수: 4획	所				
바 소, 곳 소		所屬(소속)		所藏(소장)		處所(처소)

掃	부수: 手(扌)부 획수: 8획	掃				
쓸 소		掃除(소제)		掃蕩(소탕)		淸掃(청소)

消	부수: 水(氵)부 획수: 7획	消				
사라질 소		消滅(소멸)		消極的(소극적)		消費(소비)

笑	부수 : 竹부 획수 : 4획	笑			
웃을 소		笑聲(소성)	微笑(미소)	苦笑(고소)	

素	부수 : 糸부 획수 : 4획	素			
바탕 소, 흴 소		素養(소양)	酸素(산소)	平素(평소)	

俗	부수 : 人(亻)부 획수 : 7획	俗			
풍속 속, 속될 속		俗世(속세)	俗談(속담)	風俗(풍속)	

屬	부수 : 尸부 획수 : 18획	屬			
무리 속, 이을 촉		屬性(속성)	附屬(부속)	從屬(종속)	

束	부수 : 木부 획수 : 3획	束			
묶을 속		束縛(속박)	拘束(구속)	團束(단속)	

續	부수 : 糸부 획수 : 15획	續			
이을 속		連續(연속)	續編(속편)	繼續(계속)	

速	부수 : 辵(辶)부 획수 : 7획	速			
빠를 속		速度(속도)	速力(속력)	速報(속보)	

孫	부수 : 子부 획수 : 7획	孫					
손자 손		孫子(손자)		嫡孫(적손)		直孫(직손)	

損	부수 : 手(扌)부 획수 : 10획	損					
잃을 손, 덜 손		損害(손해)		損益(손익)		缺損(결손)	

松	부수 : 木부 획수 : 4획	松					
소나무 송		松板(송판)		老松(노송)		赤松(적송)	

送	부수 : 辵(辶)부 획수 : 6획	送					
보낼 송		送別(송별)		歡送(환송)		傳送(전송)	

頌	부수 : 頁부 획수 : 4획	頌					
기릴 송		頌辭(송사)		頌德碑(송덕비)		讚頌(찬송)	

修	부수 : 人(亻)부 획수 : 8획	修					
닦을 수		修習(수습)		修身(수신)		硏修(연수)	

受	부수 : 又부 획수 : 6획	受					
받을 수		受給(수급)		受賞(수상)		受胎(수태)	

守	부수 : 宀부 획수 : 3획	守				
지킬 수		守護(수호)		固守(고수)		保守(보수)

手	제부수글자	手				
손 수		手足(수족)		失手(실수)		手工(수공)

授	부수 : 手(扌)부 획수 : 10획	授				
가르칠 수, 줄 수		授業(수업)		授與(수여)		傳授(전수)

收	부수 : 攴(攵)부 획수 : 2획	收				
거둘 수		收益(수익)		收穫(수확)		秋收(추수)

數	부수 : 攴(攵)부 획수 : 11획	數				
셈 수, 자주 삭, 촘촘할 촉		數學(수학)		數次(수차)		度數(도수)

樹	부수 : 木부 획수 : 12획	樹				
나무 수		樹木(수목)		樹脂(수지)		桂樹(계수)

水	제부수글자	水				
물 수		水運(수운)		水草(수초)		旱水(한수)

秀	부수:禾부 획수:2획	秀			
빼어날 수		秀麗(수려)	秀才(수재)	優秀(우수)	

首	제부수글자	首			
머리 수		首領(수령)	首都(수도)	首腦(수뇌)	

叔	부수:又부 획수:6획	叔			
아재비 숙		叔父(숙부)	叔母(숙모)		

宿	부수:宀부 획수:8획	宿			
묵을 숙, 별 수		宿泊(숙박)	宿食(숙식)	宿願(숙원)	

肅	부수:聿부 획수:7획	肅			
엄숙할 숙		肅然(숙연)	嚴肅(엄숙)	靜肅(정숙)	

純	부수:糸부 획수:4획	純			
순수할 순		純粹(순수)	純眞(순진)	純情(순정)	

順	부수:頁부 획수:3획	順			
순할 순, 차례 순		順序(순서)	順列(순열)	順應(순응)	

術	부수: 行부 획수: 5획	術					
꾀 술, 재주 술		術數(술수)		技術(기술)		魔術(마술)	

崇	부수: 山부 획수: 8획	崇					
높을 숭		崇拜(숭배)		崇高(숭고)		尊崇(존숭)	

習	부수: 羽부 획수: 5획	習					
익힐 습		習得(습득)		學習(학습)		復習(복습)	

始	부수: 女부 획수: 5획	始					
비롯할 시, 처음 시		始終(시종)		始初(시초)		始末(시말)	

市	부수: 巾부 획수: 2획	市					
시가 시		市街(시가)		市場(시장)		都市(도시)	

施	부수: 方부 획수: 5획	施					
베풀 시		施設(시설)		施術(시술)		施策(시책)	

是	부수: 日부 획수: 5획	是					
옳을 시, 이 시		是非(시비)		是認(시인)		是正(시정)	

時	부수 : 日부 획수 : 6획	時			
때 시	時勢(시세)		時間(시간)		時計(시계)

示	제부수글자	示			
보일 시	示唆(시사)		示威(시위)		公示(공시)

視	부수 : 見부 획수 : 5획	視			
볼 시	視覺(시각)		視點(시점)		直視(직시)

試	부수 : 言부 획수 : 6획	試			
시험할 시	試圖(시도)		試驗(시험)		入試(입시)

詩	부수 : 言부 획수 : 6획	詩			
시 시	詩壇(시단)		詩文(시문)		詩興(시흥)

式	부수 : 弋부 획수 : 3획	式			
법 식, 예식 식	式場(식장)		舊式(구식)		方式(방식)

息	부수 : 心부 획수 : 6획	息			
숨 식, 그칠 식	息子(식자)		安息(안식)		休息(휴식)

植	부수: 木부 획수: 8획	植			
심을 식		植物(식물)		植樹(식수)	移植(이식)

識	부수: 言부 획수: 12획	識			
알 식, 적을 지		識見(식견)		良識(양식)	學識(학식)

食	제부수글자	食			
밥 식, 밥 사		食事(식사)		食堂(식당)	飲食(음식)

信	부수: 人(亻)부 획수: 7획	信			
믿을 신		信賴(신뢰)		信仰(신앙)	迷信(미신)

新	부수: 斤부 획수: 9획	新			
새 신, 새롭게 할 신		新刊(신간)		新郞(신랑)	新語(신어)

神	부수: 示(礻)부 획수: 5획	神			
귀신 신, 정신 신		神權(신권)		神童(신동)	神學(신학)

臣	제부수글자	臣			
신하 신		臣民(신민)		臣下(신하)	奸臣(간신)

身	제부수글자	身					
몸 신		身手(신수)		身邊(신변)		身命(신명)	

失	부수 : 大부 획수 : 2획	失					
잃을 실, 허물 실		失權(실권)		失敗(실패)		得失(득실)	

室	부수 : 宀부 획수 : 6획	室					
방 실, 집 실		室內(실내)		敎室(교실)		皇室(황실)	

實	부수 : 宀부 획수 : 11획	實					
열매 실, 참될 실		實質(실질)		實感(실감)		結實(결실)	

心	제부수글자	心					
마음 심, 심장 심		心氣(심기)		心思(심사)		好奇心(호기심)	

深	부수 : 水(氵)부 획수 : 8획	深					
깊을 심		深化(심화)		深呼吸(심호흡)		水深(수심)	

十	제부수글자	十					
열 십		十字(십자)		十進法(십진법)		十八番(십팔번)	

氏	제부수글자	氏			
성 씨		氏族(씨족)		姓氏(성씨)	某氏(모씨)

申	부수 : 田부 획수 : 0획	申			
아홉째지지 신, 펼 신		申告(신고)		申時(신시)	申請(신청)

惡	부수 : 心(忄)부 획수 : 8획	惡			
악할 악, 싫어할 오		惡德(악덕)		惡夢(악몽)	惡化(악화)

安	부수 : 宀부 획수 : 3획	安			
편안할 안		安易(안이)		安全(안전)	治安(치안)

案	부수 : 木부 획수 : 6획	案			
책상 안, 생각할 안		案件(안건)		起案(기안)	提案(제안)

眼	부수 : 目부 획수 : 6획	眼			
눈 안		眼鏡(안경)		眼球(안구)	着眼(착안)

暗	부수 : 日부 획수 : 9획	暗			
어두울 암		暗室(암실)		暗殺(암살)	暗黑(암흑)

壓	부수 : 土부 획수 : 14획	壓			
누를 압		壓倒(압도)	制壓(제압)	氣壓(기압)

愛	부수 : 心부 획수 : 9획	愛			
사랑할 애, 아낄 애		愛情(애정)	愛憎(애증)	慈愛(자애)

液	부수 : 水(氵)부 획수 : 8획	液			
즙 액, 담글 석		液化(액화)	水液(수액)	液體(액체)

額	부수 : 頁부 획수 : 9획	額			
수량 액		額數(액수)	巨額(거액)	殘額(잔액)

夜	부수 : 夕부 획수 : 5획	夜			
밤 야		夜景(야경)	夜勤(야근)	夜學(야학)

野	부수 : 里부 획수 : 4획	野			
들 야		野球(야구)	野望(야망)	野獸(야수)

弱	부수 : 弓부 획수 : 7획	弱			
약할 약		弱點(약점)	強弱(강약)	虛弱(허약)

約	부수 : 糸부 획수 : 3획	約					
맺을 약, 간략할 약		約束(약속)		契約(계약)		約婚(약혼)	

藥	부수 : 艸(艹)부 획수 : 15획	藥					
약 약		藥房(약방)		漢藥(한약)		藥局(약국)	

樣	부수 : 木부 획수 : 11획	樣					
본 양, 모양 양		樣相(양상)		樣態(양태)		多樣(다양)	

洋	부수 : 水(氵)부 획수 : 6획	洋					
큰바다 양, 서양 양		洋裝(양장)		洋學(양학)		海洋(해양)	

羊	제부수글자	羊					
양 양		羊肉(양육)		牧羊(목양)		山羊(산양)	

陽	부수 : 阜(阝)부 획수 : 9획	陽					
따뜻할 양, 볕 양		陽極(양극)		陽性(양성)		斜陽(사양)	

養	부수 : 食부 획수 : 6획	養					
기를 양		養老(양로)		養育(양육)		療養(요양)	

漁	부수 : 水(氵)부 획수 : 11획	漁					
고기잡을 어		漁夫(어부)		漁船(어선)		漁獲(어획)	

語	부수 : 言부 획수 : 7획	語					
말씀 어		語學(어학)		言語(언어)		論語(논어)	

魚	제부수글자	魚					
고기 어		魚肉(어육)		魚脯(어포)		魚膾(어회)	

億	부수 : 人(亻)부 획수 : 13획	億					
억 억		億萬(억만)		億兆(억조)		十億(십억)	

言	제부수글자	言					
말씀 언		言質(언질)		言辭(언사)		格言(격언)	

嚴	부수 : 口부 획수 : 17획	嚴					
엄할 엄, 혹독할 엄		嚴肅(엄숙)		嚴命(엄명)		嚴冬(엄동)	

業	부수 : 木부 획수 : 9획	業					
일 업, 직업 업		業界(업계)		大業(대업)		工業(공업)	

如	부수 : 女부 획수 : 3획	如					
같을 여		如何(여하)		缺如(결여)		如來(여래)	

與	부수 : 臼부 획수 : 7획	與					
더불어 여, 줄 여		與黨(여당)		貸與(대여)		受與(수여)	

餘	부수 : 食부 획수 : 7획	餘					
남을 여, 나머지 여		餘情(여정)		餘地(여지)		餘韻(여운)	

域	부수 : 土부 획수 : 8획	域					
지경 역		域內(역내)		聖域(성역)		地域(지역)	

易	부수 : 日부 획수 : 4획	易					
바꿀 역, 쉬울 이		貿易(무역)		交易(교역)		簡易(간이)	

逆	부수 : 辵(辶)부 획수 : 6획	逆					
거스를 역, 어긋날 역		逆流(역류)		逆轉(역전)		逆行(역행)	

延	부수 : 廴부 획수 : 4획	延					
끌 연		延期(연기)		延命(연명)		延滯(연체)	

演	부수: 水(氵)부 획수: 11획	演			
익힐 연, 행할 연		演技(연기)	演劇(연극)	公演(공연)	

然	부수: 火(灬)부 획수: 8획	然			
그러할 연, 불탈 연		果然(과연)	漠然(막연)	隱然(은연)	

煙	부수: 火(灬)부 획수: 9획	煙			
연기 연		煙氣(연기)	煙幕(연막)	香煙(향연)	

燃	부수: 火(灬)부 획수: 12획	燃			
불탈 연		燃料(연료)	燃燒(연소)	不燃(불연)	

硏	부수: 石부 획수: 6획	硏			
갈 연		硏究(연구)	硏磨(연마)	硏修(연수)	

緣	부수: 糸부 획수: 9획	緣			
인연 연		因緣(인연)	緣故(연고)	血緣(혈연)	

鉛	부수: 金부 획수: 5획	鉛			
납 연		鉛毒(연독)	鉛筆(연필)	黑鉛(흑연)	

熱	부수 : 火(灬)부 획수 : 11획	熱			
더울 열	熱氣(열기)		熱烈(열렬)		熱意(열의)

葉	부수 : 艸(艹)부 획수 : 9획	葉			
잎 엽	葉書(엽서)		葉脈(엽맥)		紅葉(홍엽)

映	부수 : 日부 획수 : 5획	映			
비칠 영	映寫(영사)		映畵(영화)		上映(상영)

榮	부수 : 木부 획수 : 10획	榮			
영화 영	榮光(영광)		榮養(영양)		繁榮(번영)

永	부수 : 水부 획수 : 1획	永			
길 영, 오랠 영	永劫(영겁)		永世(영세)		永遠(영원)

營	부수 : 火(灬)부 획수 : 13획	營			
경영할 영	營利(영리)		經營(경영)		運營(운영)

英	부수 : 艸(艹)부 획수 : 5획	英			
꽃부리 영, 빼어날 영	英雄(영웅)		英語(영어)		英文(영문)

迎	부수 : 辵(辶)부 획수 : 4획	迎				
맞을 영		迎賓(영빈)		迎接(영접)		歡迎(환영)

藝	부수 : 艸(艹)부 획수 : 15획	藝				
재주 예		藝術(예술)		技藝(기예)		陶藝(도예)

豫	부수 : 豕부 획수 : 9획	豫				
미리 예		豫約(예약)		豫言(예언)		豫想(예상)

五	부수 : 二부 획수 : 2획	五				
다섯 오		五更(오경)		五輪旗(오륜기)		五行(오행)

午	부수 : 十부 획수 : 2획	午				
낮 오		午前(오전)		午餐(오찬)		午後(오후)

誤	부수 : 言부 획수 : 7획	誤				
그르칠 오		誤解(오해)		誤答(오답)		誤謬(오류)

屋	부수 : 尸부 획수 : 6획	屋				
집 옥		屋外(옥외)		屋上(옥상)		家屋(가옥)

玉	제부수글자	玉					
구슬 옥		玉樓(옥루)		玉體(옥체)		玉座(옥좌)	

溫	부수 : 水(氵)부 획수 : 10획	溫					
따뜻할 온, 익힐 온		溫度(온도)		溫和(온화)		保溫(보온)	

完	부수 : 宀부 획수 : 4획	完					
완전할 완		完璧(완벽)		完全(완전)		補完(보완)	

往	부수 : 彳부 획수 : 5획	往					
갈 왕		往年(왕년)		往來(왕래)		旣往(기왕)	

王	부수 : 玉(王)부 획수 : 0획	王					
임금 왕		王位(왕위)		王后(왕후)		國王(국왕)	

外	부수 : 夕부 획수 : 2획	外					
바깥 외		外角(외각)		外泊(외박)		號外(호외)	

曜	부수 : 日부 획수 : 14획	曜					
빛(빛날) 요, 요일 요		曜日(요일)		水曜日(수요일)		土曜日(토요일)	

要	부수: 襾부 획수: 3획	要			
중요할 요, 요구할 요		要件(요건)	要所(요소)	要點(요점)	

謠	부수: 言부 획수: 10획	謠			
노래 요		謠曲(요곡)	歌謠(가요)	民謠(민요)	

浴	부수: 水(氵)부 획수: 7획	浴			
목욕할 욕		浴室(욕실)	入浴(입욕)	海水浴(해수욕)	

勇	부수: 力부 획수: 7획	勇			
날랠 용, 용감할 용		勇敢(용감)	勇氣(용기)	勇猛(용맹)	

容	부수: 宀부 획수: 7획	容			
얼굴 용, 받아들일 용		容貌(용모)	容易(용이)	形容(형용)	

用	제부수글자	用			
쓸 용, 베풀 용		用件(용건)	費用(비용)	應用(응용)	

優	부수: 人(亻)부 획수: 15획	優			
뛰어날 우, 넉넉할 우		優待(우대)	優勢(우세)	優勝(우승)	

友	부수 : 又부 획수 : 2획	友			
벗 우		友邦(우방)	友情(우정)		交友(교우)

右	부수 : 口부 획수 : 2획	右			
오른 우		右翼(우익)	右派(우파)		左右(좌우)

牛	제부수글자	牛			
소 우		牛馬(우마)	牛乳(우유)		牧牛(목우)

遇	부수 : 辵(辶)부 획수 : 9획	遇			
만날 우, 대접할 우		境遇(경우)	禮遇(예우)		處遇(처우)

郵	부수 : 邑(阝)부 획수 : 8획	郵			
역말 우, 우편 우		郵票(우표)	郵送(우송)		郵遞局(우체국)

雨	제부수글자	雨			
비 우		雨傘(우산)	雨衣(우의)		降雨(강우)

運	부수 : 辵(辶)부 획수 : 9획	運			
돌 운, 움직일 운		運動(운동)	運送(운송)		幸運(행운)

雲	부수 : 雨부 획수 : 4획	雲			
구름 운		雲霧(운무)		白雲(백운)	風雲(풍운)

雄	부수 : 隹부 획수 : 4획	雄			
수컷 웅, 웅장할 웅		雄略(웅략)		雄飛(웅비)	英雄(영웅)

元	부수 : 儿부 획수 : 2획	元			
으뜸 원		元祖(원조)		元老(원로)	元首(원수)

原	부수 : 厂부 획수 : 8획	原			
언덕 원, 근원 원		原本(원본)		原始(원시)	原因(원인)

員	부수 : 口부 획수 : 7획	員			
인원 원		人員(인원)		減員(감원)	定員(정원)

圓	부수 : 囗부 획수 : 10획	圓			
둥글 원		圓滿(원만)		圓滑(원활)	半圓(반원)

園	부수 : 囗부 획수 : 10획	園			
동산 원		園藝(원예)		庭園(정원)	幼稚園(유치원)

怨	부수: 心(忄)부 획수: 5획	怨			
원망할 원	怨恨(원한)		怨望(원망)		宿怨(숙원)

援	부수: 手(扌)부 획수: 9획	援			
구원할 원, 도울 원	援助(원조)		救援(구원)		後援(후원)

源	부수: 水(氵)부 획수: 10획	源			
근원 원	源流(원류)		起源(기원)		資源(자원)

遠	부수: 辵(辶)부 획수: 10획	遠			
멀 원	遠近(원근)		遠視(원시)		遠征(원정)

院	부수: 阜(阝)부 획수: 7획	院			
집 원	院長(원장)		開院(개원)		學院(학원)

願	부수: 頁부 획수: 10획	願			
바랄 원	願書(원서)		祈願(기원)		請願(청원)

月	제부수글자	月			
달 월	月次(월차)		月刊(월간)		月給(월급)

位	부수 : 人(亻)부 획수 : 5획	位			
위치 위, 자리 위		位置(위치)	位相(위상)	寶位(보위)	

偉	부수 : 人(亻)부 획수 : 9획	偉			
클 위, 위대할 위		偉大(위대)	偉容(위용)	偉人(위인)	

危	부수 : 卩(㔾)부 획수 : 4획	危			
위태로울 위		危險(위험)	危機(위기)	危殆(위태)	

圍	부수 : 囗부 획수 : 9획	圍			
둘레 위		範圍(범위)	周圍(주위)	包圍(포위)	

委	부수 : 女부 획수 : 5획	委			
맡길 위		委員(위원)	委任(위임)	委託(위탁)	

威	부수 : 女부 획수 : 6획	威			
위엄 위		威信(위신)	威勢(위세)	威力(위력)	

慰	부수 : 心(忄)부 획수 : 11획	慰			
위로할 위		慰安(위안)	慰勞(위로)	自慰(자위)	

爲	부수: 爪(爫)부 획수: 8획	爲			
할 위, 행위 위	爲政(위정)		行爲(행위)		當爲(당위)

衛	부수: 行부 획수: 9획	衛			
호위할 위, 막을 위	衛生(위생)		衛星(위성)		防衛(방위)

乳	부수: 乙부 획수: 7획	乳			
젖 유	乳頭(유두)		乳兒(유아)		乳劑(유제)

儒	부수: 人(亻)부 획수: 14획	儒			
선비 유, 유교 유	儒敎(유교)		儒林(유림)		儒林(유림)

有	부수: 月부 획수: 2획	有			
있을 유	有利(유리)		有名(유명)		有效(유효)

油	부수: 水(氵)부 획수: 5획	油			
기름 유	油畵(유화)		油性(유성)		燈油(등유)

由	부수: 田부 획수: 0획	由			
말미암을 유	由緖(유서)		事由(사유)		自由(자유)

遊	부수: 辵(辶)부 획수: 9획	遊			
놀 유, 여행 유		遊覽(유람)	遊說(유세)	遊戲(유희)	

遺	부수: 辵(辶)부 획수: 12획	遺			
끼칠 유, 남길 유		遺憾(유감)	遺骨(유골)	遺跡(유적)	

肉	제부수글자	肉			
고기 육		肉類(육류)	肉食(육식)	肉感(육감)	

育	부수: 肉(月)부 획수: 4획	育			
기를 육		育成(육성)	敎育(교육)	體育(체육)	

恩	부수: 心(忄)부 획수: 6획	恩			
은혜 은		恩師(은사)	恩惠(은혜)	報恩(보은)	

銀	부수: 金부 획수: 6획	銀			
은 은		銀色(은색)	銀製(은제)	銀河水(은하수)	

隱	부수: 阜(阝)부 획수: 14획	隱			
숨을 은		隱居(은거)	隱蔽(은폐)	隱密(은밀)	

陰	부수: 阜(阝)부 획수: 8획	陰			
그늘 음		陰曆(음력)	陰凶(음흉)	綠陰(녹음)	

音	제부수글자	音			
소리 음, 소식 음		音讀(음독)	音樂(음악)	音聲(음성)	

飮	부수: 食부 획수: 4획	飮			
마실 음		飮食(음식)	飮酒(음주)	過飮(과음)	

邑	제부수글자	邑			
고을 읍		邑面(읍면)	同邑(동읍)	邑里(읍리)	

應	부수: 心(忄)부 획수: 13획	應			
응할 응		應急(응급)	應待(응대)	應募(응모)	

依	부수: 人(亻)부 획수: 6획	依			
따를 의, 의지할 의		依據(의거)	依賴(의뢰)	依託(의탁)	

儀	부수: 人(亻)부 획수: 13획	儀			
거동 의, 법 의		儀式(의식)	流儀(유의)	賀儀(하의)	

意	부수 : 心(忄)부 획수 : 9획	意			
뜻 의		意味(의미)	意向(의향)	本意(본의)	

疑	부수 : 疋부 획수 : 9획	疑			
의심할 의		疑問(의문)	質疑(질의)	疑惑(의혹)	

義	부수 : 羊부 획수 : 7획	義			
옳을 의, 뜻 의		義理(의리)	義務(의무)	主義(주의)	

衣	제부수글자	衣			
옷 의		衣食住(의식주)	衣服(의복)	下衣(하의)	

議	부수 : 言부 획수 : 13획	議			
의논할 의, 말할 의		議員(의원)	議會(의회)	討議(토의)	

醫	부수 : 酉부 획수 : 11획	醫			
의원 의, 병고칠 의		醫師(의사)	醫療(의료)	名醫(명의)	

二	제부수글자	二			
두 이		二進法(이진법)	二次元(이차원)	二村(이촌)	

以	부수 : 人부 획수 : 3획	以			
써 이		以内(이내)	以來(이래)	以後(이후)	

異	부수 : 田부 획수 : 6획	異			
다를 이		異常(이상)	異議(이의)	差異(차이)	

移	부수 : 禾부 획수 : 6획	移			
옮길 이		移轉(이전)	移植(이식)	移徙(이사)	

耳	제부수글자	耳			
귀 이		耳目(이목)	耳順(이순)	牛耳(우이)	

益	부수 : 皿부 획수 : 5획	益			
더할 익, 이로울 익		利益(이익)	國益(국익)	權益(권익)	

人	제부수글자	人			
사람 인		人情(인정)	人間(인간)	人品(인품)	

仁	부수 : 人(亻)부 획수 : 2획	仁			
어질 인		仁者(인자)	仁慈(인자)	成仁(성인)	

印	부수: 卩(㔾)부 획수: 4획	印			
도장 인		印刷(인쇄)	職印(직인)	印紙(인지)	

因	부수: 囗부 획수: 3획	因			
인할 인		因數(인수)	因習(인습)	原因(원인)	

引	부수: 弓부 획수: 1획	引			
끌 인		引證(인증)	引上(인상)	奉引(봉인)	

認	부수: 言부 획수: 7획	認			
알 인, 인정할 인		認識(인식)	認定(인정)	承認(승인)	

一	제부수글자	一			
한 일		一方(일방)	一流(일류)	一面(일면)	

日	제부수글자	日			
해 일, 날 일		日程(일정)	日常(일상)	週日(주일)	

任	부수: 人(亻)부 획수: 4획	任			
맡길 임		任期(임기)	責任(책임)	辭任(사임)	

自	제부수글자	自				
스스로 자		自手(자수)		自作(자작)		自由(자유)

資	부수 : 貝부 획수 : 6획	資				
재물 자		資格(자격)		資質(자질)		資源(자원)

作	부수 : 人(亻)부 획수 : 5획	作				
지을 작		作成(작성)		始作(시작)		作法(작법)

昨	부수 : 日부 획수 : 5획	昨				
어제 작		昨日(작일)		日昨(일작)		昨年(작년)

殘	부수 : 歹부 획수 : 8획	殘				
남을 잔		殘骸(잔해)		殘金(잔금)		

雜	부수 : 隹부 획수 : 10획	雜				
섞일 잡		雜多(잡다)		複雜(복잡)		雜誌(잡지)

場	부수 : 土부 획수 : 9획	場				
마당 장		場所(장소)		市場(시장)		工場(공장)

壯	부수 : 士부 획수 : 4획	壯			
씩씩할 장, 웅장할 장	壯士(장사)		壯丁(장정)		雄壯(웅장)

獎	부수 : 大부 획수 : 11획	獎			
도울 장	獎勵(장려)		獎學(장학)		選獎(선장)

將	부수 : 寸부 획수 : 8획	將			
장수 장, 장차 장	將軍(장군)		將帥(장수)		主將(주장)

帳	부수 : 巾부 획수 : 8획	帳			
휘장 장, 공책 장	帳簿(장부)		帳幕(장막)		元帳(원장)

張	부수 : 弓부 획수 : 8획	張			
베풀 장	主張(주장)		擴張(확장)		伸張(신장)

章	부수 : 立부 획수 : 6획	章			
글장 장	肩章(견장)		印章(인장)		勳章(훈장)

腸	부수 : 肉(月)부 획수 : 9획	腸			
창자 장	腸炎(장염)		灌腸(관장)		鐵腸(철장)

裝	부수: 衣(衤)부 획수: 7획	裝			
차릴 장		裝備(장비)	裝飾(장식)	武裝(무장)	

長	제부수글자	長			
길 장, 나을 장, 어른 장		長老(장로)	短長(단장)	長篇(장편)	

障	부수: 阜(阝)부 획수: 11획	障			
막을 장		障碍(장애)	故障(고장)	保障(보장)	

再	부수: 冂부 획수: 4획	再			
다시 재, 거듭 재		再臨(재림)	再婚(재혼)	再會(재회)	

在	부수: 土부 획수: 3획	在			
있을 재		在庫(재고)	在社(재사)	在室(재실)	

才	부수: 手부 획수: 0획	才			
재주 재		才幹(재간)	才氣(재기)	才人(재인)	

材	부수: 木부 획수: 3획	材			
재목 재, 재주 재		材木(재목)	材質(재질)	取材(취재)	

災	부수 : 火(灬)부 획수 : 3획	災			
재앙 재	災殃(재앙)	災難(재난)		天災(천재)	

財	부수 : 貝부 획수 : 3획	財			
재물 재, 재산 재	財務(재무)	財貨(재화)		文化財(문화재)	

爭	부수 : 爪(爫)부 획수 : 4획	爭			
다툴 쟁	爭議(쟁의)	爭點(쟁점)		爭奪(쟁탈)	

低	부수 : 人(亻)부 획수 : 5획	低			
낮을 저	低價(저가)	低級(저급)		低廉(저렴)	

底	부수 : 广부 획수 : 5획	底			
밑 저	底力(저력)	底意(저의)		底面(저면)	

貯	부수 : 貝부 획수 : 5획	貯			
쌓을 저	貯蓄(저축)	貯藏(저장)		貯水池(저수지)	

敵	부수 : 攴(攵)부 획수 : 11획	敵			
원수 적	敵軍(적군)	敵陣(적진)		天敵(천적)	

的	부수 : 白부 획수 : 3획	的			
과녁 적, 목표 적		的中(적중)	物的(물적)	病的(병적)	

積	부수 : 禾부 획수 : 11획	積			
쌓을 적		積載(적재)	滯積(체적)	堆積(퇴적)	

籍	부수 : 竹부 획수 : 14획	籍			
문서 적		國籍(국적)	本籍(본적)	戶籍(호적)	

績	부수 : 糸부 획수 : 11획	績			
공 적		功績(공적)	實績(실적)	治績(치적)	

賊	부수 : 貝부 획수 : 6획	賊			
도둑 적		賊將(적장)	國賊(국적)	海賊(해적)	

赤	제부수글자	赤			
붉을 적		赤字(적자)	赤信號(적신호)	赤十字(적십자)	

適	부수 : 辵(辶)부 획수 : 11획	適			
맞을 적		適合(적합)	適格(적격)	好適(호적)	

傳	부수: 人(亻)부 획수: 11획	傳					
전할 전, 전기 전		傳達(전달)		傳染(전염)		傳統(전통)	

全	부수: 入부 획수: 4획	全					
온전할 전, 모두 전		全國(전국)		全能(전능)		全的(전적)	

典	부수: 八부 획수: 6획	典					
의식 전, 법 전, 책 전		典故(전고)		典型(전형)		出典(출전)	

前	부수: 刀(刂)부 획수: 7획	前					
앞 전, 앞설 전		前例(전례)		前半期(전반기)		以前(이전)	

專	부수: 寸부 획수: 8획	專					
오로지 전		專攻(전공)		專念(전념)		專門(전문)	

展	부수: 尸부 획수: 7획	展					
펼 전		展開(전개)		展覽(전람)		發展(발전)	

戰	부수: 戈부 획수: 12획	戰					
싸울 전		戰爭(전쟁)		戰勢(전세)		敗戰(패전)	

田	제부수글자	田					
	밭 전	田園(전원)		田畓(전답)		山田(산전)	

轉	부수 : 車부 획수 : 11획	轉					
	구를 전	轉入(전입)		轉出(전출)		轉換(전환)	

錢	부수 : 金부 획수 : 8획	錢					
	돈 전	金錢(금전)		銅錢(동전)		價錢(가전)	

電	부수 : 雨부 획수 : 5획	電					
	전기 전	電光(전광)		電流(전류)		電氣(전기)	

切	부수 : 刀(刂)부 획수 : 2획	切					
	끊을 절, 온통 체	切斷(절단)		切片(절편)		一切(일체)	

折	부수 : 手(扌)부 획수 : 4획	折					
	꺾을 절	折衷(절충)		骨折(골절)		挫折(좌절)	

節	부수 : 竹부 획수 : 9획	節					
	마디 절, 예절 절	節減(절감)		節氣(절기)		節水(절수)	

絶	부수: 糸 획수: 6획	絶			
끊을 절		絶景(절경)	絶叫(절규)		絶壁(절벽)

占	부수: 卜부 획수: 3획	占			
점칠 점		占居(점거)	占領(점령)		卜占(복점)

店	부수: 广부 획수: 5획	店			
가게 점, 점포 점		店鋪(점포)	店員(점원)		支店(지점)

點	부수: 黑부 획수: 5획	點			
점 점		點線(점선)	高點(고점)		利點(이점)

接	부수: 手(扌)부 획수: 8획	接			
사귈 접, 이을 접		接收(접수)	接待(접대)		接着(접착)

丁	부수: 一부 획수: 1획	丁			
넷째천간 정, 벌목소리 정		丁字(정자)	丁重(정중)		庖丁(포정)

停	부수: 人(亻)부 획수: 9획	停			
머무를 정		停頓(정돈)	停留(정류)		停滯(정체)

定	부수 : 宀부 획수 : 5획	定			
정할 정		定議(정의)		定住(정주)	定立(정립)

庭	부수 : 广부 획수 : 7획	庭			
뜰 정		庭園(정원)		家庭(가정)	校庭(교정)

情	부수 : 心(忄)부 획수 : 8획	情			
뜻 정, 사실 정		情感(정감)		情欲(정욕)	同情(동정)

政	부수 : 攴(攵)부 획수 : 5획	政			
정사 정		政治(정치)		政事(정사)	政權(정권)

整	부수 : 攴(攵)부 획수 : 12획	整			
가지런할 정		整理(정리)		整頓(정돈)	端整(단정)

正	부수 : 止부 획수 : 1획	正			
바를 정		正答(정답)		正堂(정당)	正確(정확)

程	부수 : 禾부 획수 : 7획	程			
한도 정		程度(정도)		過程(과정)	旅程(여정)

漢字	부수/획수	훈음	예시
精	부수: 米부 / 획수: 8획	깨끗할 정	精巧(정교) 精力(정력) 精誠(정성)
靜	부수: 靑부 / 획수: 8획	고요할 정	靜寂(정적) 靜肅(정숙) 安靜(안정)
制	부수: 刀(刂)부 / 획수: 6획	지을 제	制作(제작) 制服(제복) 制御(제어)
帝	부수: 巾부 / 획수: 6획	임금 제	帝王(제왕) 帝位(제위) 皇帝(황제)
弟	부수: 弓부 / 획수: 4획	아우 제	弟子(제자) 兄弟(형제) 師弟(사제)
提	부수: 手(扌)부 / 획수: 9획	끌 제	提起(제기) 提唱(제창) 前提(전제)
濟	부수: 水(氵)부 / 획수: 14획	건널 제	皆濟(개제) 經濟(경제) 百濟(백제)

祭	부수 : 示(礻)부 획수 : 6획	祭			
제사 제		祭祀(제사)	祭壇(제단)	祭式(제식)	

第	부수 : 竹부 획수 : 5획	第			
차례 제		第一(제일)	及第(급제)	落第(낙제)	

製	부수 : 衣(衤)부 획수 : 8획	製			
지을 제, 마를 제		製造(제조)	製材(제재)	剝製(박제)	

除	부수 : 阜(阝)부 획수 : 7획	除			
덜 제, 버릴 제		除去(제거)	除籍(제적)	免除(면제)	

際	부수 : 阜(阝)부 획수 : 11획	際			
사이 제		交際(교제)	實際(실제)	分際(분제)	

題	부수 : 頁부 획수 : 9획	題			
제목 제, 물을 제		題目(제목)	宿題(숙제)	表題(표제)	

助	부수 : 力부 획수 : 5획	助			
도울 조		助手(조수)	補助(보조)	助詞(조사)	

操	부수 : 手(扌)부 획수 : 13획	操					
잡을 조		操作(조작)		貞操(정조)		體操(체조)	

早	부수 : 日부 획수 : 2획	早					
이를 조		早起(조기)		早退(조퇴)		早熟(조숙)	

朝	부수 : 月부 획수 : 8획	朝					
아침 조		朝夕(조석)		朝餐(조찬)		朝會(조회)	

條	부수 : 木부 획수 : 7획	條					
조목 조, 가지 조		條目(조목)		法條(법조)		條件(조건)	

潮	부수 : 水(氵)부 획수 : 12획	潮					
조수 조		潮水(조수)		潮汐(조석)		滿潮(만조)	

祖	부수 : 示(礻)부 획수 : 5획	祖					
할아버지 조		祖國(조국)		先祖(선조)		始祖(시조)	

組	부수 : 糸부 획수 : 5획	組					
짤 조		組閣(조각)		組成(조성)		組織(조직)	

調	부수 : 言 획수 : 8획	調					
고를 조, 조사할 조		調和(조화)		調理(조리)		語調(어조)	

造	부수 : 辵(辶)부 획수 : 7획	造					
지을 조, 나아갈 조		造成(조성)		造船(조선)		造花(조화)	

鳥	제부수글자	鳥					
새 조		鳥類(조류)		白鳥(백조)		飛鳥(비조)	

族	부수 : 方부 획수 : 7획	族					
겨레 족		家族(가족)		部族(부족)		王族(왕족)	

足	제부수글자	足					
발 족		不足(부족)		手足(수족)		充足(충족)	

存	부수 : 子부 획수 : 3획	存					
있을 존		存立(존립)		存在(존재)		竝存(병존)	

尊	부수 : 寸부 획수 : 9획	尊					
높을 존, 공경할 존		尊敬(존경)		尊重(존중)		至尊(지존)	

卒	부수 : 十부 획수 : 6획	卒				
마칠 졸, 군사 졸		卒業(졸업)		大卒(대졸)		將卒(장졸)

宗	부수 : 宀부 획수 : 5획	宗				
마루 종, 으뜸 종		宗家(종가)		宗廟(종묘)		宗敎(종교)

從	부수 : 彳부 획수 : 8획	從				
따를 종		從軍(종군)		從屬(종속)		順從(순종)

種	부수 : 禾부 획수 : 9획	種				
씨 종, 심을 종		種類(종류)		播種(파종)		各種(각종)

終	부수 : 糸부 획수 : 5획	終				
마칠 종		終末(종말)		終結(종결)		最終(최종)

鐘	부수 : 金부 획수 : 12획	鐘				
쇠북 종, 인경 종		鐘聲(종성)		警鐘(경종)		梵鐘(범종)

左	부수 : 工부 획수 : 2획	左				
왼 좌		左大臣(좌대신)		左遷(좌천)		左派(좌파)

座	부수: 广부 획수: 7획	座			
자리 좌		座談(좌담)	座席(좌석)	玉座(옥좌)	

罪	부수: 网(罒)부 획수: 8획	罪			
허물 죄		罪囚(죄수)	免罪(면죄)	無罪(무죄)	

主	부수: 丶부 획수: 4획	主			
주인 주		主客(주객)	主人(주인)	主治醫(주치의)	

住	부수: 人(亻)부 획수: 5획	住			
살 주		住所(주소)	居住(거주)	移住(이주)	

周	부수: 口부 획수: 5획	周			
두루 주		周圍(주위)	圓周(원주)	周遊(주유)	

州	부수: 巛(川)부 획수: 3획	州			
고을 주		九州(구주)	六大洲(육대주)	三角洲(삼각주)	

晝	부수: 日부 획수: 7획	晝			
낮 주		晝間(주간)	晝食(주식)	白晝(백주)	

朱	부수: 木부 획수: 2획	朱				
붉을 주		朱子學(주자학)		印朱(인주)		朱紅(주홍)

注	부수: 水(氵)부 획수: 5획	注				
물댈 주		脚注(각주)		注文(주문)		注意(주의)

走	제부수글자	走				
달릴 주		走行(주행)		力走(역주)		競走(경주)

酒	부수: 酉 획수: 3획	酒				
술 주		酒造(주조)		洋酒(양주)		甘酒(감주)

週	부수: 辵(辶)부 획수: 8획	週				
두를 주, 일주 주		週間(주간)		隔週(격주)		隔週(격주)

竹	제부수글자	竹				
대 죽		竹葉(죽엽)		竹林(죽림)		竹刀(죽도)

準	부수: 水(氵)부 획수: 10획	準				
수준기 준		準備(준비)		基準(기준)		水準(수준)

中	부수: ㅣ 획수: 3획	中			
가운데 중		中上(중상)	中間(중간)	途中(도중)	

衆	부수: 血부 획수: 6획	衆			
무리 중, 많을 중		大衆(대중)	民衆(민중)	觀衆(관중)	

重	부수: 里 획수: 2획	重			
무거울 중		重量(중량)	輕重(경중)	重責(중책)	

增	부수: 土 획수: 12획	增			
더할 증		增加(증가)	增減(증감)	增殖(증식)	

證	부수: 言 획수: 12획	證			
증거 증, 증명할 증		證據(증거)	認證(인증)	證人(증인)	

地	부수: 土부 획수: 3획	地			
땅 지		地理(지리)	地域(지역)	各地(각지)	

志	부수: 心(忄)부 획수: 3획	志			
뜻 지		志士(지사)	意志(의지)	寸志(촌지)	

持	부수: 手(扌)부 획수: 6획	持			
가질 지		持分(지분)		所持(소지)	維持(유지)

指	부수: 手(扌)부 획수: 6획	指			
가리킬 지, 손가락 지		指環(지환)		指導(지도)	指摘(지적)

支	제부수글자	支			
지탱할 지, 지급할 지		支障(지장)		支柱(지주)	收支(수지)

智	부수: 日부 획수: 8획	智			
지혜 지		智慧(지혜)		大智(대지)	智識(지식)

止	제부수글자	止			
그칠 지		止揚(지양)		止血(지혈)	中止(중지)

知	부수: 矢 획수: 3획	知			
알 지		知識(지식)		知人(지인)	知的(지적)

紙	부수: 糸부 획수: 4획	紙			
종이 지		紙面(지면)		紙幣(지폐)	白紙(백지)

至	제부수글자	至			
이를 지, 지극할 지		至當(지당)		至急(지급)	至極(지극)

誌	부수 : 言부 획수 : 7획	誌			
기록할 지		雜誌(잡지)		墓誌(묘지)	日誌(일지)

直	부수 : 目부 획수 : 3획	直			
곧을 직		直接(직접)		直立(직립)	直行(직행)

織	부수 : 糸부 획수 : 12획	織			
짤 직		織造(직조)		織機(직기)	組織(조직)

職	부수 : 耳부 획수 : 12획	職			
직분 직		職業(직업)		就職(취직)	復職(복직)

珍	부수 : 玉(王)부 획수 : 5획	珍			
보배 진		珍味(진미)		珍貴(진귀)	珍品(진품)

盡	부수 : 皿부 획수 : 9획	盡			
다할 진		盡力(진력)		盡終日(진종일)	無盡(무진)

眞	부수 : 目부 획수 : 5획	眞			
참 진		眞實(진실)		眞情(진정)	眞相(진상)

進	부수 : 辵(辶)부 획수 : 8획	進			
나아갈 진		進行(진행)		進展(진전)	邁進(매진)

陣	부수 : 阜(阝)부 획수 : 7획	陣			
진칠 진		陳列(진열)		陳情(진정)	出陳(출진)

質	부수 : 貝 획수 : 8획	質			
바탕 질		質素(질소)		資質(자질)	本質(본질)

集	부수 : 隹부 획수 : 4획	集			
모일 집		集大成(집대성)		募集(모집)	集約(집약)

差	부수 : 工부 획수 : 7획	差			
어긋날 차, 들쑥날쑥 차		差異(차이)		格差(격차)	交差(교차)

次	부수 : 欠부 획수 : 2획	次			
버금 차, 차례 차		次次(차차)		次期(차기)	次元(차원)

着	부수 : 目부 획수 : 7획	着			
도착할 착, 입을 착		着陸(착륙)	着席(착석)	倒着(도착)	

讚	부수 : 言부 획수 : 19획	讚			
기릴 찬		讚頌(찬송)	讚歌(찬가)	稱讚(칭찬)	

察	부수 : 宀부 획수 : 11획	察			
살필 찰		監察(감찰)	査察(사찰)	通察(통찰)	

參	부수 : 厶부 획수 : 9획	參			
참가할 참, 석 삼		參考(참고)	參席(참석)	參照(참조)	

創	부수 : 刀(刂)부 획수 : 10획	創			
비롯할 창		創始(창시)	創造(창조)	獨創(독창)	

唱	부수 : 口부 획수 : 8획	唱			
노래부를 창		歌唱(가창)	重唱(중창)	合唱(합창)	

窓	부수 : 穴부 획수 : 6획	窓			
창문 창		窓門(창문)	天窓(천창)	車窓(차창)	

採	부수 : 手(扌)부 획수 : 8획	採					
캘 채		採光(채광)		採掘(채굴)		採擇(채택)	

冊	부수 : 冂부 획수 : 3획	冊					
책 책		冊子(책자)		別冊(별책)		書冊(서책)	

責	부수 : 貝부 획수 : 4획	責					
꾸짖을 책		責任(책임)		責務(책무)		呵責(가책)	

處	부수 : 虍부 획수 : 5획	處					
곳 처, 살 처		處理(처리)		處所(처소)		近處(근처)	

千	부수 : 十 획수 : 1획	千					
일천 천		千里(천리)		千秋(천추)		百千(백천)	

天	부수 : 大부 획수 : 1획	天					
하늘 천		天空(천공)		天地(천지)		天池(천지)	

川	제부수글자	川					
내 천		名川(명천)		河川(하천)		逝川(서천)	

泉	부수: 水(氵)부 획수: 5획	泉				
샘 천, 저승 천		谷泉(곡천)		溫泉(온천)		源泉(원천)

鐵	부수: 金부 획수: 13획	鐵				
쇠 철, 철물 철		鐵物(철물)		地下鐵(지하철)		鐵骨(철골)

廳	부수: 广부 획수: 22획	廳				
관청 청		官廳(관청)		郡廳(군청)		廳舍(청사)

淸	부수: 水(氵)부 획수: 8획	淸				
맑을 청		淸明(청명)		淸廉(청렴)		淸掃(청소)

聽	부수: 耳부 획수: 16획	聽				
들을 청		聽聞(청문)		聽覺(청각)		視聽(시청)

請	부수: 言부 획수: 8획	請				
청할 청, 물을 청		請願(청원)		請負(청부)		招請(초청)

靑	제부수글자	靑				
푸를 청		靑色(청색)		靑年(청년)		靑山(청산)

體	부수 : 骨부 획수 : 13획	體			
몸 체		體育(체육)		體操(체조)	肉體(육체)

初	부수 : 刀(刂)부 획수 : 5획	初			
처음 초		初盤(초반)		始初(시초)	初等(초등)

招	부수 : 手(扌)부 획수 : 5획	招			
부를 초		招來(초래)		招聘(초빙)	招魂(초혼)

草	부수 : 艸(艹)부 획수 : 6획	草			
풀 초, 초할 초		草創期(초창기)		草木(초목)	草案(초안)

寸	제부수글자	寸			
마디 촌		寸刻(촌각)		寸志(촌지)	四寸(사촌)

村	부수 : 木부 획수 : 3획	村			
마을 촌		村落(촌락)		一村(일촌)	富村(부촌)

總	부수 : 糸부 획수 : 11획	總			
모두 총		總括(총괄)		總合(총합)	總決算(총결산)

銃	부수 : 金부 획수 : 6획	銃			
총 총		銃劍(총검)		銃聲(총성)	銃器(총기)

最	부수 : 日부 획수 : 8획	最			
가장 최		最高(최고)		最上(최상)	最短(최단)

推	부수 : 手(扌)부 획수 : 8획	推			
밀 추		推薦(추천)		推敲(퇴고)	推測(추측)

秋	부수 : 禾부 획수 : 4획	秋			
가을 추		秋夕(추석)		秋收(추수)	春秋(춘추)

祝	부수 : 示(礻)부 획수 : 5획	祝			
빌 축		祝歌(축가)		祝賀(축하)	祝辭(축사)

築	부수 : 竹부 획수 : 10획	築			
쌓을 축		築造(축조)		建築(건축)	新築(신축)

縮	부수 : 糸부 획수 : 11획	縮			
줄 축		縮小(축소)		縮尺(축척)	壓縮(압축)

蓄	부수: 艸(艹)부 획수: 10획	蓄					
쌓을 축		蓄積(축적)		貯蓄(저축)		含蓄(함축)	

春	부수: 日부 획수: 5획	春					
봄 춘		春夢(춘몽)		春川(춘천)		常春(상춘)	

出	부수: 凵부 획수: 3획	出					
날 출		出缺(출결)		出生(출생)		出沒(출몰)	

充	부수: 儿부 획수: 4획	充					
채울 충		充分(충분)		充滿(충만)		充足(충족)	

忠	부수: 心(忄)부 획수: 4획	忠					
충성 충		忠誠(충성)		忠臣(충신)		忠信(충신)	

蟲	부수: 虫부 획수: 12획	蟲					
벌레 충		蟲齒(충치)		害蟲(해충)		蛔蟲(회충)	

取	부수: 又부 획수: 6획	取					
가질 취		取材(취재)		取捨(취사)		攝取(섭취)	

就	부수 : 尤부 획수 : 9획	就			
이룰 취, 나아갈 취		就職(취직)	就業(취업)	去就(거취)	

趣	부수 : 走부 획수 : 8획	趣			
향할 취		趣味(취미)	趣向(취향)	情趣(정취)	

測	부수 : 水(氵)부 획수 : 9획	測			
잴 측		測量(측량)	測雨器(측우기)	計測(계측)	

層	부수 : 尸부 획수 : 12획	層			
층계 층		層階(층계)	單層(단층)	表層(표층)	

治	부수 : 水(氵)부 획수 : 5획	治			
다스릴 치		治國(치국)	治定(치정)	自治(자치)	

置	부수 : 网(罒)부 획수 : 8획	置			
둘 치		置換(치환)	安置(안치)	配置(배치)	

致	부수 : 至부 획수 : 4획	致			
이룰 치		致命(치명)	景致(경치)	筆致(필치)	

齒	제부수글자	齒			
이 치		齒牙(치아)	齒石(치석)	齒科(치과)	

則	부수: 刀(刂)부 획수: 7획	則			
법 칙		原則(원칙)	法則(법칙)	守則(수칙)	

親	부수: 見부 획수: 9획	親			
어버이 친, 친할 친		親切(친절)	親戚(친척)	孝親(효친)	

七	부수: 一부 획수: 1획	七			
일곱 칠		七夕(칠석)	七言(칠언)	七星(칠성)	

侵	부수: 人(亻)부 획수: 7획	侵			
침노할 침		侵攻(침공)	侵略(침략)	侵害(침해)	

寢	부수: 宀부 획수: 11획	寢			
잠잘 침		寢室(침실)	寢臺(침대)	就寢(취침)	

針	부수: 金부 획수: 2획	針			
바늘 침		針術(침술)	時針(시침)	秒針(초침)	

稱	부수: 禾부 획수: 9획	稱			
일컬을 칭		稱號(칭호)	稱帝(칭제)	稱讚(칭찬)	

快	부수: 心(忄)부 획수: 4획	快			
쾌활할 쾌		快樂(쾌락)	快晴(쾌청)	欣快(흔쾌)	

他	부수: 人(亻)부 획수: 3획	他			
다를 타		他人(타인)	他者(타자)	自他(자타)	

打	부수: 手(扌)부 획수: 2획	打			
칠 타		打倒(타도)	打手(타수)	打破(타파)	

卓	부수: 十부 획수: 6획	卓			
높을 탁, 탁자 탁		卓上(탁상)	卓越(탁월)	圓卓(원탁)	

彈	부수: 弓부 획수: 12획	彈			
탄알 탄		彈性(탄성)	銃彈(총탄)	彈着(탄착)	

歎	부수: 欠부 획수: 11획	歎			
탄식할 탄		歎息(탄식)	歎願(탄원)	歎聲(탄성)	

炭	부수: 火부 획수: 5획	炭						
숯 탄		炭化(탄화)		褐炭(갈탄)		石炭(석탄)		

脫	부수: 肉(月)부 획수: 7획	脫						
벗을 탈		脫落(탈락)		脫毛(탈모)		脫衣(탈의)		

探	부수: 手(扌)부 획수: 8획	探						
찾을 탐		探究(탐구)		探問(탐문)		探偵(탐정)		

太	부수: 大부 획수: 1획	太						
콩 태, 클 태		太豆(태두)		太古(태고)		太陰(태음)		

態	부수: 心(忄)부 획수: 10획	態						
모양 태		態度(태도)		動態(동태)		形態(형태)		

宅	부수: 宀부 획수: 3획	宅						
집 택, 집 댁		邸宅(저택)		住宅(주택)		宅配(택배)		

擇	부수: 手(扌)부 획수: 13획	擇						
가릴 택		選擇(선택)		擇日(택일)		採擇(채택)		

土	제부수글자	土					
흙 토		土地(토지)		黃土(황토)		出土(출토)	

討	부수 : 言부 획수 : 3획	討					
궁구할 토		討論(토론)		討伐(토벌)		檢討(검토)	

痛	부수 : 疒부 획수 : 7획	痛					
아파할 통		痛症(통증)		痛快(통쾌)		陣痛(진통)	

統	부수 : 糸부 획수 : 6획	統					
거느릴 통, 합칠 통		統一(통일)		傳統(전통)		血統(혈통)	

通	부수 : 辵(辶)부 획수 : 7획	通					
통할 통		通過(통과)		通路(통로)		通貨(통화)	

退	부수 : 辵(辶)부 획수 : 6획	退					
물러날 퇴		退去(퇴거)		退場(퇴장)		早退(조퇴)	

投	부수 : 手(扌)부 획수 : 4획	投					
던질 투		投稿(투고)		投石(투석)		投身(투신)	

鬪	부수 : 鬥부 획수 : 10획	鬪			
싸울 투		戰鬪(전투)	鬪爭(투쟁)	亂鬪(난투)	

特	부수 : 牛부 획수 : 6획	特			
특히 특		特別(특별)	特差(특차)	特産物(특산물)	

波	부수 : 水(氵)부 획수 : 5획	波			
물결 파		波濤(파도)	周波(주파)	波動(파동)	

派	부수 : 水(氵)부 획수 : 6획	派			
갈래 파		派遣(파견)	宗派(종파)	未來派(미래파)	

破	부수 : 石부 획수 : 5획	破			
깨뜨릴 파		破戒(파계)	破滅(파멸)	喝破(갈파)	

判	부수 : 刀(刂)부 획수 : 5획	判			
판단할 판, 쪼갤 판		判定(판정)	裁判(재판)	判讀(판독)	

板	부수 : 木부 획수 : 4획	板			
널판 판, 판목 판		板書(판서)	板屋(판옥)	板紙(판지)	

八	제부수글자	八			
여덟 팔		八角(팔각)	八方(팔방)	八達(팔달)	

敗	부수 : 攵(攴)부 획수 : 7획	敗			
패할 패		敗亡(패망)	敗北(패배)	勝敗(승패)	

便	부수 : 人(亻)부 획수 : 7획	便			
편할 편, 오줌 변		便利(편리)	便宜(편의)	簡便(간편)	

篇	부수 : 竹부 획수 : 9획	篇			
책 편, 편 편		長篇(장편)	短篇(단편)	後篇(후편)	

平	부수 : 干부 획수 : 2획	平			
평평할 평		平面(평면)	平和(평화)	平衡(평형)	

評	부수 : 言부 획수 : 5획	評			
품평할 평		評價(평가)	批評(비평)	書評(서평)	

閉	부수 : 門부 획수 : 3획	閉			
닫을 폐		閉講(폐강)	閉止(폐지)	密閉(밀폐)	

包	부수 : 勹부 획수 : 3획	包					
쌀 포		包括(포괄)		包攝(포섭)		內包(내포)	

布	부수 : 巾부 획수 : 2획	布					
베 포, 펼 포		布告(포고)		公布(공포)		宣布(선포)	

胞	부수 : 肉(月)부 획수 : 5획	胞					
태보 포		胞子(포자)		細胞(세포)		同胞(동포)	

砲	부수 : 石부 획수 : 5획	砲					
대포 포		砲擊(포격)		砲彈(포탄)		發砲(발포)	

暴	부수 : 日부 획수 : 11획	暴					
드러낼 폭		暴露(폭로)		暴徒(폭도)		暴力(폭력)	

爆	부수 : 火(灬)부 획수 : 15획	爆					
폭발할 폭		爆擊(폭격)		爆發(폭발)		爆風(폭풍)	

標	부수 : 木부 획수 : 11획	標					
표할 표		標榜(표방)		標本(표본)		標準(표준)	

票	부수 : 示(礻)부 획수 : 6획	票			
쪽지 표		開票(개표)		得票(득표)	傳票(전표)

表	부수 : 衣(衤)부 획수 : 3획	表			
겉 표		表紙(표지)		表裏(표리)	代表(대표)

品	부수 : 口부 획수 : 6획	品			
물건 품		品質(품질)		品性(품성)	物品(물품)

豊	부수 : 豆부 획수 : 6획	豊			
풍성할 풍		豊年(풍년)		豊凶(풍흉)	豊作(풍작)

風	제부수글자	風			
바람 풍, 관습 풍		風波(풍파)		氣風(기풍)	風俗(풍속)

疲	부수 : 疒부 획수 : 5획	疲			
고달플 피		疲困(피곤)		疲勞(피로)	疲弊(피폐)

避	부수 : 辵(辶)부 획수 : 13획	避			
피할 피		避難(피난)		避暑(피서)	忌避(기피)

必	부수: 心(忄)부 획수: 1획	必			
반드시 필		必要(필요)		必讀(필독)	必須(필수)

筆	부수: 竹부 획수: 6획	筆			
붓 필		筆致(필치)		筆跡(필적)	鉛筆(연필)

下	부수: 一부 획수: 2획	下			
아래 하, 내릴 하		下行(하행)		下品(하품)	卑下(비하)

夏	부수: 夊부 획수: 7획	夏			
여름 하		夏季(하계)		夏服(하복)	夏至(하지)

河	부수: 水(氵)부 획수: 5획	河			
강 하		河岸(하안)		河溪(하계)	氷河(빙하)

學	부수: 子부 획수: 13획	學			
배울 학		學校(학교)		學習(학습)	學生(학생)

寒	부수: 宀부 획수: 9획	寒			
찰 한		寒波(한파)		寒食(한식)	寒暖(한난)

恨	부수: 心(忄)부 획수: 6획	恨			
한탄할 한		怨恨(원한)		悔恨(회한)	痛恨(통한)

漢	부수: 水(氵)부 획수: 11획	漢			
나라 한		漢文(한문)		漢詩(한시)	漢字(한자)

閑	부수: 門부 획수: 4획	閑			
한가할 한		閑居(한거)		閑談(한담)	長閑(장한)

限	부수: 阜(阝)부 획수: 6획	限			
한정 한, 막힐 한		限界(한계)		權限(권한)	限度(한도)

韓	부수: 韋부 획수: 8획	韓			
나라이름 한, 성 한		韓國(한국)		北韓(북한)	三韓(삼한)

含	부수: 口부 획수: 4획	含			
머금을 함		含蓄(함축)		含量(함량)	含有(함유)

抗	부수: 手(扌)부 획수: 4획	抗			
대항할 항		抗拒(항거)		抵抗(저항)	反抗(반항)

港	부수: 水(氵)부 획수: 9획	港					
항구 항		港口(항구)		港灣(항만)		海港(해항)	

航	부수: 舟부 획수: 4획	航					
건널 항		航路(항로)		航海(항해)		出航(출항)	

害	부수: 宀부 획수: 7획	害					
해로울 해		害蟲(해충)		損害(손해)		沮害(저해)	

海	부수: 水(氵)부 획수: 7획	海					
바다 해		海洋(해양)		海流(해류)		海外(해외)	

解	부수: 角부 획수: 6획	解					
풀 해		解釋(해석)		解法(해법)		讀解(독해)	

核	부수: 木부 획수: 6획	核					
씨 핵		核心(핵심)		核家族(핵가족)		原子核(원자핵)	

幸	부수: 干부 획수: 5획	幸					
다행 행		幸福(행복)		多幸(다행)		幸運(행운)	

行	제부수글자	行				
다닐 행, 항렬 항		行先地(행선지)		素行(소행)		夜行(야행)

向	부수 : 口부 획수 : 3획	向				
향할 향		向上(향상)		南向(남향)		志向(지향)

鄕	부수 : 邑(阝)부 획수 : 10획	鄕				
시골 향, 고향 향		故鄕(고향)		鄕里(향리)		歸鄕(귀향)

香	제부수글자	香				
향기 향		香氣(향기)		香臭(향취)		芳香(방향)

虛	부수 : 虍부 획수 : 6획	虛				
빌 허, 헛될 허		虛像(허상)		虛實(허실)		虛脫(허탈)

許	부수 : 言부 획수 : 4획	許				
허락할 허		許諾(허락)		許容(허용)		特許(특허)

憲	부수 : 心(忄)부 획수 : 12획	憲				
법 헌		憲法(헌법)		憲章(헌장)		立憲(입헌)

險	부수 : 阜(阝)부 획수 : 13획	險			
험할 험		險難(험난)		險惡(험악)	冒險(모험)

驗	부수 : 馬부 획수 : 13획	驗			
시험할 험		試驗(시험)		受驗(수험)	效驗(효험)

革	제부수글자	革			
고칠 혁, 가죽 혁		革新(혁신)		革命(혁명)	皮革(피혁)

現	부수 : 玉(王)부 획수 : 7획	現			
나타날 현, 지금 현		現實(현실)		現世(현세)	出現(출현)

賢	부수 : 貝부 획수 : 8획	賢			
어질 현		賢明(현명)		賢者(현자)	先賢(선현)

顯	부수 : 頁부 획수 : 14획	顯			
나타날 현		顯著(현저)		顯達(현달)	顯現(현현)

血	제부수글자	血			
피 혈		血書(혈서)		輸血(수혈)	血管(혈관)

協	부수 : 十부 획수 : 6획	協				
도울 협, 화할 협		協同(협동)		協助(협조)		農協(농협)

兄	부수 : 儿부 획수 : 3획	兄				
맏형 형		兄弟(형제)		長兄(장형)		學兄(학형)

刑	부수 : 刀(刂)부 획수 : 4획	刑				
형벌 형		刑罰(형벌)		刑法(형법)		酷刑(혹형)

形	부수 : 彡부 획수 : 4획	形				
형상 형		形態(형태)		形狀(형상)		形體(형체)

惠	부수 : 心(忄)부 획수 : 8획	惠				
은혜 혜		惠澤(혜택)		知慧(지혜)		互惠(호혜)

呼	부수 : 口부 획수 : 5획	呼				
부를 호		呼稱(호칭)		呼名(호명)		呼出(호출)

好	부수 : 女부 획수 : 3획	好				
좋을 호, 좋아할 호		好機(호기)		好事家(호사가)		好意(호의)

戶	제부수글자	戶					
집 호		戶籍(호적)		戶數(호수)		戶主(호주)	

湖	부수:水(氵)부 획수:9획	湖					
호수 호		湖水(호수)		潟湖(석호)		湖畔(호반)	

號	부수:虍부 획수:7획	號					
부를 호, 이름 호		番號(번호)		等號(등호)		信號(신호)	

護	부수:言부 획수:14획	護					
도울 호		護衛(호위)		保護(보호)		看護(간호)	

或	부수:戈부 획수:4획	或					
혹시 혹		或者(혹자)		間或(간혹)			

婚	부수:女부 획수:8획	婚					
혼인할 혼, 장가들 혼		婚談(혼담)		結婚(결혼)		約婚(약혼)	

混	부수:水(氵)부 획수:8획	混					
섞일 혼		混沌(혼돈)		混食(혼식)		混血(혼혈)	

紅	부수: 糸부 획수: 3획	紅			
붉을 홍		紅葉(홍엽)	紅顏(홍안)	紅潮(홍조)	

化	부수: 匕부 획수: 2획	化			
될 화		化學(화학)	化粧(화장)	融化(융화)	

和	부수: 口부 획수: 5획	和			
순할 화, 화목할 화		和平(화평)	調和(조화)	和合(화합)	

火	제부수글자	火			
불 화		火災(화재)	火山(화산)	放火(방화)	

畫	부수: 田부 획수: 7획	畫			
그림 화, 그을 획		畫伯(화백)	畫報(화보)	畫板(화판)	

花	부수: 艸(艹)부 획수: 4획	花			
꽃 화		花園(화원)	花壇(화단)	梨花(이화)	

華	부수: 艸(艹)부 획수: 8획	華			
빛날 화		華麗(화려)	中華(중화)	繁華(번화)	

話	부수 : 言부 획수 : 6획	話					
말씀 화		電話(전화)		談話(담화)		話題(화제)	

貨	부수 : 貝부 획수 : 4획	貨					
재물 화		財貨(재화)		貨幣(화폐)		外貨(외화)	

確	부수 : 石부 획수 : 10획	確					
확실할 확		確定(확정)		確實(확실)		確認(확인)	

患	부수 : 心(忄)부 획수 : 7획	患					
근심할 환		憂患(우환)		病患(병환)		疾患(질환)	

歡	부수 : 欠부 획수 : 18획	歡					
기쁨 환, 기뻐할 환		歡樂(환락)		歡呼(환호)		哀歡(애환)	

環	부수 : 玉(王)부 획수 : 13획	環					
고리 환		環境(환경)		循環(순환)		一環(일환)	

活	부수 : 水(氵)부 획수 : 6획	活					
살 활, 살림 활		活用(활용)		生活(생활)		活氣(활기)	

況	부수 : 水(氵)부 획수 : 5획	況				
하물며 황	近況(근황)		狀況(상황)		不況(불황)	

黃	제부수글자	黃				
누를 황	黃菊(황국)		黃色(황색)		朱黃(주황)	

會	부수 : 日부 획수 : 9획	會				
모일 회, 모을 회	會議(회의)		會談(회담)		密會(밀회)	

灰	부수 : 火(灬)부 획수 : 2획	灰				
재 회	灰色(회색)		石灰(석회)		粉灰(분회)	

孝	부수 : 子부 획수 : 4획	孝				
효도 효	孝道(효도)		孝子(효자)		孝心(효심)	

效	부수 : 攴(攵)부 획수 : 6획	效				
효험 효	效果(효과)		效驗(효험)		無效(무효)	

候	부수 : 人(亻)부 획수 : 8획	候				
기후 후	氣候(기후)		候補(후보)		徵候(징후)	

厚	부수 : 厂부 획수 : 7획	厚			
두터울 후		厚德(후덕)	厚意(후의)	溫厚(온후)	

後	부수 : 彳부 획수 : 6획	後			
뒤 후		後進(후진)	後輩(후배)	後悔(후회)	

訓	부수 : 言부 획수 : 3획	訓			
가르칠 훈		訓育(훈육)	訓戒(훈계)	字訓(자훈)	

揮	부수 : 手(扌)부 획수 : 9획	揮			
휘두를 휘		揮發(휘발)	發揮(발휘)	指揮(지휘)	

回	부수 : 口부 획수 : 3획	回			
돌 회		回診(회진)	回轉(회전)	回信(회신)	

休	부수 : 人(亻)부 획수 : 4획	休			
쉴 휴		休暇(휴가)	休息(휴식)	休業(휴업)	

凶	부수 : 凵부 획수 : 2획	凶			
흉할 흉		凶年(흉년)	凶作(흉작)	陰凶(음흉)	

黑	제부수글자	黑			
검을 흑		黑點(흑점)	暗黑(암흑)	漆黑(칠흑)	

吸	부수 : 口부 획수 : 4획	吸			
마실 흡		吸收(흡수)	吸血(흡혈)	呼吸(호흡)	

興	부수 : 臼부 획수 : 9획	興			
흥할 흥		興味(흥미)	興行(흥행)	復興(부흥)	

喜	부수 : 口부 획수 : 9획	喜			
기쁠 희		喜悲(희비)	喜悅(희열)	歡喜(환희)	

希	부수 : 巾부 획수 : 4획	希			
바랄 희		希求(희구)	希望(희망)	古希(고희)	

勝	부수 : 力부 획수 : 10획	勝			
이길 승, 나을 승		勝利(승리)	勝敗(승패)	決勝(결승)	

承	부수 : 手부 획수 : 4획	承			
받들 승, 이을 승		承服(승복)	承諾(승낙)	繼承(계승)	

이십사절기(二十四節氣)

절후(絶後)			시 기
봄	입춘(立春)	2월 4일경	봄이 시작되는 시기
	우수(雨水)	2월 19일경	강물이 풀리기 시작하는 시기
	경칩(驚蟄)	3월 5일경	동물이 동면(冬眠)을 마치고 깨어나는 시기
	춘분(春分)	3월 21일경	밤과 낮의 길이가 거의 같게 되는 시기
	청명(淸明)	4월 5일경	날씨가 맑고 밝은 시기
	곡우(穀雨)	4월 20일경	봄비가 내려 백곡이 윤택해지는 시기
여름	입하(立夏)	5월 6일경	여름이 시작되는 시기
	소만(小滿)	5월 21일경	만물이 점차 성장하여 가득 차는 시기
	망종(芒種)	6월 6일경	보리는 익어 먹게 되고, 벼의 모는 자라서 심게 되는 시기
	하지(夏至)	6월 21일경	낮이 제일 길고, 밤이 제일 짧은 시기
	소서(小暑)	7월 7일경	본격적인 더위가 시작되는 시기
	대서(大暑)	7월 23일경	더위가 가장 심한 시기
가을	입추(立秋)	8월 8일경	가을이 시작되는 시기
	처서(處暑)	8월 23일경	더위가 풀려가는 시기
	백로(白露)	9월 8일경	이슬이 내리고, 가을기운이 완연히 나타나는 시기
	추분(秋分)	9월 23일경	낮과 밤의 길이가 거의 같게 되는 시기
	한로(寒露)	10월 8일경	찬 서리의 기운이 싹트는 시기
	상강(霜降)	10월 23일경	서리가 내리는 시기
겨울	입동(立冬)	11월 7일경	겨울이 시작되는 시기
	소설(小雪)	11월 23일경	눈이 오기 시작하는 시기
	대설(大雪)	12월 7일경	눈이 많이 오는 시기
	동지(冬至)	12월 23일경	낮이 제일 짧고, 밤이 제일 긴 시기
	소한(小寒)	1월 6일경	겨울 중 가장 추운 시기
	대한(大寒)	1월 12일경	지독히 추운 시기

예상문제풀이

1

다음 漢字의 讀音을 쓰시오.

① 證券 (　　　)　② 效果 (　　　)　③ 價格 (　　　)
④ 國益 (　　　)　⑤ 淸貧 (　　　)　⑥ 法院 (　　　)
⑦ 遺族 (　　　)　⑧ 離職 (　　　)　⑨ 退出 (　　　)
⑩ 禁煙 (　　　)　⑪ 虛實 (　　　)　⑫ 派兵 (　　　)
⑬ 速度 (　　　)　⑭ 準備 (　　　)　⑮ 舌戰 (　　　)
⑯ 減資 (　　　)　⑰ 登錄 (　　　)　⑱ 風聞 (　　　)
⑲ 變心 (　　　)　⑳ 知識 (　　　)　㉑ 童話 (　　　)
㉒ 鬪爭 (　　　)　㉓ 豊年 (　　　)　㉔ 政局 (　　　)
㉕ 患者 (　　　)　㉖ 廣域 (　　　)　㉗ 觀光 (　　　)
㉘ 手術 (　　　)　㉙ 暴力 (　　　)　㉚ 停止 (　　　)
㉛ 休務 (　　　)　㉜ 擔當 (　　　)　㉝ 盜聽 (　　　)
㉞ 引上 (　　　)　㉟ 申告 (　　　)

답

① 증권(증거 증, 문서 권(어음쪽 권))　② 효과(본받을 효, 열매 과)　③ 가격(값 가, 바로잡을 격)　④ 국익(나라 국, 이익 익)　⑤ 청빈(맑을 청(깨끗할 청), 빈할 빈(가난할 빈))　⑥ 법원(법 법, 집 원)　⑦ 유족(끼칠 유(남길 유), 겨레 족)　⑧ 이직(옮길 이, 직분 직)　⑨ 퇴출(물러날 퇴, 나갈 출)　⑩ 금연(금할 금, 연기 연)　⑪ 허실(빌 허, 열매 실)　⑫ 파병(물갈래 파(보낼 파), 병사 병)　⑬ 속도(빠를 속, 법도 도(제도 도))　⑭ 준비(수준기 준(법도 준), 갖출 비)　⑮ 설전(혀 설, 싸울 전)　⑯ 감자(줄어들 감, 자본 자(재물 자))　⑰ 등록(오를 등, 기록할 록)　⑱ 풍문(바람 풍, 들을 문)　⑲ 변심(변할 변, 마음 심)　⑳ 지식(알 지, 알 식)　㉑ 동화(아이 동, 말할 화)　㉒ 투쟁(싸울 투, 다툴 쟁)　㉓ 풍년(풍성할 풍, 해 년)　㉔ 정국(정사 정, 판국 국(방 국))　㉕ 환자(근심 환, 사람 자)　㉖ 광역(넓을 광, 지역 역)　㉗ 관광(볼 관, 빛 광)　㉘ 수술(손 수, 기술 술)　㉙ 폭력(사나울 폭(해칠 폭), 힘 력)　㉚ 정지(머무를 정, 멈출 지)　㉛ 휴무(쉴 휴, 일 무(힘쓸 무))　㉜ 담당(멜 담, 당할 당(대할 당))　㉝ 도청(훔칠 도(도둑질 할 도), 들을 청)　㉞ 인상(끌 인, 위 상)　㉟ 신고(말할 신(아홉째천간 신), 알릴 고)

2

다음 漢字의 讀音을 쓰시오.

① 創業 (　　　)　② 商街 (　　　)　③ 政治 (　　　)

④ 停止 (　　　)　　⑤ 安全 (　　　)　　⑥ 放送 (　　　)
⑦ 郡守 (　　　)　　⑧ 技士 (　　　)　　⑨ 高官 (　　　)
⑩ 總選 (　　　)　　⑪ 非理 (　　　)　　⑫ 天災 (　　　)
⑬ 通貨 (　　　)　　⑭ 議題 (　　　)　　⑮ 醫保 (　　　)
⑯ 內陸 (　　　)　　⑰ 去來 (　　　)　　⑱ 中部 (　　　)
⑲ 連打 (　　　)　　⑳ 女王 (　　　)　　㉑ 告白 (　　　)
㉒ 有能 (　　　)　　㉓ 野黨 (　　　)　　㉔ 要員 (　　　)
㉕ 敎養 (　　　)　　㉖ 文化 (　　　)　　㉗ 同窓 (　　　)
㉘ 秋夕 (　　　)　　㉙ 名分 (　　　)　　㉚ 許可 (　　　)
㉛ 終末 (　　　)　　㉜ 稅金 (　　　)　　㉝ 建築 (　　　)
㉞ 交流 (　　　)　　㉟ 恩師 (　　　)

답

① 창업(비롯할 창(만들 창), 일 업(사업 업))　② 상가(장사 상, 거리 가)　③ 정치(정사 정, 다스릴 치)　④ 정지(머물 정, 멈출 지)　⑤ 안전(편안할 안, 온전할 전)　⑥ 방송(놓을 방, 보낼 송)　⑦ 군수(고을 군(군 군), 지킬 수)　⑧ 기사(재주 기, 선비 사)　⑨ 고관(높을 고, 벼슬 관)　⑩ 총선(모두 총(거느릴 총), 가릴 선)　⑪ 비리(아닐 비, 다스릴 리(통할 리))　⑫ 천재(하늘 천, 재앙 재)　⑬ 통화(통할 통, 화폐 화)　⑭ 의제(의논할 의, 표제 제)　⑮ 의보(의원 의(치료할 의), 지킬 보)　⑯ 내륙(안 내, 육지 륙)　⑰ 거래(갈 거, 올 래)　⑱ 중부(가운데 중, 부분 부)　⑲ 연타(이을 연, 칠 타)　⑳ 여왕(계집 녀, 임금 왕)　㉑ 고백(알릴 고, 흰 백)　㉒ 유능(있을 유(넉넉할 유·많을 유), 능할 능)　㉓ 야당(들 야, 무리 당(당파 당))　㉔ 요원(요구할 요, 수효 원(사람 원))　㉕ 교양(가르칠 교, 양성할 양(기를 양))　㉖ 문화(글월 문(무늬 문), 될 화)　㉗ 동창(같을 동, 창 창)　㉘ 추석(가을 추, 저녁 석)　㉙ 명분(이름 명, 나눌 분(구분할 분))　㉚ 허가(허락할 허, 가할 가)　㉛ 종말(마칠 종, 끝 말)　㉜ 세금(세금 세(징수 세), 쇠 금)　㉝ 건축(세울 건, 쌓을 축)　㉞ 교류(사귈 교(주고받을 교), 흐를 류)　㉟ 은사(은혜 은, 스승 사)

3

다음 漢字의 讀音을 쓰시오.

① 證據 (　　　)　　② 秘密 (　　　)　　③ 強盜 (　　　)
④ 傷處 (　　　)　　⑤ 松板 (　　　)　　⑥ 體操 (　　　)
⑦ 姿態 (　　　)　　⑧ 珍島犬 (　　　)　　⑨ 端裝 (　　　)
⑩ 納得 (　　　)　　⑪ 降神 (　　　)　　⑫ 毛髮 (　　　)
⑬ 指揮 (　　　)　　⑭ 考慮 (　　　)　　⑮ 激變 (　　　)
⑯ 周圍 (　　　)　　⑰ 危機 (　　　)　　⑱ 崇拜 (　　　)
⑲ 厚德 (　　　)　　⑳ 環境 (　　　)　　㉑ 豫測 (　　　)
㉒ 彈壓 (　　　)　　㉓ 混亂 (　　　)　　㉔ 稱號 (　　　)
㉕ 確認 (　　　)　　㉖ 石灰石 (　　　)　　㉗ 暗香 (　　　)
㉘ 寢室 (　　　)　　㉙ 勤勉 (　　　)　　㉚ 素朴 (　　　)
㉛ 淸掃 (　　　)　　㉜ 卓球 (　　　)　　㉝ 營生 (　　　)
㉞ 選擇 (　　　)　　㉟ 充電 (　　　)

답

① 증거(증거 증, 의거할 거) ② 비밀(숨길 비(비밀 비), 빽빽할 밀(고요할 밀)) ③ 강도(굳셀 강, 훔칠 도(도둑질 할 도)) ④ 상처(상처 상, 살 처(묵을 처)) ⑤ 송판(소나무 송, 널빤지 판) ⑥ 체조(몸 체, 잡을 조(조종할 조)) ⑦ 자태(맵시 자(모양 자), 모양 태) ⑧ 진도견(보배 진, 섬 도, 개 견) ⑨ 단장(바를 단(곧을 단), 꾸밀 장) ⑩ 납득(바칠 납(가질 납), 얻을 득) ⑪ 강신(내릴 강, 신 신) ⑫ 모발(털 모, 터럭 발) ⑬ 지휘(손가락 지(가르킬 지), 휘두를 휘) ⑭ 고려(생각 고, 생각할 려) ⑮ 격변(격할 격(물결부딪쳐흐를 격), 변할 변) ⑯ 주위(두루 주, 둘레 위) ⑰ 위기(위태할 위, 틀 기(기계 기)) ⑱ 숭배(높을 숭, 절 배) ⑲ 후덕(두터울 후, 덕 덕) ⑳ 환경(고리 환(돌 환), 지경 경) ㉑ 예측(미리 예, 잴 측(헤아릴 측)) ㉒ 탄압(탄알 탄, 누를 압) ㉓ 혼란(섞을 혼, 어지러울 란) ㉔ 칭호(일컬을 칭, 부를 호) ㉕ 확인(굳을 확(확실할 확), 인정할 인) ㉖ 석회석(돌 석, 재 회, 돌 석) ㉗ 암향(어두울 암, 향기 향) ㉘ 침실(잠잘 침, 집 실(방 실)) ㉙ 근면(부지런할 근, 힘쓸 면) ㉚ 소박(흴 소, 순박할 박(후박나무 박)) ㉛ 청소(맑을 청(깨끗할 청), 쓸 소(제거할 소)) ㉜ 탁구(높을 탁, 공 구) ㉝ 영생(경영할 영(만들 영), 날 생) ㉞ 선택(가릴 선, 가릴 택) ㉟ 충전(충분할 충(찰 충), 전기 전)

4

다음 漢字의 讀音을 쓰시오.

① 訪韓 (　　)　② 藥局 (　　)　③ 南北 (　　)
④ 政治 (　　)　⑤ 立法 (　　)　⑥ 生活 (　　)
⑦ 出産 (　　)　⑧ 歌謠 (　　)　⑨ 小說 (　　)
⑩ 銀行 (　　)　⑪ 農協 (　　)　⑫ 忠孝 (　　)
⑬ 等級 (　　)　⑭ 赤子 (　　)　⑮ 前官 (　　)
⑯ 病院 (　　)　⑰ 衛星 (　　)　⑱ 眼科 (　　)
⑲ 用語 (　　)　⑳ 世界 (　　)　㉑ 會員 (　　)
㉒ 敎育 (　　)　㉓ 感謝 (　　)　㉔ 民間 (　　)
㉕ 最高 (　　)　㉖ 登山 (　　)　㉗ 貯蓄 (　　)
㉘ 求職 (　　)　㉙ 原始 (　　)　㉚ 單獨 (　　)
㉛ 急流 (　　)　㉜ 電氣 (　　)　㉝ 住宅 (　　)
㉞ 卓球 (　　)　㉟ 英雄 (　　)

답

① 방한(방문할 방, 나라이름 한) ② 약국(약 약, 판국 국(관청 국)) ③ 남북(남녘 남, 북녘 북) ④ 정치(정사 정(다스릴 정), 다스릴 치) ⑤ 입법(설 립, 법 법) ⑥ 생활(날 생, 살 활) ⑦ 출산(날 출, 낳을 산(만들 산)) ⑧ 가요(노래 가, 노래할 요) ⑨ 소설(작을 소, 말씀 설) ⑩ 은행(은 은(돈 은), 갈 행) ⑪ 농협(농사 농, 화합할 협(따를 협)) ⑫ 충효(충성할 충, 효도할 효) ⑬ 등급(등급 등, 등급 급) ⑭ 적자(붉을 적, 글자 자) ⑮ 전관(앞 전, 벼슬 관(관청 관)) ⑯ 병원(질병 병, 집 원) ⑰ 위성(막을 위(지킬 위), 별 성) ⑱ 안과(눈 안, 과목 과) ⑲ 용어(쓸 용, 말 어) ⑳ 세계(세상 세, 지경 계) ㉑ 회원(모일 회, 수효 원(둥글 원)) ㉒ 교육(가르칠 교, 기를 육(자랄 육)) ㉓ 감사(느낄 감, 사례할 사(고마울 사)) ㉔ 민간(백성 민, 사이 간) ㉕ 최고(가장 최(최고 최), 높을 고) ㉖ 등산(오를 등, 뫼 산) ㉗ 저축(쌓을 저, 쌓을 축) ㉘ 구직(구할 구, 직분 직(벼슬 직)) ㉙ 원시(근원 원, 처음 시) ㉚ 단독(홀로 단, 홀로 독) ㉛ 급류(급할 급, 흐를 류) ㉜ 전기(번개 전(전기 전), 기운 기) ㉝ 주택(살 주, 집 택) ㉞ 탁구(높을 탁(책상 탁), 공 구) ㉟ 영웅(꽃부리 영, 수컷 웅)

5

다음 漢字의 讀音을 쓰시오.

① 家寶 (　　)　② 就業 (　　)　③ 精練 (　　)
④ 停留 (　　)　⑤ 祭器 (　　)　⑥ 儀典 (　　)
⑦ 電算 (　　)　⑧ 貧寒 (　　)　⑨ 配慮 (　　)
⑩ 傑作 (　　)　⑪ 遊擊 (　　)　⑫ 謝恩 (　　)
⑬ 絶妙 (　　)　⑭ 轉移 (　　)　⑮ 邊方 (　　)
⑯ 雜技 (　　)　⑰ 鷄舍 (　　)　⑱ 辯護 (　　)
⑲ 靜態 (　　)　⑳ 發散 (　　)　㉑ 監察 (　　)
㉒ 考案 (　　)　㉓ 德談 (　　)　㉔ 負擔 (　　)
㉕ 制憲 (　　)　㉖ 講讀 (　　)　㉗ 節候 (　　)
㉘ 放牧 (　　)　㉙ 假裝 (　　)　㉚ 備置 (　　)
㉛ 除蟲 (　　)　㉜ 切斷 (　　)　㉝ 可笑 (　　)
㉞ 檢問 (　　)　㉟ 勸勉 (　　)

답

① 가보(집 가, 보물 보(보배 보))　② 취업(이룰 취(쫓을 취), 일 업(직업 업))　③ 정련(자세할 정, 익힐 련(단련할 련))　④ 정류(머물 정, 머물 류)　⑤ 제기(제사 제, 그릇 기)　⑥ 의전(거동 의(풍속 의), 법 전(책 전))　⑦ 전산(번개 전(전기 전), 셈할 산)　⑧ 빈한(가난할 빈, 추울 한)　⑨ 배려(짝지을 배(나눌 배), 생각할 려)　⑩ 걸작(뛰어날 걸, 지을 작)　⑪ 유격(놀 유(여행할 유), 부딪칠 격)　⑫ 사은(사례할 사(감사할 사), 은혜 은)　⑬ 절묘(끊을 절, 묘할 묘)　⑭ 전이(구를 전(회전할 전), 옮길 이)　⑮ 변방(가 변(끝 변), 방위 방(방향 방))　⑯ 잡기(섞일 잡, 재주 기)　⑰ 계사(닭 계, 집 사)　⑱ 변호(말잘할 변, 보호할 호)　⑲ 정태(고요할 정, 모양 태)　⑳ 발산(쏠 발(보낼 발), 흩어질 산)　㉑ 감찰(볼 감(살필 감), 살필 찰)　㉒ 고안(생각할 고(살필 고), 책상 안)　㉓ 덕담(덕 덕, 말씀 담)　㉔ 부담(질 부, 멜 담(맡을 담))　㉕ 제헌(마를 제, 법 헌)　㉖ 강독(익힐 강, 읽을 독)　㉗ 절후(절기 절, 기후 후)　㉘ 방목(놓을 방, 칠 목(놓아기를 목))　㉙ 가장(거짓 가, 꾸밀 장)　㉚ 비치(갖출 비(준비할 비), 놓을 치)　㉛ 제충(섬돌 제(제거할 제), 벌레 충)　㉜ 절단(끊을 절(갈 절), 끊을 단)　㉝ 가소(옳을 가(가히 가), 웃을 소)　㉞ 검문(단속할 검, 물을 문)　㉟ 권면(권할 권, 힘쓸 면)

6

다음 漢字語의 讀音을 쓰시오.

① 通貨 (　　)　② 文書 (　　)　③ 健康 (　　)
④ 豊年 (　　)　⑤ 經濟 (　　)　⑥ 現場 (　　)
⑦ 新聞 (　　)　⑧ 反省 (　　)　⑨ 交流 (　　)
⑩ 海外 (　　)　⑪ 對話 (　　)　⑫ 恩惠 (　　)
⑬ 申告 (　　)　⑭ 感謝 (　　)　⑮ 必要 (　　)
⑯ 準備 (　　)　⑰ 無敵 (　　)　⑱ 財産 (　　)
⑲ 故國 (　　)　⑳ 奉仕 (　　)　㉑ 博士 (　　)

㉒ 改善 (　　　) ㉓ 傳達 (　　　) ㉔ 業務 (　　　)
㉕ 選定 (　　　) ㉖ 運動 (　　　) ㉗ 防音 (　　　)
㉘ 監督 (　　　) ㉙ 常識 (　　　) ㉚ 料金 (　　　)
㉛ 興味 (　　　) ㉜ 貯蓄 (　　　) ㉝ 空軍 (　　　)
㉞ 硏究 (　　　) ㉟ 民謠 (　　　)

답

① 통화(통할 통, 화폐 화) ② 문서(글월 문, 책 서) ③ 건강(튼튼할 건, 편안할 강) ④ 풍년(풍성할 풍, 해 년) ⑤ 경제(경서 경(다스릴 경), 건널 제(건질 제)) ⑥ 현장(나타날 현, 곳 장(장소 장)) ⑦ 신문(새로울 신, 들을 문) ⑧ 반성(되돌릴 반(뒤집을 반), 살필 성) ⑨ 교류(사귈 교, 흐를 류) ⑩ 해외(바다 해, 밖 외) ⑪ 대화(대답할 대(상대 대), 말할 화) ⑫ 은혜(은혜 은, 은혜 혜) ⑬ 신고(펼 신(알릴 신·말할 신), 고할 고) ⑭ 감사(느낄 감, 사례할 사(감사할 사)) ⑮ 필요(반드시 필, 구할 요) ⑯ 준비(수준기 준(법 준), 갖출 비(준비 비)) ⑰ 무적(없을 무, 원수 적(맞설 적)) ⑱ 재산(재물 재, 낳을 산(만들 산)) ⑲ 고국(옛 고, 나라 국) ⑳ 봉사(받들 봉(도울 봉), 섬길 사) ㉑ 박사(넓을 박, 선비 사) ㉒ 개선(고칠 개, 좋을 선(선할 선)) ㉓ 전달(전할 전, 통달할 달(다다를 달)) ㉔ 업무(직무 업(일 업), 일 무(힘쓸 무)) ㉕ 선정(가릴 선(뽑을 선), 정할 정) ㉖ 운동(돌 운(회전할 운), 움직일 동) ㉗ 방음(막을 방, 소리 음) ㉘ 감독(볼 감(살필 감), 살펴볼 독) ㉙ 상식(항상 상(법 상), 알 식) ㉚ 요금(헤아릴 요(셀 요), 쇠 금) ㉛ 흥미(흥할 흥(일어날 흥), 맛 미) ㉜ 저축(쌓을 저, 쌓을 축) ㉝ 공군(빌 공(공중 공), 군사 군) ㉞ 연구(갈 연(궁구할 연), 궁구할 구(다할 구)) ㉟ 민요(백성 민, 노래할 요)

7

다음 漢字語의 讀音을 쓰시오.

① 廣場 (　　　) ② 歌謠 (　　　) ③ 基準 (　　　)
④ 財團 (　　　) ⑤ 會計 (　　　) ⑥ 無敵 (　　　)
⑦ 商店 (　　　) ⑧ 公職 (　　　) ⑨ 引上 (　　　)
⑩ 問責 (　　　) ⑪ 總理 (　　　) ⑫ 寸志 (　　　)
⑬ 認定 (　　　) ⑭ 戰線 (　　　) ⑮ 病院 (　　　)
⑯ 消息 (　　　) ⑰ 案內 (　　　) ⑱ 觀察 (　　　)
⑲ 保護 (　　　) ⑳ 數學 (　　　) ㉑ 修習 (　　　)
㉒ 首席 (　　　) ㉓ 貯蓄 (　　　) ㉔ 破産 (　　　)
㉕ 壓力 (　　　) ㉖ 課題 (　　　) ㉗ 恩惠 (　　　)
㉘ 除去 (　　　) ㉙ 空港 (　　　) ㉚ 選擧 (　　　)
㉛ 休紙 (　　　) ㉜ 展示 (　　　) ㉝ 博士 (　　　)
㉞ 增減 (　　　) ㉟ 夫婦 (　　　)

답

① 광장(넓을 광, 곳 장(장소 장)) ② 가요(노래 가, 노래할 요) ③ 기준(터 기(기초 기), 수준기 준(법도 준)) ④ 재단(재물 재, 둥글 단(모일 단)) ⑤ 회계(모일 회, 꾀 계(헤아릴 계)) ⑥ 무적(없을 무, 원수 적(상대 적)) ⑦ 상점(장사 상(헤아릴 상), 점포 점) ⑧ 공직(공변될 공(공사 공), 직무 직) ⑨ 인상(끌 인, 위 상) ⑩ 문책(물을 문, 꾸짖을 책) ⑪ 총리(거느릴

총(다 총), 다스릴 리) ⑫ 촌지(마을 촌, 뜻 지(마음 지)) ⑬ 인정(인정할 인, 정할 정) ⑭ 전선(싸울 전, 줄 선(실 선)) ⑮ 병원(아플 병, 집 원) ⑯ 소식(사라질 소, 숨쉴 식) ⑰ 안내(책상 안, 안 내) ⑱ 관찰(볼 관, 살필 찰) ⑲ 보호(지킬 보, 지킬 호) ⑳ 수학(셈 수(자주 삭·빽빽할 촉), 배울 학) ㉑ 수습(닦을 수, 익힐 습) ㉒ 수석(머리 수(우두머리 수), 자리 석) ㉓ 저축(쌓을 저, 쌓을 축) ㉔ 파산(깨뜨릴 파, 낳을 산(만들 산)) ㉕ 압력(누를 압, 힘 력) ㉖ 과제(매길 과(부과할 과), 표제 제) ㉗ 은혜(은혜 은, 은혜 혜) ㉘ 제거(섬돌 제(없앨 제), 갈 거) ㉙ 공항(빌 공(공중 공), 항구 항) ㉚ 선거(가릴 선, 들 거) ㉛ 휴지(쉴 휴(그만둘 휴), 종이 지) ㉜ 전시(펼 전, 보일 시) ㉝ 박사(넓을 박, 선비 사) ㉞ 증감(늘어날 증, 줄어들 감) ㉟ 부부(지아비 부, 지어미 부)

8

다음 漢字의 讀音을 쓰시오.

① 假髮 (   )   ② 街路 (   )   ③ 居留 (   )
④ 遺傳 (   )   ⑤ 穀食 (   )   ⑥ 樹液 (   )
⑦ 辯護 (   )   ⑧ 寶庫 (   )   ⑨ 準據 (   )
⑩ 餘暇 (   )   ⑪ 判例 (   )   ⑫ 辭意 (   )
⑬ 破鏡 (   )   ⑭ 豫約 (   )   ⑮ 攻擊 (   )
⑯ 構圖 (   )   ⑰ 簡潔 (   )   ⑱ 減量 (   )
⑲ 擔當 (   )   ⑳ 推移 (   )   ㉑ 黨籍 (   )
㉒ 遊覽 (   )   ㉓ 勸善 (   )   ㉔ 築城 (   )
㉕ 記錄 (   )   ㉖ 端正 (   )   ㉗ 消息 (   )
㉘ 極讚 (   )   ㉙ 施惠 (   )   ㉚ 絶壁 (   )
㉛ 充滿 (   )   ㉜ 鬪鷄 (   )   ㉝ 痛憤 (   )
㉞ 投機 (   )   ㉟ 豊盛 (   )

답

① 가발(거짓 가, 머리털 발(터럭 발)) ② 가로(거리 가, 길 로) ③ 거류(있을 거(살 거), 머물 류) ④ 유전(끼칠 유(후세에전할 유), 전할 전) ⑤ 곡식(곡식 곡, 먹을 식(밥 식)) ⑥ 수액(나무 수, 진 액) ⑦ 변호(말잘할 변, 지킬 호) ⑧ 보고(보물 보, 창고 고) ⑨ 준거(수준기 준(법도 준), 의거할 거) ⑩ 여가(남을 여, 틈 가) ⑪ 판례(판가름할 판, 법식 례(사례 례)) ⑫ 사의(말 사, 뜻 의) ⑬ 파경(깨뜨릴 파, 거울 경) ⑭ 예약(미리 예, 맺을 약) ⑮ 공격(칠 공, 부딪칠 격) ⑯ 구도(얽을 구, 그림 도) ⑰ 간결(대쪽 간(간단할 간), 깨끗할 결) ⑱ 감량(덜 감, 양 량) ⑲ 담당(멜 담(맡을 담), 당할 당(맡을 당)) ⑳ 추이(옮길 추, 이동할 이) ㉑ 당적(무리 당, 서적 적) ㉒ 유람(놀 유(여행할 유), 볼 람) ㉓ 권선(권면할 권, 착할 선(좋을 선)) ㉔ 축성(쌓을 축, 성 성) ㉕ 기록(적을 기, 기록할 록) ㉖ 단정(바를 단(곧을 단), 바를 정) ㉗ 소식(사라질 소, 숨쉴 식) ㉘ 극찬(다할 극, 칭찬할 찬) ㉙ 시혜(베풀 시, 은혜 혜) ㉚ 절벽(끊을 절(가로막을 절), 벽 벽(울타리 벽)) ㉛ 충만(충분할 충, 가득찰 만) ㉜ 투계(싸울 투, 닭 계) ㉝ 통분(아플 통, 분할 분) ㉞ 투기(던질 투, 틀 기) ㉟ 풍성(풍성할 풍, 성할 성)

9

다음 漢字의 讀音을 쓰시오.

① 差別 (   )   ② 射擊 (   )   ③ 疲困 (   )

④ 慰安 (　　　　)　⑤ 頭痛 (　　　　)　⑥ 恩惠 (　　　　)
⑦ 檀紀 (　　　　)　⑧ 群衆 (　　　　)　⑨ 歎息 (　　　　)
⑩ 證明 (　　　　)　⑪ 秘密 (　　　　)　⑫ 妙案 (　　　　)
⑬ 推進 (　　　　)　⑭ 妨害 (　　　　)　⑮ 拒否 (　　　　)
⑯ 損益 (　　　　)　⑰ 短縮 (　　　　)　⑱ 管理 (　　　　)
⑲ 食糧 (　　　　)　⑳ 屈折 (　　　　)

> **답**
> ① 차별(어긋날 차(다를 차), 나눌 별) ② 사격(쏠 사, 부딪칠 격) ③ 피곤(지칠 피, 괴로울 곤) ④ 위안(위로할 위, 편안할 안) ⑤ 두통(머리 두, 아플 통) ⑥ 은혜(은혜 은, 은혜 혜) ⑦ 단기(박달나무 단, 벼리 기(실마리 기)) ⑧ 군중(무리 군, 무리 중) ⑨ 탄식(탄식할 탄(읊을 탄), 숨쉴 식) ⑩ 증명(증거 증, 밝을 명) ⑪ 비밀(숨길 비, 빽빽할 밀(고요할 밀)) ⑫ 묘안(묘할 묘, 책상 안) ⑬ 추진(옮길 추, 나아갈 진) ⑭ 방해(막을 방, 해칠 해(손해 해)) ⑮ 거부(막을 거(거부할 거), 아닐 부(부정할 부)) ⑯ 손익(덜 손, 더할 익(이익 익)) ⑰ 단축(짧을 단, 축소할 축) ⑱ 관리(피리 관(관리할 관), 다스릴 리) ⑲ 식량(먹을 식, 양식 량) ⑳ 굴절(굽을 굴, 꺾을 절)

10

다음 글 중에서 밑줄 친 漢字語의 讀音을 쓰시오.

> • ①討論할 때에는 모두에게 말할 수 있는 ②機會가 ③均等하게 주어져야 한다.
> • 시험문제에 대한 설명은 ④一切 ⑤省略한다.
> • 우리 삼촌은 미술을 ⑥專攻하여 화가가 되었다.
> • 우리 민족은 ⑦周圍의 다른 민족들이 우리 땅을 ⑧侵犯해 올 때마다 이를 용감하게 물리치고 나라를 지켰다.
> • 일본이 독도를 자기네 땅이라고 억지를 쓰는 것은 절대로 ⑨看過할 수 없는 일이다.
> • 지나치게 미미하여 전혀 효과가 없을 때 ⑩漢江投石이라는 말을 쓴다.

① 討論 (　　　　)　② 機會 (　　　　)　③ 均等 (　　　　)
④ 一切 (　　　　)　⑤ 省略 (　　　　)　⑥ 專攻 (　　　　)
⑦ 周圍 (　　　　)　⑧ 侵犯 (　　　　)　⑨ 看過 (　　　　)
⑩ 漢江投石 (　　　　)

> **답**
> ① 토론(칠 토(토벌할 토), 논할 론) ② 기회(틀 기(기계 기), 모일 회) ③ 균등(고를 균, 가지런할 등) ④ 일체(한 일, 온통 체(끊을 절)) ⑤ 생략(덜 생(살필 성), 다스릴 략(뺄 략)) ⑥ 전공(오로지 전, 칠 공(공격할 공)) ⑦ 주위(두루 주, 둘레 위) ⑧ 침범(침노할 침(습격할 침), 범할 범) ⑨ 간과(볼 관, 지날 과) ⑩ 한강투석(한수 한, 강 강, 던질 투, 돌 석)

11

다음 漢字語의 讀音을 쓰시오.

① 謝絕 (　　　　)　② 監禁 (　　　　)　③ 銃殺 (　　　　)

④ 休暇 (   )　⑤ 師範 (   )　⑥ 淸潔 (   )
⑦ 狀態 (   )　⑧ 職務 (   )　⑨ 豫想 (   )
⑩ 修辭 (   )　⑪ 極盡 (   )　⑫ 負傷 (   )
⑬ 組織 (   )　⑭ 珍味 (   )　⑮ 刻骨 (   )
⑯ 觀察 (   )　⑰ 簡素 (   )　⑱ 進步 (   )
⑲ 射擊 (   )　⑳ 陣營 (   )　㉑ 創案 (   )
㉒ 傾聽 (   )　㉓ 離散 (   )　㉔ 看護 (   )
㉕ 常設 (   )　㉖ 眞實 (   )　㉗ 印象 (   )
㉘ 讚頌 (   )　㉙ 假稱 (   )　㉚ 採取 (   )
㉛ 講義 (   )　㉜ 招請 (   )　㉝ 嚴肅 (   )
㉞ 授與 (   )　㉟ 差額 (   )

답

① 사절(사례할 사(사죄할 사), 끊을 절)　② 감금(볼 감, 금할 금)　③ 총살(총 총, 죽일 살)　④ 휴가(쉴 휴, 틈 가)　⑤ 사범(스승 사, 규범 범(본보기 범))　⑥ 청결(맑을 청(깨끗할 청), 깨끗할 결)　⑦ 상태(형상 상, 모양 태)　⑧ 직무(직분 직, 일할 무(힘쓸 무))　⑨ 예상(미리 예, 생각할 상)　⑩ 수사(닦을 수, 말할 사)　⑪ 극진(지극할 극, 다할 진)　⑫ 부상(질 부, 상처 상)　⑬ 조직(짤 조, 짤 직)　⑭ 진미(보배 진(맛좋을 진), 맛 미)　⑮ 각골(새길 각, 뼈 골)　⑯ 관찰(볼 관, 살필 찰)　⑰ 간소(간단할 간(대쪽 간), 흴 소)　⑱ 진보(나아갈 진, 걸을 보)　⑲ 사격(쏠 사, 부딪칠 격)　⑳ 진영(진칠 진, 경영할 영)　㉑ 창안(비롯할 창(만들 창), 책상 안)　㉒ 경청(기울 경, 들을 청)　㉓ 이산(헤어질 리, 흩어질 산)　㉔ 간호(볼 간, 보호할 호)　㉕ 상설(일상 상, 말씀 설)　㉖ 진실(참 진, 열매 실)　㉗ 인상(찍을 인, 코끼리 상(모양 상))　㉘ 찬송(기릴 찬(칭찬할 찬), 기릴 송)　㉙ 가칭(거짓 가, 일컬을 칭)　㉚ 채취(캘 채, 취할 취)　㉛ 강의(익힐 강, 옳을 의)　㉜ 초청(부를 초, 청할 청)　㉝ 엄숙(엄할 엄, 엄숙할 숙)　㉞ 수여(줄 수, 줄 여)　㉟ 차액(다를 차, 액수 액)

12

다음 漢字語의 讀音을 쓰시오.

① 先唱 (   )　② 濟州道 (   )　③ 近視 (   )
④ 暗示 (   )　⑤ 野望 (   )　⑥ 賞罰 (   )
⑦ 白鳥 (   )　⑧ 精讀 (   )　⑨ 早朝 (   )
⑩ 盛行 (   )　⑪ 比等 (   )　⑫ 檢察官 (   )
⑬ 都市 (   )　⑭ 査定 (   )　⑮ 送別 (   )
⑯ 俗物 (   )　⑰ 職場 (   )　⑱ 立志 (   )
⑲ 滿期 (   )　⑳ 後進國 (   )

답

① 선창(먼저 선, 부를 창)　② 제주도(건널 제, 고을 주, 섬 도)　③ 근시(가까울 근, 볼 시(살필 시))　④ 암시(어두울 암, 보일 시)　⑤ 야망(들 야, 바랄 망)　⑥ 상벌(상줄 상, 죄 벌)　⑦ 백조(흰 백, 새 조)　⑧ 정독(자세할 정(면밀할 정), 읽을 독)　⑨ 조조(이를 조(새벽 조), 아침 조)　⑩ 성행(성할 성, 갈 행(행할 행))　⑪ 비등(견줄 비, 가지런할 등)　⑫ 검찰관(봉할 검(잡을 검), 살필 찰, 벼슬 관)　⑬ 도시(도읍 도, 시가 시)　⑭ 사정(조사할 사, 정할 정)　⑮ 송별

(보낼 송, 나눌 별) ⑯ 속물(풍속 속, 만물 물) ⑰ 직장(직분 직, 장소 장(곳 장)) ⑱ 입지 (설 립, 뜻 지) ⑲ 만기(가득찰 찬, 기간 기) ⑳ 후진국(뒤 후, 나아갈 진, 나라 국)

13

다음 短文의 漢字의 讀音을 쓰시오.
① 한국은 인구密度가 극히 높다.
② 한국인의 평균壽命은 점점 연장되고 있다.
③ 한국은 65세 이상의 노인인구가 증가해서 高齡화사회가 되었다.
④ 최근 餘暇를 즐기는 양상이 다양해졌다.
⑤ 3세대 동거가 줄고 核家族이 많아졌다.
⑥ 신문에 求人광고를 내서 널리 인재를 모집한다.
⑦ 수상은 국회에서 施政方針의 연설을 한다.
⑧ 내각은 豫算을 작성하여 국회에 제출한다.
⑨ 한국의 官僚들에게도 국제 감각이 요구되고 있다.
⑩ 미·일간의 최대의 懸案은 무역불균형이다.
⑪ 1929년 미국의 경제恐慌은 전 세계로 확산되었다.
⑫ 금주에는 도매물가와 무역수지 등 중요한 경제指標가 잇달아 발표된다.
⑬ 새로운 劇場이 개관된 첫날에는 많은 관객이 몰려들었다.
⑭ 신라시대의 遺跡을 발굴한다.
⑮ 대학원에 6년 재학해서 博士과정을 끝냈다.
⑯ 동네에서 野球팀을 만들었다.
⑰ 환경破壞는 경제성장과 관계가 깊다.
⑱ 生態系란, 자연과 생물의 균형과 환경을 이르는 말이다.
⑲ 도심의 고층 맨션에서 火災가 발생했다.
⑳ 결핵치료에 抗生物質이 사용된다.

답

① 밀도(密(빽빽할 밀 : 宀 – 총11획), 度(법도 도 : 广 – 총9획)) ② 수명(壽(목숨 수 : 士 – 총14획), 命(목숨 명 : 口 – 총8획)) ③ 고령(高(높을 고 : 高 – 총10획), 齡(나이 령 : 齒 – 총20획)) ④ 여가(餘(남을 여 : 食 – 총16획), 暇(겨를 가 : 日 – 총13획)) ⑤ 핵가족(核(씨 핵 : 木 – 총10획), 家(집 가 : 宀 – 총10획), 族(겨레 족 : 方 – 총11획)) ⑥ 구인(求(구할 구 : 水 – 총7획), 人(사람 인 : 人 – 총2획)) ⑦ 시정방침(施(베풀 시 : 方 – 총9획), 政(정사 정 : 攴 – 총8획), 方(모 방 : 方 – 총4획), 針(바늘 침 : 金 – 총10획)) ⑧ 예산(豫(미리 예 : 豕 – 총16획), 算(셀 산 : 竹 – 총14획)) ⑨ 관료(官(벼슬 관 : 宀 – 총8획), 僚(벼슬아치 료(요) : 人 – 총14획)) ⑩ 현안(懸(매달 현 : 心 – 총20획), 案(책상 안 : 木 – 총10획)) ⑪ 공황(恐(두려울 공 : 心 – 총10획), 慌(어렴풋할 황 : 心 – 총13획)) ⑫ 지표(指(손가락 지 : 手 – 총9획), 標(높은나무가지 표 : 木 – 총15획)) ⑬ 극장(劇(연극 극 : 刀 – 총15획), 場(마당 장 : 土 – 총12획)) ⑭ 유적(遺(끼칠 유 : 辶 – 총16획), 跡(자취 적 : 足 – 총13획)) ⑮ 박사(博(넓을 박 : 十 – 총12획), 士(선비 사 : 士 – 총3획)) ⑯ 야구(野(들 야 : 里 – 총11획), 球(공 구 : 玉 – 총11

획)) ⑰ 파괴(破(깨뜨릴 파 : 石 - 총10획), 壞(무너질 괴 : 土 - 총19획)) ⑱ 생태계(生(날 생 : 生 - 총5획), 態(모양 태 : 心 - 총14획), 系(이을 계 : 糸 - 총7획)) ⑲ 화재(火(불 화 : 火 - 총4획), 災(재앙 재 : 火 - 총7획)) ⑳ 항생물질(抗(막을 항 : 手 - 총7획), 生(날 생 : 生 - 총5획), 物(만물 물 : 牛 - 총8획), 質(바탕 질 : 貝 - 총15획))

14

다음 漢字의 訓과 音을 쓰시오.

① 玉 (   )   ② 勇 (   )   ③ 餘 (   )
④ 士 (   )   ⑤ 記 (   )   ⑥ 街 (   )
⑦ 宿 (   )   ⑧ 白 (   )   ⑨ 守 (   )
⑩ 擇 (   )   ⑪ 育 (   )   ⑫ 希 (   )
⑬ 酒 (   )   ⑭ 飮 (   )   ⑮ 赤 (   )
⑯ 邑 (   )   ⑰ 犬 (   )   ⑱ 今 (   )
⑲ 輕 (   )   ⑳ 頭 (   )   ㉑ 雨 (   )
㉒ 絲 (   )   ㉓ 角 (   )   ㉔ 味 (   )
㉕ 近 (   )

답

① 구슬 옥(제부수글자) ② 날랠 용(力, 7획) ③ 남을 여(食, 7획) ④ 선비 사(제부수글자) ⑤ 기록할 기(言, 3획) ⑥ 거리 가(行, 6획) ⑦ 잘 숙(宀, 8획) ⑧ 흰 백(제부수글자) ⑨ 지킬 수(宀, 3획) ⑩ 가릴 택(手(扌), 13획) ⑪ 기를 육(肉(月), 4획) ⑫ 바랄 희(巾, 4획) ⑬ 술 주(酉, 3획) ⑭ 마실 음(食, 4획) ⑮ 붉을 적(제부수글자) ⑯ 고을 읍(제부수글자) ⑰ 개 견(제부수글자) ⑱ 이제 금(人, 2획) ⑲ 가벼울 경(車, 7획) ⑳ 머리 두(頁, 7획) ㉑ 비 우(제부수글자) ㉒ 실 사(糸, 6획) ㉓ 뿔 각(제부수글자) ㉔ 맛 미(口, 5획) ㉕ 가까울 근(辵(辶), 4획)

15

다음을 漢字의 訓과 音을 쓰시오.

① 田 (   )   ② 花 (   )   ③ 口 (   )
④ 舍 (   )   ⑤ 海 (   )   ⑥ 食 (   )
⑦ 雨 (   )   ⑧ 固 (   )   ⑨ 登 (   )
⑩ 黑 (   )   ⑪ 竹 (   )   ⑫ 夏 (   )
⑬ 邑 (   )   ⑭ 防 (   )   ⑮ 背 (   )
⑯ 魚 (   )   ⑰ 重 (   )   ⑱ 足 (   )
⑲ 卓 (   )   ⑳ 面 (   )   ㉑ 志 (   )
㉒ 改 (   )

답
① 밭 전(제부수글자) ② 꽃 화(艸(艹), 4획) ③ 입 구(제부수글자) ④ 집 사(舌, 2획) ⑤ 바다 해(水(氵), 7획) ⑥ 먹을 식(제부수글자) ⑦ 비 우(제부수글자) ⑧ 굳을 고(囗, 5획) ⑨ 오를 등(癶, 7획) ⑩ 검을 흑(제부수글자) ⑪ 대 죽(제부수글자) ⑫ 여름 하(夂, 7획) ⑬ 고을 읍(제부수글자) ⑭ 막을 방(阜(阝), 4획) ⑮ 등 배(肉(月), 4획) ⑯ 물고기 어(제부수글자) ⑰ 무거울 중(里, 2획) ⑱ 발 족(제부수글자) ⑲ 높을 탁(十, 6획) ⑳ 낯 면(제부수글자) ㉑ 뜻 지(心, 3획) ㉒ 고칠 개(攴, 3획)

16

다음 漢字의 訓과 音을 쓰시오.

① 傑 (　　) ② 鏡 (　　) ③ 救 (　　)
④ 筋 (　　) ⑤ 逃 (　　) ⑥ 糧 (　　)
⑦ 妨 (　　) ⑧ 憤 (　　) ⑨ 肅 (　　)
⑩ 液 (　　) ⑪ 鉛 (　　) ⑫ 樣 (　　)
⑬ 演 (　　) ⑭ 威 (　　) ⑮ 慰 (　　)
⑯ 儒 (　　) ⑰ 帳 (　　) ⑱ 賊 (　　)
⑲ 整 (　　) ⑳ 除 (　　) ㉑ 廳 (　　)
㉒ 縮 (　　) ㉓ 爆 (　　) ㉔ 疲 (　　)
㉕ 抗 (　　)

답
① 뛰어날 걸(人(亻), 10획) ② 거울 경(金, 11획) ③ 구원할 구(攴, 7획) ④ 힘줄 근(竹, 6획) ⑤ 도망할 도(辵(辶), 6획) ⑥ 양식 량(米, 12획) ⑦ 방해할 방(女, 4획) ⑧ 분할 분(心(忄), 11획) ⑨ 엄숙할 숙(聿, 7획) ⑩ 진 액(水(氵), 8획) ⑪ 납 연(金, 5획) ⑫ 모양 양(木, 11획) ⑬ 펼 연(水(氵), 11획) ⑭ 위엄 위(女, 6획) ⑮ 위로할 위(心, 11획) ⑯ 선비 유(人(亻), 14획) ⑰ 장막 장(巾, 8획) ⑱ 도둑 적(貝, 6획) ⑲ 가지런할 정(攴, 12획) ⑳ 덜 제(阜(阝), 7획) ㉑ 관청 청(广, 22획) ㉒ 줄일 축(糸, 11획) ㉓ 불터질 폭(火, 15획) ㉔ 피곤할 피(疒, 5획) ㉕ 겨룰 항(手(扌), 5획)

17

다음 漢字의 訓과 音을 쓰시오.

① 午 (　　) ② 竹 (　　) ③ 患 (　　)
④ 家 (　　) ⑤ 必 (　　) ⑥ 角 (　　)
⑦ 望 (　　) ⑧ 合 (　　) ⑨ 早 (　　)
⑩ 雲 (　　) ⑪ 百 (　　) ⑫ 動 (　　)
⑬ 飛 (　　) ⑭ 童 (　　) ⑮ 開 (　　)
⑯ 命 (　　) ⑰ 足 (　　) ⑱ 堂 (　　)
⑲ 土 (　　) ⑳ 器 (　　) ㉑ 煙 (　　)

㉒ 尊 (   )

답

① 낮 오(十, 2획) ② 대 죽(제부수글자) ③ 근심 환(心(忄), 7획) ④ 집 가(宀, 7획) ⑤ 반드시 필(心(忄), 1획) ⑥ 뿔 각(제부수글자) ⑦ 바랄 망(月, 7획) ⑧ 합할 합(口, 3획) ⑨ 이를 조(日, 2획) ⑩ 구름 운(雨, 4획) ⑪ 일백 백(白, 1획) ⑫ 움직일 동(力, 9획) ⑬ 날 비(제부수글자) ⑭ 아이 동(立, 7획) ⑮ 열 개(門, 4획) ⑯ 목숨 명(口, 5획) ⑰ 발 족(제부수글자) ⑱ 집 당(土, 8획) ⑲ 흙 토(제부수글자) ⑳ 그릇 기(口, 13획) ㉑ 연기 연(火, 9획) ㉒ 높을 존(寸, 9획)

18

다음 漢字의 訓과 音을 쓰시오.

① 康 (   )   ② 據 (   )   ③ 慶 (   )
④ 腸 (   )   ⑤ 築 (   )   ⑥ 驗 (   )
⑦ 婚 (   )   ⑧ 吸 (   )   ⑨ 總 (   )
⑩ 顯 (   )   ⑪ 障 (   )   ⑫ 錢 (   )
⑬ 儒 (   )   ⑭ 縮 (   )   ⑮ 辭 (   )
⑯ 滿 (   )   ⑰ 絲 (   )   ⑱ 屬 (   )
⑲ 選 (   )   ⑳ 構 (   )   ㉑ 華 (   )
㉒ 應 (   )   ㉓ 操 (   )   ㉔ 週 (   )
㉕ 寢 (   )

답

① 편안할 강(广, 8획) ② 근거 거, 의거할 거(扌(手), 13획) ③ 경사 경(心(忄), 11획) ④ 창자 장(月(肉), 9획) ⑤ 쌓을 축(竹, 10획) ⑥ 시험할 험(馬, 13획) ⑦ 혼인할 혼(女, 8획) ⑧ 마실 흡(口, 4획) ⑨ 다(거느릴) 총(糸, 11획) ⑩ 나타날 현(頁, 14획) ⑪ 막을 장(阜(阝), 11획) ⑫ 돈 전(金, 8획) ⑬ 선비 유(人(亻), 14획) ⑭ 줄일 축(糸, 11획) ⑮ 말씀 사(辛, 12획) ⑯ 찰 만(水(氵), 11획) ⑰ 실 사(糸, 6획) ⑱ 속할 속(尸, 18획) ⑲ 가릴 선(辵(辶), 12획) ⑳ 얽을 구(木, 10획) ㉑ 빛날 화(艸(艹), 8획) ㉒ 응할 응(心(忄), 13획) ㉓ 잡을 조(手(扌), 13획) ㉔ 주일 주(辵(辶), 8획) ㉕ 잘 침(宀, 11획)

19

다음 漢字의 訓과 音을 쓰시오.

① 歌 (   )   ② 開 (   )   ③ 耳 (   )
④ 示 (   )   ⑤ 船 (   )   ⑥ 休 (   )
⑦ 立 (   )   ⑧ 苦 (   )   ⑨ 活 (   )
⑩ 約 (   )   ⑪ 氷 (   )   ⑫ 希 (   )
⑬ 川 (   )   ⑭ 具 (   )   ⑮ 島 (   )

⑯ 正 (   )   ⑰ 赤 (   )   ⑱ 唱 (   )
⑲ 望 (   )   ⑳ 名 (   )   ㉑ 落 (   )
㉒ 米 (   )

> **답**
> ① 노래 가(欠, 10획) ② 열 개(門, 4획) ③ 귀 이(제부수글자) ④ 보일 시(제부수글자) ⑤ 배 선(舟, 5획) ⑥ 쉴 휴(人, 4획) ⑦ 설 립(제부수글자) ⑧ 쓸 고(艸(艹), 5획) ⑨ 살 활(水(氵), 6획) ⑩ 맺을 약(糸, 3획) ⑪ 얼음 빙(水(氵), 1획) ⑫ 바랄 희(巾, 4획) ⑬ 내 천(巛, 제부수글자) ⑭ 갖출 구(八, 6획) ⑮ 섬 도(山, 7획) ⑯ 바를 정(止, 1획) ⑰ 붉을 적(제부수글자) ⑱ 부를 창(口, 8획) ⑲ 바랄 망(月, 7획) ⑳ 이름 명(口, 3획) ㉑ 떨어질 락(艸(艹), 9획) ㉒ 쌀 미(제부수글자)

20

다음 漢字의 訓과 音을 쓰시오.

① 營 (   )   ② 迎 (   )   ③ 隱 (   )
④ 裝 (   )   ⑤ 濟 (   )   ⑥ 組 (   )
⑦ 採 (   )   ⑧ 秀 (   )   ⑨ 華 (   )
⑩ 程 (   )   ⑪ 郵 (   )   ⑫ 碑 (   )
⑬ 燃 (   )   ⑭ 慰 (   )   ⑮ 早 (   )
⑯ 稱 (   )   ⑰ 伏 (   )   ⑱ 察 (   )
⑲ 針 (   )   ⑳ 歎 (   )   ㉑ 博 (   )
㉒ 婚 (   )   ㉓ 群 (   )   ㉔ 混 (   )
㉕ 疲 (   )

> **답**
> ① 경영할 영(火, 13획) ② 맞을 영(辵(辶), 4획) ③ 숨을 은(阜(阝), 14획) ④ 꾸밀 장(衣(衤), 7획) ⑤ 건널 제(水(氵), 14획) ⑥ 짤 조(糸, 5획) ⑦ 캘 채(手(扌), 8획) ⑧ 빼어날 수(禾, 2획) ⑨ 빛날 화(艸(艹), 8획) ⑩ 길 정(禾, 7획) ⑪ 우편 우(邑(阝), 8획) ⑫ 비석 비(石, 8획) ⑬ 탈 연(火, 12획) ⑭ 위로할 위(心(忄), 11획) ⑮ 이를 조(日, 2획) ⑯ 일컬을 칭(禾, 9획) ⑰ 엎드릴 복(人(亻), 4획) ⑱ 살필 찰(宀, 11획) ⑲ 바늘 침(金, 2획) ⑳ 탄식할 탄(欠, 11획) ㉑ 넓을 박(十, 10획) ㉒ 혼인할 혼(女, 8획) ㉓ 무리 군(羊, 7획) ㉔ 섞을 혼(水(氵), 8획) ㉕ 피곤할 피(疒, 5획)

21

다음 한자의 訓과 音을 쓰시오.

① 太 (   )   ② 左 (   )   ③ 待 (   )
④ 仕 (   )   ⑤ 洗 (   )   ⑥ 雲 (   )
⑦ 鳥 (   )   ⑧ 滿 (   )   ⑨ 止 (   )

⑩ 登 (　　)　　⑪ 種 (　　)　　⑫ 油 (　　)
⑬ 相 (　　)　　⑭ 舍 (　　)　　⑮ 走 (　　)
⑯ 京 (　　)　　⑰ 赤 (　　)　　⑱ 飮 (　　)
⑲ 細 (　　)　　⑳ 重 (　　)　　㉑ 靑 (　　)
㉒ 庭 (　　)

답

① 클 태(大, 1획)　② 왼 좌(工, 2획)　③ 기다릴 대, 대접할 대(彳, 6획)　④ 섬길 사, 벼슬 사(人(亻), 3획)　⑤ 씻을 세(水(氵), 6획)　⑥ 구름 운(雨, 4획)　⑦ 새 조(제부수글자)　⑧ 찰 만(水(氵), 11획)　⑨ 그칠 지(제부수글자)　⑩ 오를 등(癶, 7획)　⑪ 씨 종, 심을 종(禾, 9획)　⑫ 기름 유(水(氵), 5획)　⑬ 서로 상(目, 4획)　⑭ 집 사(舌, 2획)　⑮ 달릴 주, 달아날 주(제부수글자)　⑯ 서울 경(亠, 6획)　⑰ 붉을 적(제부수글자)　⑱ 마실 음(食, 4획)　⑲ 가늘 세(糸, 5획)　⑳ 무거울 중(里, 2획)　㉑ 푸를 청(제부수글자)　㉒ 뜰 정(广, 7획)

22

다음 보기와 같이 漢字의 訓과 音을 쓰시오.

天 – 하늘 천

① 模 (　　)　　② 舞 (　　)　　③ 靜 (　　)
④ 遺 (　　)　　⑤ 混 (　　)　　⑥ 烈 (　　)
⑦ 威 (　　)　　⑧ 況 (　　)　　⑨ 儀 (　　)
⑩ 核 (　　)　　⑪ 揮 (　　)　　⑫ 儒 (　　)
⑬ 投 (　　)　　⑭ 干 (　　)　　⑮ 骨 (　　)
⑯ 構 (　　)　　⑰ 異 (　　)　　⑱ 窮 (　　)
⑲ 普 (　　)　　⑳ 彩 (　　)

답

① 본뜰 모(木, 11획)　② 춤출 무(舛, 8획)　③ 고요할 정(靑, 8획)　④ 남길 유(辵(辶), 12획)　⑤ 섞을 혼(水(氵), 8획)　⑥ 매울 렬(火(灬), 6획)　⑦ 위엄 위(女, 6획)　⑧ 상황 황(水(氵), 5획)　⑨ 거동 의(人(亻), 13획)　⑩ 씨 핵(木, 6획)　⑪ 휘두를 휘(手(扌), 9획)　⑫ 선비 유(人(亻), 14획)　⑬ 던질 투(手(扌), 4획)　⑭ 방패 간(제부수글자)　⑮ 뼈 골(제부수글자)　⑯ 얽을 구(木, 10획)　⑰ 다를 이(田, 6획)　⑱ 다할 궁(穴, 10획)　⑲ 널리 보(日, 10획)　⑳ 채색 채(彡, 8획)

23

다음 漢字의 訓과 音을 쓰시오.

① 黑 (　　)　　② 充 (　　)　　③ 停 (　　)
④ 卓 (　　)　　⑤ 必 (　　)　　⑥ 貯 (　　)
⑦ 種 (　　)　　⑧ 初 (　　)　　⑨ 節 (　　)

⑩ 許 (   )   ⑪ 打 (   )   ⑫ 敗 (   )
⑬ 則 (   )   ⑭ 雲 (   )   ⑮ 知 (   )
⑯ 任 (   )   ⑰ 友 (   )   ⑱ 調 (   )
⑲ 湖 (   )   ⑳ 曜 (   )   ㉑ 河 (   )
㉒ 展 (   )   ㉓ 偉 (   )   ㉔ 唱 (   )
㉕ 葉 (   )

답
① 검을 흑(제부수글자) ② 찰 충, 충분할 충(儿, 3획) ③ 머물 정(人(亻), 9획) ④ 높을 탁(十, 6획) ⑤ 반드시 필(心, 1획) ⑥ 쌓을 저(貝, 5획) ⑦ 씨 종(禾, 9획) ⑧ 처음 초(刀, 5획) ⑨ 마디 절(竹, 9획) ⑩ 허락할 허(言, 4획) ⑪ 칠 타(手(扌), 2획) ⑫ 패할 패(攵(夂), 7획) ⑬ 법칙 칙(刀(刂), 7획) ⑭ 구름 운(雨, 4획) ⑮ 알 지(矢, 3획) ⑯ 맡길 임(人(亻), 4획) ⑰ 벗 우(又, 2획) ⑱ 고를 조(言, 8획) ⑲ 호수 호(水(氵), 9획) ⑳ 빛날 요(日, 14획) ㉑ 물 하(水(氵), 5획) ㉒ 펼 전(尸, 7획) ㉓ 클 위, 훌륭할 위(人(亻), 9획) ㉔ 부를 창(口, 8획) ㉕ 잎 엽(艸(艹), 9획)

24

다음 漢字의 訓과 音을 쓰시오.

① 社 (   )   ② 保 (   )   ③ 優 (   )
④ 勞 (   )   ⑤ 貧 (   )   ⑥ 合 (   )
⑦ 化 (   )   ⑧ 短 (   )   ⑨ 停 (   )
⑩ 格 (   )   ⑪ 醫 (   )   ⑫ 差 (   )
⑬ 傷 (   )   ⑭ 重 (   )   ⑮ 縮 (   )
⑯ 理 (   )   ⑰ 困 (   )   ⑱ 動 (   )
⑲ 障 (   )   ⑳ 會 (   )

답
① 사(단체 사, 示 - 총8획) ② 보(지킬 보, 人 - 총9획) ③ 우(넉넉할 우, 人 - 총17획) ④ 노(일할 로(노), 力 - 총12획) ⑤ 빈(가난할 빈, 貝 - 총11획) ⑥ 합(맞을 합, 口 - 총6획) ⑦ 화(될 화, 匕 - 총4획) ⑧ 단(짧을 단, 矢 - 총12획) ⑨ 정(머무를 정, 人 - 총11획) ⑩ 격(바로잡을 격, 木 - 총10획) ⑪ 의(의원 의, 酉 - 총18획) ⑫ 차(다를 차, 工 - 총10획) ⑬ 상(상처 상, 人 - 총13획) ⑭ 중(무거울 중, 里 - 총9획) ⑮ 축(줄일 축, 糸 - 총17획) ⑯ 이(다스릴 리, 玉 - 총11획) ⑰ 곤(괴로울 곤, 囗 - 총7획) ⑱ 동(움직일 동, 力 - 총11획) ⑲ 장(가로막을 장, 阜 - 총14획) ⑳ 회(모일 회, 曰 - 총13획)

25

다음 漢字語의 뜻을 쓰시오.

① 休講 (   )   ② 單獨 (   )   ③ 溫氣 (   )

답
① 강의를 쉼(휴강 : 쉴 휴, 익힐 강) ② 혼자, 홀로(단독 : 홑 단, 홀로 독) ③ 따뜻한 기운(온기 : 따뜻할 온, 기운(공기) 기)

26

다음 漢字語의 뜻을 쓰시오.

① 放火 (　　　)　　② 大門 (　　　)　　③ 次男 (　　　)

> **답**
> ① 불을 지르다(방화 : 놓을 방, 불 화)　② 큰 문(대문 : 큰 대, 문 문)　③ 둘째 아들(차남 : 버금(차례) 차, 사내 남)

27

다음 漢字語의 뜻을 쓰시오.

① 草木 (　　　)　　② 早起 (　　　)　　③ 消火 (　　　)

> **답**
> ① 풀과 나무(초목 : 풀 초, 나무 목)　② 아침에 일찍 일어남(조기 : 새벽 조(이를 조), 일어날 기)　③ 붙은 불을 끔(소화 : 사라질 소(끌 소), 불 화)

28

다음 漢字語의 뜻을 쓰시오.

① 加速 (　　　)　　② 夜景 (　　　)

> **답**
> ① 속도를 더함(가속 : 더할 가, 빠를 속)　② 밤 경치, 밤 풍경(야경 : 밤 야, 경치 경)

29

다음 漢字語의 뜻을 쓰시오.

① 課稅 (　　　)　　② 深夜 (　　　)　　③ 自手成家 (　　　)

> **답**
> ① 세금을 매김(과세 : 매길 과(부과할 과), 세금 세)　② 깊은 밤(심야 : 깊을 심, 밤 야)　③ 물려받은 재산이 없이 자기 힘으로 한 살림을 이룸(자수성가 : 스스로 자, 손 수, 이룰 성, 집 가)

30

다음 漢字語를 순우리말로 쓰시오.

① 近者 (　　　)　　② 所以 (　　　)　　③ 故意 (　　　)

> **답**
> ① 요사이(가까울 근, 사람 자(놈 자))　② 까닭(바 소, 비로소 이(써 이))　③ 일부러·짐짓(옛 고(본래 고), 뜻 의)

4급선정 500字 쓰기 및 활용

4급 쓰기 필수배정한자는 총 500字입니다. 읽기 배정한자(1,000字)를 충분히 익혔다면 쓰기는 비교적 쉬울 수 있습니다. 하지만 한자실력을 더욱 튼튼히 하고 발전시키기 위해서는 한자를 제대로 쓸 줄 아는 능력 또한 매우 중요합니다. 그리고 한자는 쉬운 글자보다 어려운 글자가 더 익히기 쉽기 때문에 비교적 기초한자로 보이는 한자들을 잘못 쓰는 경우가 많습니다. 따라서 쉽다고 그냥 넘어가지 말고, 모두 한번씩은 써 보시기 바랍니다. 이 단원과 관련된 문제유형은 漢字쓰기(20), 略字(3)와 部首(3)입니다.

家 집 가 | 家風 | 家親

- 家風(가풍) : 한 집안에 전해 내려오는 풍습이나 범절(凡節)
- 家親(가친) : 남에게 자기 아버지를 일컫는 말

歌 노래 가 | 歌手 | 歌謠

- 歌手(가수) : 노래 부르는 일을 직업으로 하는 사람
- 歌謠(가요) : 민요, 동요, 속요, 유행가 따위를 통틀어 이르는 말 예) 大衆歌謠

價 값, 가치 가 | 약) 価 價格 | 價値

- 價格(가격) : 돈으로 나타낸 상품의 교환가치 예) 正札價格(정찰가격)
- 價値(가치) : 어떤 사물이 지니고 있는 의의나 중요성. 값어치 예) 價値觀(가치관)

加 더할 가 | 加減 | 參加

- 加減(가감) : 더하거나 뺌. 보태거나 덜
- 參加(참가) : 어떤 모임이나 단체에 관여하거나 참석하여 가입함 반) 不參(불참)

可	可							
옳을 가		可能			可否			

- 可能(가능) : 될 수 있음 또는 할 수 있음
- 可否(가부) : 옳고 그름의 여부   비 是非(시비)

角	角							
뿔 각		角度			角列			

- 角度(각도) : 각(角)의 크기
- 角列(각렬) : 경쟁하여 늘어섬

各	各							
각각 각		各界			各項			

- 各界(각계) : 사회의 각 방면(方面)   비 各方面(각방면)
- 各項(각항) : ① 각 항목(項目) ② 각 가지

間	間							
사이 간, 틈 간	間接				空間			

- 間接(간접) : 중간에 매개(媒介)를 두고 연락하는 관계
- 空間(공간) : 아무 것도 없이 비어 있는 곳

感	感							
감동할 감, 느낄 감	感謝				豫感			

- 感謝(감사) : 고맙게 여김 또는 고맙게 여겨 사의(謝意)를 표함
- 豫感(예감) : 무슨 일이 일어날 것 같다는 것을 사전에 느끼는 일 또는 그런 느낌

江	江						
	강 강	江頭		江邊			

- 江頭(강두) : 강가   • 江邊(강변) : 강가
  발 전 江山之助(강산지조) : 산수(山水)의 경치가 사람의 일을 돕다.

強	強						
	강할 강, 힘쓸 강	強壓		富強			

- 強壓(강압) : ① 세게 억누름 ② 함부로 억누름
- 富強(부강) : 부국강병(富國強兵)의 준말

開	開						
	열 개	開館		開拓			

- 開館(개관) : 회관(會館)이나 공관(公館) 따위의 사무를 개시함   (반) 閉館(폐관)
- 開拓(개척) : 토지를 개간하여 경지(耕地)를 넓힘

改	改						
	고칠 개	改築		改革			

- 改築(개축) : 고치어 건축(建築)함
- 改革(개혁) : 새롭게 뜯어 고침

客	客						
	손님 객	客席		賀客			

- 客席(객석) : 연극, 영화, 운동경기 등을 구경하는 사람들이 앉는 자리
- 賀客(하객) : 축하하는 손님   (비) 祝客(축객)

擧

| 들 거, 모두 거 | 예 | 擧 | 擧族 | | | 選擧 | | | |

- 擧族(거족): ① 온 혈족, 일족(一族) ② 전민족(全民族)
- 選擧(선거): 일정한 조직이나 집단에서 그 대표자나 임원을 투표 등의 방법으로 뽑음

車

| 수레 거, 수레 차 | 車道 | | | 車票 | | | |

- 車道(차도): 거마(車馬)가 다니는 길
- 車票(차표): 차를 타기 위해 일정한 돈을 주고 사는 승차권(乘車券)

去

| 갈 거 | 去年 | | | 去來 | | | |

- 去年(거년): 지난 해, 작년
- 去來(거래): ① 가고 옴 ② 행동을 재촉할 때 내는 소리   비 往來(왕래)

建

| 세울 건 | 建元 | | | 建設 | | | |

- 建元(건원): 창업(創業)한 천자(天子)가 연호(年號)를 정함
- 建設(건설): 건물이나 그 밖의 시설물을 만들어 세움   반 破壞(파괴)

件

| 사건 건, 조건 건 | 條件 | | | 件數 | | | |

- 條件(조건): ① 어떤 사물이 성립되거나 발생하는데 갖추어야 하는 요소 ② 어떤 일을 자기 뜻에 맞도록 하기 위해 내놓는 요구나 견해 예 條件反射(조건반사) ・件數(건수): 사물(事物)의 가지수

健

건강할 건, 굳셀 건 | 健忘 | | | 保健

- 健忘(건망) : 사물을 잘 잊어버림. 기억력이 약함
- 保健(보건) : 건강을 지켜나가는 일   예) 保健福祉部(보건복지부)

格

이를 격, 자격 격 | 格調 | | | 資格

- 格調(격조) : ① 시가(詩歌)의 품격과 성조(聲調) ② 품격, 인격
- 資格(자격) : (어떤 조직 속에서의) 일정한 지위나 신분   예) 資格停止(자격정지)

見

볼 견 | 見聞 | | | 見習

- 見聞(견문) : 보고 들음. 지식(知識)
- 見習(견습) : ① 옆에서 보고 익힘 ② 남이 하는 걸 보고 배움

決

정할 결, 판단할 결 | 決勝 | | | 解決

- 決勝(결승) : 최후의 승부(勝負)를 결정함
- 解決(해결) : (사건이나 문제 등을) 잘 해결함

結

맺을 결 | 結婚 | | | 連結

- 結婚(결혼) : 혼인(婚姻)의 관계를 맺는 일. 장가들고 시집가는 일
- 連結(연결) : 서로 이어서 맺음   발전) 結者解之(결자해지), 結草報恩(결초보은)

京

서울 경 | 京畿 | | | 京鄉

- 京畿(경기) : 서울을 중심으로 한 가까운 지역(地域)
- 京鄉(경향) : 서울과 시골

輕

가벼울 경 | (속) 軽 | 輕視 | 輕快

- 輕視(경시) : 가볍게 봄. 깔봄
- 輕快(경쾌) : ① 빠르고 상쾌함 ② 병이 조금 나음

競

다툴 경, 겨룰 경 | 競賣 | | | 競爭

- 競賣(경매) : ① 한 물건을 여러 사람이 사게 될 때 그 중에서 값을 제일 많이 부르는 사람에게 팖 ② 차입한 물건을 입찰(入札)에 의해 공매(公賣)해 팖

景

경치 경, 볕 경 | 景觀 | | | 景況

- 景觀(경관) : ① 경치(景致) ② 지표(地表) 위의 풍경을 특징짓는 여러 요소를 종합한 것
- 景況(경황) : 흥미를 느낄 만한 겨를이나 형편

敬

공경할 경, 삼갈 경 | 敬老 | | | 尊敬

- 敬老(경로) : 노인을 공경(恭敬)함   (예) 敬老堂(경로당)
- 尊敬(존경) : 남의 훌륭한 행위나 인격 등을 높여 공경함

界 界
세계 계 | 境界 | | 限界

- 境界(경계) : ② 어떤 분야와 다른 분야와의 갈라지는 한계 예) 境界線(경계선)
- 限界(한계) : ① 땅의 경계 ② 사물의 정하여진 범위 예) 限界狀況(한계상황)

計 計
셈할 계, 꾀할 계 | 計略 | | 計算

- 計略(계략) : 꾀. 모략(謀略) 비) 計策(계책)
- 計算(계산) : ① 수량을 헤아림 ② 국가의 회계

高 高
높을 고 | 高價 | | 高空

- 高價(고가) : ① 비싼 값 ② 값이 비쌈 예) 高價品(고가품)
- 高空(고공) : 높은 하늘

苦 苦
괴로울 고 | 苦難 | | 勞苦

- 苦難(고난) : 괴로움과 어려움 비) 苦楚(고초)
- 勞苦(노고) : (어떤 일을 이루기 위해)심신을 괴롭히며 애쓰는 일. 수고하는 일

考 考
헤아릴 고 | 考慮 | | 考察

- 考慮(고려) : 생각하여 헤아림
- 考察(고찰) : 상고(詳考)하여 살핌

固								
굳을 고	固辭				堅固			

- 固辭(고사) : 굳이 사양(辭讓)함. 한사코 사퇴함
- 堅固(견고) : 굳고 튼튼함

古								
옛 고	古寺				古風			

- 古寺(고사) : 오래된 절 (비) 古着(고착)
- 古風(고풍) : 옛 사람의 풍토 또는 옛날 모습

告								
고할 고	告白				告知			

- 告白(고백) : 사실(事實)대로 말함
- 告知(고지) : 알림. 통지(通知)함   (예) 告知書(고지서)

曲								
굽을 곡	曲線				歪曲			

- 曲線(곡선) : 부드럽게 굽은 선   (예) 曲線美(곡선미)
- 歪曲(왜곡) : 사실과 다르게 곱게 봄

工								
장인 공	工事				工場			

- 工事(공사) : ① 토목공사 ② 건축·제작 등에 관한 일
- 工場(공장) : 물건을 만드는 곳   (예) 工場地帶(공장지대)

空 빌 공
- 空腹
- 虛空
- 空腹(공복): ① 빈 속 ② 배가 고픔
- 虛空(허공): 텅빈 공중 **발전** 空手來空手去(공수래공수거), 空中樓閣(공중누각)

功 공 공, 말할 공
- 功德
- 功勳
- 功德(공덕): ① 공적(功績)과 덕행 ② 불교에서 현재 또는 미래에 행복을 가져올 선행
- 功勳(공훈): (나라나 회사 등에)드러나게 세운 공. 훈공(勳功) **발전** 螢雪之功(형설지공)

公 공변될 공
- 公開
- 公共
- 公開(공개): 방청·관람·집회 등을 일반에게 허용함 예 公開放送(공개방송)
- 公共(공공): 공중(公衆), 일반사회 또는 사람 예 公共道德(공공도덕) 비 公同(공동)

共 함께 공
- 共有
- 共存
- 共有(공유): 공동(共同)으로 소유함
- 共存(공존): 함께 살아나감 예 共存共榮(공존공영)

科 과정 과, 조목 과
- 科擧
- 科料
- 科擧(과거): 옛날에 문무관(文武官)을 등용(登用)하던 시험
- 科料(과료): 경미(輕微)한 죄에 과하는 재산형

果								
열매 과, 결과 과	果樹				效果			

- 果樹(과수) : 과실나무. 과목(果木)
- 效果(효과) : ① 보람있는 결과 ② 영화나 연극에서의 음악, 조명 등

課								
부과할 과, 과목 과	課程				課題			

- 課程(과정) : ① 할당한 일의 분량 ② 물품에 대한 세금 ③ 학년의 정도에 딸린 과목(課目)
- 課題(과제) : 문제를 하라고 내어 줌 또는 그 문제

過								
지날 과, 허물 과	過激				過飮			

- 過激(과격) : 지나치게 격렬함
- 過飮(과음) : 술을 지나치게 마심

觀								
볼 관	觀覽				觀測			

- 觀覽(관람) : 구경함
- 觀測(관측) : ① 천문을 관찰하여 천체의 변화, 운행 등을 측량함 ② 사물을 살펴 헤아림

關								
관문 관, 관계할 관	㊍ 関	關與			機關			

- 關與(관여) : 관계함. 참여함
- 機關(기관) : 어떤 목적을 이루기 위해 설치된 조직

光	光					
	빛 광	光景		光彩		

- 光景(광경) : ① 빛 ② 경치, 상황(狀況)
- 光彩(광채) : 찬란한 빛

廣	廣					
	넓을 광	㉡ 広	廣告	廣義		

- 廣告(광고) : 세상에 널리 알림
- 廣義(광의) : 범위를 넓게 잡은 뜻 ㉫ 狹義(협의)

校	校					
	학교 교	登校		將校		

- 登校(등교) : (학생이)학교에 감 ㉫ 下校(하교)
- 將校(장교) : 육・해・공군의 소위 이상의 무관을 통틀어 이르는 말 ㉫ 士兵(사병)

敎	敎					
	가르칠 교	㉢ 教	敎訓	敎師		

- 敎訓(교훈) : (사랑으로써 나아갈 길을 그르치지 않도록)가르치고 깨우침 또는 그 가르침
- 敎師(교사) : 학문(學問), 기예(技藝)를 가르치는 사람. 스승

交	交					
	사귈 교	交感		交流		

- 交感(교감) : 서로 접촉되어 감응(感應)함 ㉫ 同感 • 交流(교류) : ① 근원이 다른 물이 서로 만나서 흐름 ② 서로 다른 강도와 방향이 일정시간을 주기로 반대로 변하는 전류(電流)

橋	橋							
다리 교		橋脚			橋閣			

- 橋脚(교각) : 교량을 받치는 기둥
- 橋閣(교각) : 잔각(棧閣)

球	球							
공 구		球技			地球			

- 球技(구기) : 공을 사용하는 운동경기 球技種目(구기종목)
- 地球(지구) : 인류가 살고 있는 천체 地球村(지구촌)

九	九							
아홉 구		九禮						

- 九禮(구례) : 관(冠)·혼(婚)·상(喪)·조(朝)·빙(聘)·제(祭)·빈주(賓主)·향음주(鄕音酒)·군려(軍旅)의 아홉가지 예 발전 九牛一毛(구우일모) : 대단히 많은 것 중에서 극히 적은 부분을 이르는 말

口	口							
입 구		口訣			口令			

- 口訣(구결) : ① 입으로 전하는 비결(秘訣) ② 한문의 구절 끝에 다는 토
- 口令(구령) : 단체행동에 동작(動作)을 지휘하여 부르는 호령

區	區							
지경 구		㉑ 区	區域		區劃			

- 區域(구역) : 갈라놓은 경계
- 區劃(구획) : 경계를 갈라 정함. 구분하여 획정(劃定)함

舊

옛 구, 오랠 구 | (약) 旧 | 復舊 | | 新舊

- 復舊(복구) : 파괴된 것을 다시 본래의 상태대로 고치는 공사(工事)
- 新舊(신구) : 새 것과 헌 것. 새 것과 낡은 것 (예) 新舊交代(신구교대)

具

갖출 구, 그릇 구 | 具備 | | 器具

- 具備(구비) : 빠짐없이 모두 갖춤 또는 빠짐없이 모두 갖추고 있음 (예) 具備書類(구비서류)
- 器具(기구) : 세간, 그릇, 연장 등을 통틀어 이르는 말

救

구원할 구, 도울 구 | 救急 | | 救護

- 救急(구급) : 위급한 것을 구원함 (예) 救急車(구급차)
- 救護(구호) : 구제하고 보호함. 원조하고 보호하여 위난(危難)에서 면하게 함

局

판 국 | 局限 | | 當局

- 局限(국한) : 어떠한 국부(局部)에만 한정(限定)함
- 當局(당국) : ① 어떤 일을 담당하여 주재함 또는 그 기관 ② 당국자의 준말

國

나라 국 | (약) 国 | 國防 | | 國寶

- 國防(국방) : 외적(外敵)이 침범(侵犯)하지 못하도록 준비하는 방비 • 國寶(국보) : ① 나라의 보배 ② 역사상·예술상 귀중한 것으로서 국가에서 보호하는 건축·기물·서화·전적 등

郡	郡							
고을 군	郡守				郡縣			

- 郡守(군수) : 한 군(郡)의 우두머리. 곧 군의 태수(太守)
- 郡縣(군현) : 군과 현. 군하의 지방   예) 郡縣制度(군현제도)

貴	貴							
귀할 귀	貴家				貴賓			

- 貴家(귀가) : ① 지위가 높은 사람의 집 ② 남의 집의 존칭 비) 貴宅(귀댁)
- 貴賓(귀빈) : 존귀(尊貴)한 손님 비) 貴人(귀인)

規	規							
법 규	規範				規模			

- 規範(규범) : 법(法). 본보기
- 規模(규모) : 물건의 구조

根	根							
뿌리 근, 근본 근	根幹				禍根			

- 根幹(근간) : ① 뿌리와 줄기 ② 근본(根本)
- 禍根(화근) : 재화(災禍)의 근원(根源)

近	近							
가까울 근	近郊				側近			

- 近郊(근교) : 도회에 가까운 변두리
- 側近(측근) : 곁의 가까운 곳 또는 측근자

今 이제 금

| 今世 | | | 昨今 | | |

- 今世(금세) : 지금 세상　비 當世(당세), 現世(현세)
- 昨今(작금) : ① 어제와 오늘　② 요즘. 요사이　발전 今昔之感(금석지감), 今時初聞(금시초문)

金 쇠 금, 성 김

| 金塊 | | | 金利 | | |

- 金塊(금괴) : 금덩어리
- 金利(금리) : 돈의 이자

急 급할 급

| 急進 | | | 危急 | | |

- 急進(급진) : ① 급히 나아감　② 일을 빨리 실현코자 하여 서둠　예 急進展(급진전)
- 危急(위급) : 매우 위태롭고 급함

級 등급 급

| 等級 | | | 階級 | | |

- 等級(등급) : (값, 품질, 신분 등의)높고 낮음이나 좋고 나쁨의 차를 여러 층으로 나눈 급수
- 階級(계급) : 지위나 관직 등의 등급

給 줄 급

| 給與 | | | 供給 | | |

- 給與(급여) : 돈이나 물건을 줌　예 給與所得(급여소득)
- 供給(공급) : 요구나 필요에 따라 물품 등을 제공함　비 需要(수요)

記 記
기록할 기, 기억할 기 | 紀念 | | 暗記

- 記念(기념): 기억하여 잊지 아니함 예 記念碑(기념비)
- 暗記(암기): 쓴 것을 보지 않고서도 기억할 수 있도록 외움

氣 氣
기운 기, 숨 기 | 약 気 | 氣流 | | 節氣

- 氣流(기류): 대기(大氣)의 유동
- 節氣(절기): 이십사절기 비 絕後(절후)

旗 旗
기 기 | 太極旗 | | 弔旗

- 太極旗(태극기): 우리나라의 국기
- 弔旗(조기): 조의(弔意)를 나타내기 위하여 검은 선으로 일정한 표시를 한 기

己 己
몸 기 | 克己 | | 自己

- 克己(극기): 견디어냄. 이겨냄   • 自己(자기): 자기 몸, 자아
- 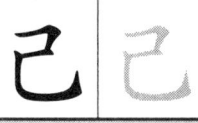 己所不欲勿施於人(기소불욕물시어인): 자기가 하기 싫어하는 것을 다른 사람에게 시키지 말라.

基 基
터 기, 바탕 기 | 基般 | | 基礎

- 基般(기반): 기초가 되는 지반(地盤)
- 基礎(기초): ① 주춧돌 ② 사물의 근본

技

재주 기 | 技巧 | 特技

- 技巧(기교) : (문학, 예술, 미술 등의)표현이나 제작에 대한 솜씨
- 特技(특기) : 특별한 기능이나 기술   (비) 長技(장기)

汽

김 기, 거의 홀 | 汽車 | 汽笛

- 汽車(기차) : 증기의 작용으로 궤도 위를 다니는 수레   (예) 汽罐車(기관차)
- 汽笛(기적) : 기차, 기선(汽船) 등의 증기의 힘으로 내는 고동

期

기약할 기, 기간 기 | 期待 | 思春期

- 期待(기대) : 희망을 가지고 기다림   • 思春期(사춘기) : 몸의 생식기기능의 거의 완성되고 이성(異性)에 관심을 가지게 되는 젊은 시절

吉

길할 길 | 吉夢 | 吉兆

- 吉夢(길몽) : 상서로운 꿈
- 吉兆(길조) : 상서로운 일이 있을 조짐   [발전] 吉凶禍福(길흉화복), 立春大吉(입춘대길)

南

남녘 남 | 南極 | 南向

- 南極(남극) : ① 남극성(南極星) ② 남쪽 끝   • 南向(남향)
- [발전] 南行北走(남행북주) : 바삐 돌아다님을 비유. 즉 동분서주(東奔西走)

男 (사내 남)

| 男女 | | | 男妹 | | |

- 男女(남여): 남자와 여자 예) 男女老少(남녀노소), 男女有別(남녀유별), 男尊女卑(남존여비)
- 男妹(남매): 오라비와 누이, 오누이

內 (안 내)

| 內科 | | | 內陸 | | |

- 內科(내과): 내장에 생긴 병을 다스리는 의술 비) 外科(외과)
- 內陸(내륙): 바다에서 멀리 떨어져 있는 육지

念 (생각 념)

| 念願 | | | 執念 | | |

- 念願(염원): 내심에 생각하고 바라는 바 비) 所願(소원)
- 執念(집념): 한가지 일에만 달라붙어 정신을 쏟음

女 (계집 녀)

| 女權 | | | 女皇 | | |

- 女權(여권): 여자의 사회·정치·법률상의 권리 예) 女權伸張(여권신장)
- 女皇(여황): 여자 황제

年 (해 년)

| 年甲 | | | 年長 | | |

- 年甲(연갑): 나이가 서로 비슷한 사람 비) 同甲(동갑)
- 年長(연장): 나이가 자기보다 많음 비) 年上(연상)

農

| 농사 농 | 農耕 | | | 農繁期 | |

- 農耕(농경) : 농사를 짓는 일. 농사. 농업
- 農繁期(농번기) : 농사에 바쁜 시기　(반) 農閒期(농한기)

能

| 능할 능, 재능 능 | 能率 | | | 技能 | |

- 能率(능률) : 일정한 시간에 할 수 있는 일의 비례
- 技能(기능) : 기술적인 능력이나 재능　(비) 技倆(기량)

短

| 짧을 단 | 短縮 | | | 短點 | |

- 短縮(단축) : 짧게 줄임
- 短點(단점) : 다른 것과 비교하여 모자라거나 흠이 되는 점　(반) 長點(장점)

團

| 둥글 단, 모일 단 | (속) 団 | 團結 | | 團束 | |

- 團結(단결) : 여러 사람이 서로 결합(結合)함　(비) 團合(단합)
- 團束(단속) : 법률, 규칙, 명령 등을 어기지 않게 통제함

壇

| 단 단 | 祭壇 | | | 演壇 | |

- 祭壇(제단) : 제사를 지내는 단
- 演壇(연단) : 연설이나 강연을 하기 위해 청중석 앞에 한층 높게 마련한 단

談

이야기 담 | 談笑 | | | | 會談

- 談笑(담소) : 스스럼없이 웃으며 이야기함
- 會談(회담) : 만나거나 모여서 의논함 예) 頂上會談(정상회담)

答

대답할 답 | 答禮 | | | | 問答

- 答禮(답례) : 남에게 받은 예를 갚는 예
- 問答(문답) : 물음과 대답. 서로 묻고 답함 예) 問答式(문답식)

堂

집 당 | 講堂 | | | | 書堂

- 講堂(강당) : 학교 등에서 강연, 강의, 의식 등을 하기 위해 특별히 마련한 큰 방
- 書堂(서당) : 글방

當

마땅할 당 | (속) 当 | 當選 | | | 抵當

- 當選(당선) : 선거(選擧)에 뽑힘
- 抵當(저당) : (일정한 부동산이나 동산 등을)채무의 담보로 삼음 예) 抵當權設定(저당권설정)

對

마주볼 대, 대답할 대 | (속) 对 | 對酌 | | | 敵對

- 對酌(대작) : 서로 마주 대하여 술을 마심
- 敵對(적대) : 적으로 맞서 버팀 예) 敵對視(적대시)

大

| 큰 대 | 大氣 | | | 大抵 | | | |

- 大氣(대기) : 지구를 싸고 있는 공기(空氣)
- 大抵(대저) : 무릇, 대개　(비) 大氐(대저)

代

| 대신할 대 | 代理 | | | 代充 | | | |

- 代理(대리) : 남을 대신(代身)하여 일을 처리함
- 代充(대충) : 다른 것을 대신 채움

待

| 기다릴 대, 대접할 대 | 待接 | | | 招待 | | | |

- 待接(대접) : 대우(待遇)
- 招待(초대) : 남을 청하여 대접함　(예) 招待券(초대권)

德

| 덕 덕 | (예) 惪 | 德望 | | 恩德 | | | |

- 德望(덕망) : 덕행이 있는 명망(名望)
- 恩德(은덕) : 은혜로 입은 신세

道

| 길 도, 말할 도 | 道德 | | | 報道 | | | |

- 道德(도덕) : 사람이 행하여야 할 도리　(예) 道德君子(도덕군자)
- 報道(보도) : (신문이나 방송으로)새 소식을 널리 알림 또는 그 소식

圖								
꾀할 도, 그림 도	예) 図	圖謀			略圖			

- 圖謀(도모) : 일을 이루려고 꾀함
- 略圖(약도) : 요점이나 요소만을 간략하게 나타낸 그림

度								
정도 도, 헤아릴 탁	度量				度地			

- 度量(도량) : ① 길이를 재는 기구 ② 사물을 너그럽게 용납하여 처리하는 품성   예) 度量衡(도량형)
- 度地(탁지) : 토지를 측량함

到								
이를 도	到達				到着			

- 到達(도달) : 이름. 다다름
- 到着(도착) : 다다름

島								
섬 도	島嶼				半島			

- 島嶼(도서) : 섬의 총칭. 큰 것을 도(島), 작은 것을 서(嶼)라고 함
- 半島(반도) : 대륙에서 바다쪽으로 길게 뻗어 나와 3면이 바다인 큰 육지

都								
도읍 도	都會地				首都			

- 都會地(도회지) : 사람이 많이 살고 번화한 곳. 도시   반) 農村(농촌)
- 首都(수도) : 한 나라의 중앙정부가 있는 도시. 서울   예) 首都圈(수도권)

讀

| 읽을 독, 구절 두 | ㈜ 読 | 讀破 | | 靜讀 |

- 讀破(독파) : 책(冊)을 다 읽어내림
- 靜讀(정독) : (여러모로 살피어) 자세히 읽음

獨

| 홀로 독 | ㈜ 独 | 獨裁 | | 孤獨 |

- 獨裁(독재) : 주권자(主權者)가 자기마음대로 정무(政務)를 처단함　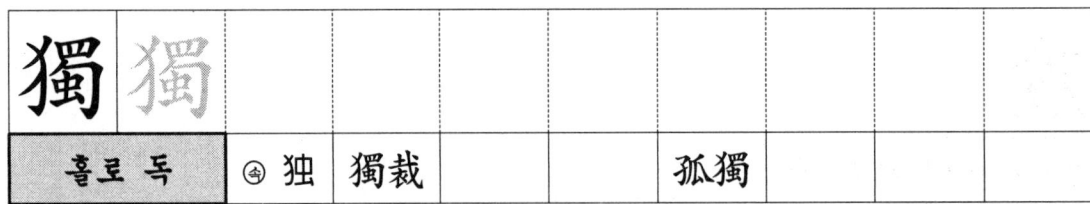 獨裁政權(독재정권)
- 孤獨(고독) : ① 외로움 ② 짝 없는 홀몸　孤獨感(고독감)

動

| 움직일 동 | 動機 | | 稼動 |

- 動機(동기) : ① 행동의 직접원인 ② 행위의 직접원인이 되는 마음상태
- 稼動(가동) : 일을 하기 위하여 기계를 움직임　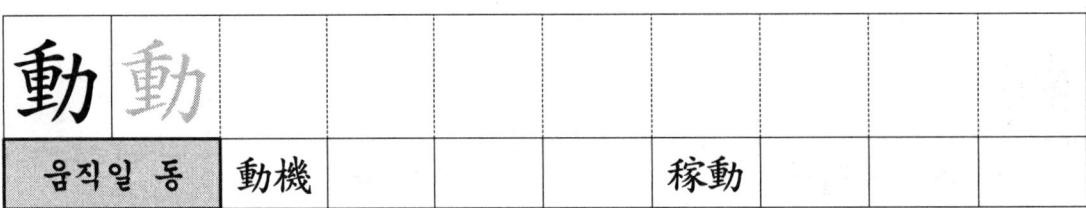 稼動率(가동률)

東

| 동녘 동 | 東亞 | | 東窓 |

- 東亞(동아) : 동쪽 아세아(亞細亞)
- 東窓(동창) : 동쪽으로 난 창문

洞

| 고을 동, 통할 통 | 洞窟 | | 洞察 |

- 洞窟(동굴) : 굴. 깊고 넓은 굴
- 洞察(통찰) : 온통 밝히어 살핌

同

같을 동 | 同居 | | 同等

- 同居(동거) : 한 집에서 같이 삶
- 同等(동등) : 같은 등급(等級)

冬

겨울 동 | 冬季 | | 越冬

- 冬季(동계) : 동기(冬期). 겨울동안의 시기   (반) 夏季(하계)
- 越冬(월동) : 겨울을 넘김. 겨울을 남

童

아이 동 | 童顔 | | 兒童

- 童顔(동안) : 어린애같은 얼굴. 나이보다 젊어 보이는 얼굴
- 兒童(아동) : 초등학교에 다니는 어린아이   (예) 兒童文學(아동문학)

頭

머리 두 | 頭髮 | | 念頭

- 頭髮(두발) : 머리털
- 念頭(염두) : 마음. 생각

等

등급 등, 가지런할 등 | 等級 | | 差等

- 等級(등급) : 고하, 우열 등의 차례
- 差等(차등) : ① 차이가 나는 등급 ② 대비관계에서 나타나는 차이

登	登								
오를 등	登校				登場				

- 登校(등교) : 학교에 출석함 맨 下校(하교)
- 登場(등장) : ① 무슨 사건(事件)에 어떤 인물이 나타남 ② 무대에 배우가 나옴

多	多								
많을 다, 나을 다	多幸				多量				

- 多幸(다행) : ① 운수가 좋음 ② 일이 좋게 됨
- 多量(다량) : 많은 분량

落	落								
떨어질 락	落第				沒落				

- 落第(낙제) : 성적이 일정한 수준에 미치지 못하여 유급하게 되는 일
- 沒落(몰락) : ① 멸망하여 없어짐 ② 쇠하여 보잘 것 없이 됨

朗	朗								
밝을 랑	朗讀				明朗				

- 朗讀(낭독) : 소리를 높혀 읽음
- 明朗(명랑) : 맑고 밝음. 쾌활함

來	來								
올 래	來年				來世				

- 來年(내년) : 다음 해 맨 明年(명년)
- 來世(내세) : 후세(後世). 내생(來生)

冷								
찰 랭	冷凍			冷靜				

- 冷凍(냉동) : 차게 하여 얼림 예) 冷凍食品(냉동식품)
- 冷靜(냉정) : 감정을 누르고 침착함

樂								
즐거울 락, 좋아할 요, 음악 악	(속) 楽	樂園		快樂				

- 樂園(낙원) : 살기좋은 즐거운 장소. 천국(天國)
- 快樂(쾌락) : ① 기분이 좋고 즐거움 ② 욕망을 만족시키는 즐거움

良								
어질 량	良藥			良好				

- 良藥(양약) : 좋은 약
- 良好(양호) : 매우 좋음

量								
헤아릴 량, 용량 량	計量			裁量				

- 計量(계량) : 분량이나 무게 등을 잼 예) 計量器(계량기)
- 裁量(재량) : 자기의 의견에 의해 임의로 재단하고 처치함

旅								
나그네 려	旅券			旅程				

- 旅券(여권) : 해외여행 때 허가하여 주는 문서. 여행권
- 旅程(여정) : 여행하는 노정(路程)

力	力							
	힘 력	力說			力學			

- 力說(역설) : 힘써 말함. 힘써 설명함
- 力學(역학) : ① 학문에 힘씀 ② 물체의 동정·운동의 지속 및 힘의 작용에 관한 학문

歷	歷							
	지낼 력	歷任			履歷			

- 歷任(역임) : 여러 벼슬을 차례로 지냄
- 履歷(이력) : 지금까지 닦아온 학업이나 거쳐온 직업 등의 경력(經歷)

練	練							
	익힐 련	練習			訓練			

- 練習(연습) : 자꾸 되풀이하여 배움
- 訓練(훈련) : 무예나 기술을 배워 익힘

領	領							
	다스릴 령	領海			領袖			

- 領海(영해) : 그 연안에 있는 나라의 통치권 밑에 있는 바다
- 領袖(영수) : 어떤 단체의 대표가 되는 사람. 우두머리   예 領袖會談(영수회담)

令	令							
	명령할령, 하여금령	令夫人			號令			

- 令夫人(영부인) : 지체높은 사람의 아내를 높여서 일컫는 말
- 號令(호령) : ① (사람을 움직이기 위해)명령함 ② 큰 소리로 꾸짖음

例

법식 례, 보기 례 | 例規 | | 慣例

- 例規(예규) : 예법(例法)
- 慣例(관례) : 이전부터 내려와서 습관처럼 되어버린 일

禮

예절 례 | 예 礼 | 禮遇 | | 禮儀

- 禮遇(예우) : 예를 갖추어 대우함
- 禮儀(예의) : 예절과 의용(儀容)　예 禮儀凡節(예의범절)

路

길 로 | 路線 | | 徑路

- 路線(노선) : 버스 등 교통기관이 다니는 일정한 길. 개인이나 조직의 일정한 행동방침
- 徑路(경로) : 사람이나 사물이 거쳐온 길 또는 거쳐간 길

老

늙을 로 | 老親 | | 老後

- 老親(노친) : 늙으신 부모(父母)
- 老後(노후) : 늙은 후　예 老後準備(노후준비)

勞

수고할 로 | 송 劳 | 勞動 | | 勤勞

- 勞動(노동) : 일함. 힘써 일함　예 勞動三權(노동삼권)
- 勤勞(근로) : (힘이 드는)일을 함. 힘써 부지런히 일함

綠

초록빛 록, 푸를 록 | 綠 | 綠陰 | | 新綠

- 綠陰(녹음) : 푸른잎이 우거진 나무의 그늘
- 新綠(신록) : 초여름에 새로 나온 잎들이 띤 연한 초록빛

料

헤아릴 료 | 料理 | | 飮料

- 料理(요리) : 음식을 조리함 또는 그 음식
- 飮料(음료) : 사람이 갈증을 풀거나 맛을 즐기기 위해 마시는 액체 예 淸凉 飮料(청량음료)

類

무리 류, 갈을 류 | 類似 | | 種類

- 類似(유사) : 서로 비슷함
- 種類(종류) : 어떤 기준에 따라 나눈 갈래 발전 類萬不同(유만부동), 類類相從(유유상종)

流

흐를 류 | 流浪 | | 流布

- 流浪(유랑) : 이리저리 방랑함
- 流布(유포) : 세상에 널리 퍼짐 발전 流芳百世(유방백세), 流言蜚語(유언비어)

六

여섯 륙 | 六十甲子

- 六十甲子(육십갑자) : 천간(天干)의 갑(甲)·을(乙)·병(丙)·정(丁)·무(戊)·기(己)·경(庚)·신(辛)·임(壬)·계(癸)와 지지(地支)의 자(子)·축(丑)·인(寅)·묘(卯)·진(辰)·사(巳)·오(午)·미(未)·신(申)·유(酉)·술(戌)·해(亥)를 차례로 맞춘 것

陸								
물 륙, 육지 륙	陸橋				離陸			

- 陸橋(육교) : 도로나 철도 위에 가로질러 놓은 다리
- 離陸(이륙) : 비행기가 날기 위해서 땅에서 떠오름 (반) 着陸(착륙)

里								
마을 리	里俗				里巷			

- 里俗(이속) : 마을의 풍속(風俗)
- 里巷(이항) : 마을의 거리

理								
다스릴 리, 이치 리	理想				眞理			

- 理念(이념) : 무엇을 최고의 것으로 하는가에 대한 그 사람의 근본적인 생각
- 眞理(진리) : 참된 도리. 바른 이치

利								
이로울 리	利益				福利			

- 利益(이익) : 이득. 유익함 (반) 損失(손실)
- 福利(복리) : 생활면에서 만족감을 느낄만한 이로운 일 (예) 福利厚生(복리후생)

李								
오얏나무 리	李杜				李花			

- 李杜(이두) : 중국 당나라 때의 시인인 이백(李白)과 두보(杜甫)를 이르는 말
- 李花(이화) : 자두꽃   [비교] 梨花(이화) : 배나무의 꽃. 배꽃

林

수풀 림 | 林産 | | 林野

- 林産(임산) : 산림(山林)의 산물(産物) 예) 林産物(임산물)
- 林野(임야) : 나무가 무성한 들

立

설 립 | 立法 | | 立證

- 立法(입법) : 법률(法律) 또는 법규(法規)를 제정(制定)함 예) 立法國家(입법국가)
- 立證(입증) : 증거를 세움

馬

말 마 | 馬車 | | 馬革

- 馬車(마차) : 말에게 끌리는 수레
- 馬革(마혁) : 말 가죽

萬

일만 만 | (속)万 | 萬感 | | 萬福

- 萬感(만감) : 여러가지 생각. 만가지의 느낌
- 萬福(만복) : 온갖 복록(福祿)

末

끝 말 | 末期 | | 末世

- 末期(말기) : 노쇠하거나 쇠약한 시기. 끝장에 가까운 동안
- 末世(말세) : ① 망해가는 세상 ② 만년(晩年)

亡	亡						
잃을 망	亡國			亡命			

- 亡國(망국) : 망(亡)한 나라　㈎ 亡國之民(망국지민), 亡國之本(망국지본)
- 亡命(망명) : 자기나라에서 살지 못하고 타국으로 몸을 피함

望	望						
바랄 망, 원망할 망	望鄉			希望			

- 望鄉(망향) : 고향(故鄉)을 바라보고 그리워함
- 希望(희망) : (어떤 일을)이루거나 얻고자 기대하는 바람, 소망　㉑ 絶望(절망)

每	每						
매양 매, 마다 매	每番			每週			

- 每番(매번) : 번번이
- 每週(매주) : 각주 또는 주간마다

賣	賣						
팔 매	㉑ 売	賣却		賣國奴			

- 賣却(매각) : 팔아버림
- 賣國奴(매국노) : 매국하는 행동을 하는 놈

買	買						
살 매	賣買			買占			

- 賣買(매매) : 사는 일과 파는 일, 사고 팖
- 買占(매점) : 물건을 휩쓸어 사둠　㈎ 買占賣惜(매점매석)

民	民								
백성 민	民心			民營					

- 民心(민심) : 백성의 마음
- 民營(민영) : 민간의 경영   밴 官營(관영)·公營(공영)

面	面								
얼굴 면	面談			面目					

- 面談(면담) : 서로 만나서 이야기함
- 面目(면목) : ① 얼굴의 생긴 모양 ② 남을 대하는 체면 ③ 모양, 상태

名	名								
이름 명	名望			名門					

- 名望(명망) : 명성이 높고 인망이 있음   밴 名聲(명성)
- 名門(명문) : 유명한 가문(家門)   예 名門大(명문대)

命	命								
목숨 명, 시킬 명	命令			使命					

- 命令(명령) : 웃사람이 아랫사람에게 내리는 분부
- 使命(사명) : 맡겨진 임무   예 使命感(사명감)

明	明								
밝을 명	明記			明朗					

- 明記(명기) : 분명히 기록함
- 明朗(명랑) : 맑고 밝음

母	母								
어미 모		母校				母性愛			

- 母校(모교) : 자기가 졸업(卒業)한 학교
- 母性愛(모성애) : 어머니의 자식에 대한 깊은 애정

木	木								
나무 목		木造				木炭			

- 木造(목조) : 나무로 만든 목제(木製)
- 木炭(목탄) : ① 숯 ② 그림을 그리는 숯

目	目								
눈 목		目的				目次			

- 目的(목적) : 일을 이루려 하는 목표. 도달하고자 하는 표적(標的)
- 目次(목차) : 책 내용의 제목의 차례

無	無								
없을 무		無常				無效			

- 無常(무상) : ① 인생이 덧없음 ② 일정하지 않음. 변함
- 無效(무효) : 보람이 없음. 효과(效果)가 없음

門	門								
문 문		門客				門下生			

- 門客(문객) : ① 식객(食客) ② 글방 선생
- 門下生(문하생) : 제자(弟子)

文

글월 문 | 文答 | | 文獻

- 文答(문답) : 글로써 회답함
- 文獻(문헌) : 옛날의 문물(文物)과 제도(制度)의 연구자료가 되는 책(冊)

問

물을 문 | 問答 | | 慰問

- 問答(문답) : 물음과 대답. 묻고 답함
- 慰問(위문) : 불쌍한 사람이나 수고하는 사람들을 방문하여 위로함   예 慰問便紙(위문편지)

聞

들을 문 | 見聞 | | 聽聞

- 見聞(견문) : ① 보고 들음 ② 보고 들어서 얻은 지식   예 見聞錄(견문록)
- 聽聞(청문) : 설교나 연설 등을 들음   예 聽聞會(청문회)

物

물건 물 | 物價 | | 寶物

- 物價(물가) : 물건의 값   예 物價指數(물가지수)
- 寶物(보물) : 보배로운 물건   비 寶貨(보화)

米

쌀 미 | 米穀 | | 米粉

- 米穀(미곡) : ① 쌀 ② 쌀과 잡곡
- 米粉(미분) : 쌀가루

美

아름다울 미 | 美談 | | | 美貌

- 美談(미담) : 후세에 전할만한 아름다운 이야기
- 美貌(미모) : 아름답고 고운 얼굴

北

북녘 북, 저버릴 배 | 北標 | | | 敗北

- 北標(북표) : 지도에서 북쪽을 가리키는 표
- 敗北(패배) : 싸움에서 져서 도망감

朴

성 박, 순박할 박 | 素朴 | | | 醇朴

- 素朴(소박) : 꾸밈이나 거짓이 없는 있는 그대로의 모습
- 醇朴(순박) : 순량하고 꾸밈이 없음

半

반 반, 가운데 반 | 半減 | | | 半島

- 半減(반감) : 절반을 덞 또는 절반이 줆
- 半島(반도) : 한 면만 육지에 닿고 그 나머지 세 면은 바다에 쌓인 땅

反

돌이킬 반 | 反省 | | | 反抗

- 反省(반성) : 자기가 한 일을 스스로 돌이켜 살핌
- 反抗(반항) : 반대하여 저항함 비 抵抗(저항)

班

나눌 반 | 班位 | | 兩班

- 班位(반위) : ① 지위(地位) ② 같은 지위에 있음
- 兩班(양반) : (조선 중기 이후)지체나 신분이 높은 상류계급 사람. 곧 사대부를 이르는 말

發

필 발, 일어날 발 | ㉠ 発 | 發刊 | | 啓發

- 發刊(발간) : 인쇄하여 세상에 내놓음
- 啓發(계발) : 지능을 깨우쳐 열어줌   예) 啓發敎育(계발교육)

方

모 방, 방위 방 | 方式 | | 方針

- 方式(방식) : 일정한 형식(形式)   예) 方定式(방정식)
- 方針(방침) : 앞으로 나아갈 일정한 방향(方向)과 계획

放

놓을 방, 내칠 방 | 放浪 | | 釋放

- 放浪(방랑) : 정처없이 떠돌아다님
- 釋放(석방) : 잡혀있는 사람을 용서하여 놓아줌

倍

갑절 배 | 倍加 | | 倍數

- 倍加(배가) : 갑절로 늘어남 또는 갑절로 늘림
- 倍數(배수) : 갑절이 되는 수   반) 約數(약수)

白 (흰 백)

白	白頭山		白日場	

- 白頭山(백두산) : 우리나라에서 제일 높은 산
- 白日場(백일장) : 시문(時文)을 겨루는 시험

百 (일백 백)

百	百科		百姓	

- 百科(백과) : 각종 학과 예) 百科全書(백과전서)
- 百姓(백성) : 일반 국민

番 (차례 번)

番	番號		輪番	

- 番號(번호) : 차례를 나타내는 호수
- 輪番(윤번) : 차례로 번듦 또는 그 돌아가는 차례 예) 輪番制(윤번제)

法 (법 법)

法	法規		法庭	

- 法規(법규) : 법률상의 규정. 법(法) 예) 道路法規(도로법규)
- 法庭(법정) : 송사를 재판하는 곳

變 (변할 변, 재앙 변)

變	약) 変	變貌	異變	

- 變貌(변모) : 모습이 바뀜
- 異變(이변) : 괴이한 변고. 상례에서 벗어나는 변화

別

나눌 별, 다를 별 | 別居 | | 別館

- 別居(별거) : 따로 살림을 함
- 別館(별관) : 본관(本官) 밖에 따로 설치한 집

病

병 병 | 病狀 | | 病院

- 病狀(병상) : 병의 상태. 증세
- 病院(병원) : 환자를 진료하고 치료하는 곳

兵

군사 병 | 兵力 | | 兵役

- 兵力(병력) : 군대의 힘. 전투력
- 兵役(병역) : ① 전쟁으로 징집당하는 부역 ② 국민의 의무로 군무에 종사하는 일

服

일할 복, 옷 복 | 服務 | | 韓服

- 服務(복무) : 직무(職務)에 힘씀
- 韓服(한복) : 한국 고유의 의복. 조선옷

福

복 복 | 福祉 | | 冥福

- 福祉(복지) : 만족할 만한 생활환경　예) 福祉年金(복지연금)
- 冥福(명복) : 죽은 뒤 저승에서 받는 복

本 — 근본 본
本能 　 本社
- 本能(본능) : 타고 날 때부터 갖게 되는 성능(性能)
- 本社(본사) : ① 사(社)의 본부(本部) ② 당사(當社)

奉 — 받들 봉
奉仕 　 奉養
- 奉仕(봉사) : 웃사람을 섬김
- 奉養(봉양) : 부모(父母), 조부모(祖父母)를 받들어 모심

父 — 아비 부
父君 　 父親
- 父君(부군) : 자기 부친의 경칭(敬稱)
- 父親(부친) : 아버지

夫 — 사내 부, 지아비 부
大丈夫 　 匹夫
- 大丈夫(대장부) : 건장하고 씩씩한 사나이. 장부(丈夫)
- 匹夫(필부) : ① 한 사람의 남자 ② 대수롭지 않은 그저 평범한 남자

部 — 떼 부, 분류 부
部隊 　 部署
- 部隊(부대) : 전대(全隊)의 한 부분(部分)의 군대
- 部署(부서) : 여럿으로 나누어 분담시키는 사무의 부분

分

| 나눌 분 | 分裂 | | | 分團 | | | |

- 分裂(분렬) : 분열(分列)
- 分團(분단) : 한 단체를 작게 나눈 그 부분 예) 分團國(분단국)

不

| 아니 불 | 不當 | | | 不倫 | | | |

- 不當(부당) : 이치에 맞지 않음. 정당하지 않음 예) 不當利得(부당이득)
- 不倫(불륜) : ① 인륜(人倫)에 어긋남 ② 인도(人道)에 어그러짐

比

| 견줄 비 | 比肩 | | | 比較 | | | |

- 比肩(비견) : ① 어깨를 나란히 함 ② 서로 비슷함
- 比較(비교) : 둘 이상의 사물을 서로 견주어 봄

鼻

| 코 비 | 鼻孔 | | | 鼻炎 | | | |

- 鼻孔(비공) : 콧구멍
- 鼻炎(비염) : 코의 점막에 생기는 염증

費

| 쓸 비 | 費用 | | | 消費 | | | |

- 費用(비용) : 드는 돈. 쓰는 돈 예) 費用節減(비용절감)
- 消費(소비) : 돈이나 물건, 시간, 노력 등을 써 버림 예) 消費量(소비량)

氷	氷						
얼음 빙, 얼 빙	氷河				結氷		

- 氷河(빙하) : 높은 산에서 응고한 만년설(萬年雪)이 얼음이 되서 서서히 흘러 내리는 것
- 結氷(결빙) : 물이 얼어서 얼음이 됨. 얼어 붙음 (반) 解氷(해빙)

四	四						
넉 사	四季				四寸		

- 四季(사계) : 춘·하·추·동 사시(四時)
- 四寸(사촌) : 아버지 형제의 아들, 딸

社	社						
모일 사, 제사지낼 사	社稷				會社		

- 社稷(사직) : 토지의 주신(主神)과 오곡(五穀)의 신 (예) 宗廟社稷(종묘사직)
- 會社(회사) : 상행위 또는 영리를 목적으로 상법에 따라 설립된 사단법인

使	使						
부릴 사	使命				使節		

- 使命(사명) : 자기에게 부과된 직무
- 使節(사절) : 임금 또는 정부의 대표가 되어 외국에 가서 있는 사람

死	死						
죽을 사	死傷				死活		

- 死傷(사상) : 죽음과 다침 또는 죽은 사람과 다친 사람 (예) 死傷者(사상자)
- 死活(사활) : 죽음과 삶 (비) 死生(사생)

仕
벼슬 사, 섬길 사 | 仕宦 | 奉仕

- 仕宦(사환) : 벼슬을 함   비) 仕官(사관)
- 奉仕(봉사) : (나라나 사회, 남을 위해)자신의 이해를 돌보지 않고 몸과 마음을 다하여 일함

士
선비 사 | 士官 | 士氣

- 士官(사관) : ① 법관, 재판관   ② 무관(武官)   예) 士官學校(사관학교)
- 士氣(사기) : ① 선비의 기개   ② 군사가 용기를 내는 기운

史
사관 사, 역사 사 | 史蹟 | 歷史

- 史蹟(사적) : 역사상의 유적(遺蹟)
- 歷史(역사) : 인간사회가 거쳐온 변천의 모습 또는 그 기록   예) 歷史小說(역사소설)

思
생각 사 | 思慕 | 思索

- 思慕(사모) : ① 그리워함   ② 우러러 받들고 마음으로 따름
- 思索(사색) : 사물의 이치를 파고들어 생각함

寫
베낄 사 | 예) 写 | 寫實 | 複寫

- 寫實(사실) : 실제로 있는 그대로를 그려냄
- 複寫(복사) : 사진, 문서 등을 본디 것과 똑같이 박는 일

査

조사할 사 | 査正 | | 審査

- 査正(사정) : 그릇된 것을 조사하여 바로잡음
- 審査(심사) : 자세히 조사하여 가려내거나 정함

山

뫼 산 | 山伐 | | 山所

- 山伐(산벌) : 산의 나무를 벰 ㈑ 伐木(벌목)
- 山所(산소) : 무덤이 있는 곳. 무덤

算

셈할 산 | 算出 | | 決算

- 算出(산출) : 계산해냄. 셈함 ㉠ 算出價格(산출가격)
- 決算(결산) : 계산을 마감함 ㉠ 決算報告(결산보고)

産

낳을 산 | 産物 | | 破産

- 産物(산물) : 그 지방에서 생산되는 물건 ㉠ 副産物(부산물)
- 破産(파산) : 가산을 모두 날려버림 ㈑ 倒産(도산)

上

윗 상 | 上級 | | 上昇

- 上級(상급) : 높은 등급. 윗 등급 ㉠ 上級生(상급생)
- 上昇(상승) : 상승(上升)과 동일. 위로 올라감. 떠오름

相	相							
서로 상, 볼 상	相逢			相續				

- 相逢(상봉) : 서로 만남
- 相續(상속) : 이어줌 또는 이어받음 예) 相續稅(상속세)

商	商							
장사 상	商船			商標				

- 商船(상선) : 상업상의 목적에 쓰이는 배
- 商標(상표) : 사업자가 자기가 취급하는 상품을 남의 상품과 구별하기 위하여 붙이는 고유의 표지

賞	賞							
칭찬할 상, 상 상	賞罰			懸賞				

- 賞罰(상벌) : 상과 벌 또는 상줌과 벌줌
- 懸賞(현상) : (어떤 목적으로 조건을 붙여)상금이나 상품을 내거는 일

色	色							
빛 색	色盲			色相				

- 色盲(색맹) : 색의 구별이 되지 않는 상태
- 色相(색상) : 육안(肉眼)으로 볼 수 있는 만물의 형상(形狀)

生	生							
날 생	生計			生徒				

- 生計(생계) : 생활을 유지하는 방법. 꾀 예) 生計手段(생계수단)
- 生徒(생도) : 학교에서 공부하는 학생들

西 西									
서녘 서	西紀				西戎				

- 西紀(서기) : 서력(西曆), 기원(紀元)
- 西戎(서융) : 서쪽 오랑캐

書 書									
책 서, 글 서	書籍				圖書館				

- 書籍(서적) : 책, 서책(書冊)
- 圖書館(도서관) : 많은 도서를 모아 보관하고 공중에게 열람시키는 시설

序 序									
차례 서	序論				秩序				

- 序論(서론) : 본론의 머리말이 되는 논설
- 秩序(질서) : 사물 또는 사회가 올바른 상태를 유지하기 위해 지켜야 할 일정한 차례나 규칙

夕 夕									
저녁 석	夕刊				夕景				

- 夕刊(석간) : 저녁에 돌리는 신문 반 朝刊(조간)
- 夕景(석경) : 저녁경치 또는 저녁 때

石 石									
돌 석	石刻				石油				

- 石刻(석각) : 돌에 새김 또는 그 새긴 글이나 그림
- 石油(석유) : 천연(天然)으로 지하에서 산출되는 각종 탄화수소의 화합물

席 席

| 자리 석 | 席捲 | | | | 坐席 | | | |

- 席捲(석권) : (자리를 말아가듯이)무서운 기세로 세력을 펼치거나 휩쓺
- 坐席(좌석) : 앉는 자리 반 立席(입석)

線 線

| 줄 선, 실 선 | 線路 | | | | 混線 | | | |

- 線路(선로) : 기차, 전차 등이 다니는 길. 철로(鐵路)
- 混線(혼선) : (전선이나 전화 등에서)신호나 통화가 뒤섞이어 엉클어짐

先 先

| 먼저 선 | 先見 | | | | 先發 | | | |

- 先見(선견) : 장래를 미리 앎. 앞을 내다 봄 예 先見之明(선견지명)
- 先發(선발) : 먼저 출발함 예 先發隊(선발대)

仙 仙

| 신선 선 | 仙化 | | | | 詩仙 | | | |

- 仙化(선화) : (신선이 화하였다는 뜻으로)늙어서 병이나 고통없이 죽음을 이름
- 詩仙(시선) : 선풍(仙風)이 있는 천재적인 시인

鮮 鮮

| 고울 선, 생선 선 | 鮮魚 | | | | 朝鮮 | | | |

- 鮮魚(선어) : 신선한 물고기. 생선
- 朝鮮(조선) : 상고(上古) 때부터 써오던 우리나라의 나라이름(단군조선, 위만조선 등)

善

착할 선, 좋을 선, 잘할 선 | 善隣 | | 僞善

- 善隣(선린) : 이웃과 의좋게 지냄 예) 善隣政策(선린정책)
- 僞善(위선) : 겉으로만 착한 체함 또는 겉치레로 보이는 선행

船

배 선 | 船舶 | | 船着場

- 船舶(선박) : 규모가 큰 배
- 船着場(선착장) : 나루, 배가 닿고 떠나는 일정한 곳

選

가릴 선, 뽑을 선 | 選拔 | | 精選

- 選拔(선발) : (많은 가운데서) 추려 뽑음 예) 選拔考査(선발고사)
- 落選(낙선) : 선거에서 떨어짐 반) 當選(당선)

雪

눈 설, 씻을 설 | 雪辱 | | 降雪

- 雪辱(설욕) : (승부 등에 이김으로써) 전에 패배했던 부끄러움을 씻어내고 명예를 되찾음
- 降雪(강설) : 눈이 내림 또는 내린 눈 예) 降雪量(강설량)

說

말씀 설, 기쁠 열, 달랠 세 | 解說 | | 遊說

- 解說(해설) : 알기 쉽게 풀어서 설명함 또는 그 설명 예) 時事解說(시사해설)
- 遊說(유세) : 각처를 돌며 자기의 의견이나 소속정당의 주장 등을 설명하고 선전함

姓
성씨, 겨레 성 | 姓名 | 同姓

- 姓名(성명) : 성(姓)과 이름 비 姓銜(성함)
- 同姓(동성) : 같은 성씨 예 同姓同本(동성동본)

省
살필 성, 덜 생 | 省略 | 歸省

- 省略(생략) : (한 부분을) 덜어서 줄임. 뺌
- 歸省(귀성) : 객지에서 지내다가 고향에 돌아감 예 歸省人波(귀성인파)

性
성품 성, 성별 성 | 性格 | 惰性

- 性格(성격) : 각 사람이 가진 특유한 성질 비 品性(품성)
- 惰性(타성) : (어떤 동작이나 경험으로) 굳어진 버릇

世
인간 세 | 世紀 | 世評

- 世紀(세기) : 백년간. 연대(年代) 예 世紀末(세기말)
- 世評(세평) : 세상의 평판

歲
해 세, 나이 세 | 歲拜 | 歲費

- 歲拜(세배) : 섣달 그믐이나 정초에 웃어른에게 하는 인사
- 歲費(세비) : 국가기관의 일년간의 비용

洗

씻을 세 | 洗練 | 洗濯

- 洗練(세련) : (글이나 교양, 인품 등을)갈고 다듬어 우아하고 고상하게 됨
- 洗濯(세탁) : 빨래 예) 洗濯劑(세탁제)

小

작을 소 | 小産 | 小說

- 所産(소산) : 유산(流産)
- 小說(소설) : 이야기. 산문체 형식 예) 長篇小說(장편소설)

少

적을소 젊을소 | 減少 | 稀少

- 減少(감소) : 줄어서 적어짐 반) 增加(증가)
- 稀少(희소) : 드물고 적음 예) 稀少價値(희소가치)

所

곳 소, 바 소 | 所管 | 住所

- 所管(소관) : 어떤 사무를 맡아 관리함 또는 그 사무
- 住所(주소) : 법률에서 실질적인 생활의 근거가 되는 곳을 말함

消

사라질 소 | 消滅 | 抹消

- 消滅(소멸) : 사라져 없어짐
- 抹消(말소) : (적혀있는 사실을)지워서 없앰

速							
빠를 속	速達			急速			

- 速達(속달) : ① 속히 배달함 ② 빨리 닿음
- 急速(급속) : ① 몹시 급함 ② 몹시 빠름   예) 急速度(급속도)

束							
묶을 속	束縛			結束			

- 束縛(속박) : 사람의 행동의 자유를 빼앗음   비) 拘束(구속)
- 結束(결속) : 뜻이 같은 사람끼리 하나로 뭉침

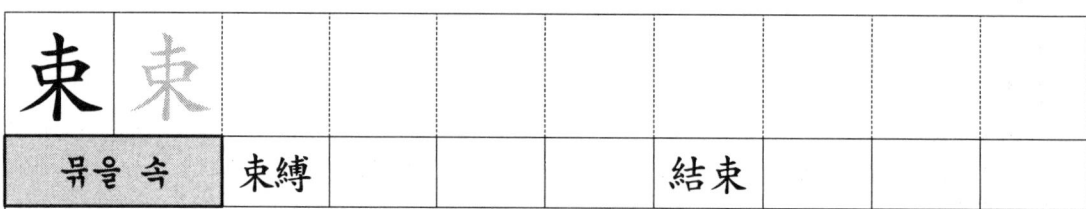

- 孫子(손자) : ① 아들의 아들, 자손 ② 책명   예) 子子孫孫(자자손손), 孫子兵法(손자병법)
- 曾孫(증손) : 아들의 손자, 손자의 아들. 曾孫子(증손자)

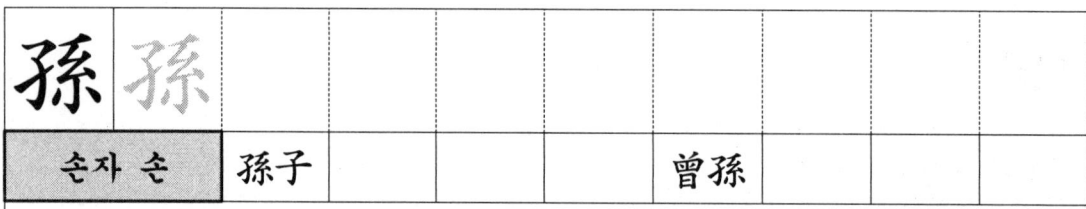

- 水害(수해) : 비 피해   비) 水難(수난)
- 水彩(수채) : 물에 물감을 풀어 그림을 그리는 일   예) 水彩畵(수채화)

手							
손 수	手段			手筆			

- 手段(수단) : 일을 꾸미거나 처리하기 위해 묘안을 만들어내는 솜씨나 꾀
- 手筆(수필) : 수적(手迹). 문학의 한 장르

數									
셈 수, 자주 삭	㉠ 數	數量			數學				
• 數量(수량) : 수효와 분량 • 數學(수학) : 수량 및 도형의 성질이나 관계를 연구하는 학문									

樹									
나무 수	樹木				街路樹				
• 樹木(수목) : (살아있는)나무 • 街路樹(가로수) : (거리의 미관과 주민의 보건을 위해)큰 길의 양쪽 가에 줄지어 심은 나무									

首									
머리 수	首肯				首相				
• 首肯(수긍) : 그렇다고 고개를 끄덕임. 옳다고 승낙함 • 首相(수상) : 수석(首席)의 대신(大臣)									

宿									
묵을 숙, 별 수	宿泊				露宿				
• 宿泊(숙박) : 자기 집을 떠난 사람이 남의 집 등에서 자고 머무름 • 露宿(노숙) : 한데서 밤을 지냄									

順									
순할 순, 차례 순	順從				順序				
• 順從(순종) : 순순히 복종함 • 順序(순서) : 정해진 차례									

術

재주 술, 꾀 술 | 術策 | | 藝術

- 術策(술책) : 꾀. 특히 남을 속이기 위한 꾀 비) 術數(술수)
- 藝術(예술) : 어떤 일정한 재료와 양식, 기교 등에 의해 미(美)를 창조하고 표현하는 인간의 활동

習

익힐 습 | 習慣 | | 講習

- 習慣(습관) : 버릇. 익혀온 행습(行習)
- 講習(강습) : 일정기간 학문, 기예, 실무 등을 배우고 익힘

勝

이길 승, 나을 승 | 勝訴 | | 優勝

- 勝訴(승소) : 소송(訴訟)에 이김 예) 勝訴判決(승소판결)
- 優勝(우승) : (경기・경주 등에서) 최고의 성적으로 이김 예) 優勝旗(우승기)

市

저자 시 | 市街 | | 市場

- 市街(시가) : 인가(人家)가 많고 번화한 곳 예) 市街行進(시가행진)
- 市場(시장) : 장수들이 모여 물건(物件)을 팔고 사고 하는 곳

時

때 시 | 時機 | | 時事

- 時機(시기) : 기회
- 時事(시사) : 그 때에 생긴 사건. 그 당시에 일어난 일 예) 時事問題(시사문제)

始

비롯할 시, 처음 시　　始祖　　　　　　開始

- 始祖(시조) : 한 족속(族屬)의 맨 처음 되는 조상
- 開始(개시) : 처음 시작함　⟨예⟩ 行動開始(행동개시)

示

보일 시　　示範　　　　　　示威

- 示範(시범) : 모범을 보임
- 示威(시위) : 위력이나 기세를 드러내어 보임

食

먹을 식　　食堂　　　　　　食糧

- 食堂(식당) : 음식(飮食)을 먹는 또는 파는 가게
- 食糧(식량) : 먹을 양식(糧食)

植

심을 식　　植樹　　　　　　移植

- 植樹(식수) : 나무를 심음. 심은 나무　⟨비⟩ 植木(식목)
- 移植(이식) : 농작물이나 나무를 다른 데로 옮겨 심는 일

式

법식, 예식 식　　格式　　　　　　儀式

- 略式(약식) : 정식의 절차를 생략한 간단한 방식　⟨반⟩ 正式(정식)
- 儀式(의식) : 의례를 갖추어 베푸는 행사　⟨비⟩ 式典(식전), 儀典(의전)

識

알 식, 적을 지 | 識別 | | 標識

- 識別(식별) : 분별(分別)하여 앎 예) 識別能力(식별능력)
- 標識(표지) : 목표를 나타내기 위한 표

信

믿을 신 | 信念 | | 確信

- 信念(신념) : 굳게 믿는 마음
- 確信(확신) : 굳게 믿음. 확실히 믿음 예) 確信犯(확신범)

身

몸 신 | 身長 | | 身世

- 身長(신장) : 키 비) 身丈(신장)
- 身世(신세) : ① 이 몸과 이 세상 ② 일평생, 생명

新

새 신, 새롭게할 신 | 新刊 | | 新婚

- 新刊(신간) : 책을 새로 간행함 또는 그 책 예) 新刊書籍(신간서적)
- 新婚(신혼) : 새로 혼인함. 갓 결혼함 예) 新婚夫婦(신혼부부)

神

귀신 신, 정신 신 | 神祕 | | 精神

- 神祕(신비) : (이론과 인식을 초월하여)불가사의하고 영묘한 비밀
- 精神(정신) : 사고나 감정의 작용을 다스리는 인간의 마음

臣							
신하 신	臣僚			臣下			

- 臣僚(신료) : 벼슬아치. 관료(官僚)
- 臣下(신하) : 임금을 섬기어 벼슬하는 사람

室							
방 실, 집 실	事務室			寢室			

- 事務室(사무실) : 사무를 보는 방
- 寢室(침실) : 잠을 잘 수 있게 마련된 방

失							
잃을 실	失格			失言			

- 失格(실격) : ① 자격을 잃음 ② 격식에 맞지 않음
- 失言(실언) : 잘못한 말   ㈂ 失口(실구), 失辭(실사)

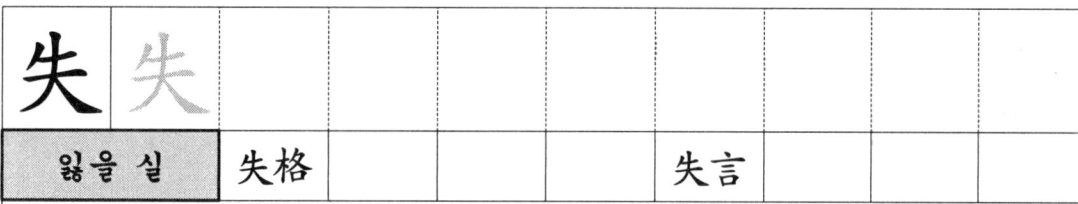

| 열매 실, 참될 실 | ㈜ 実 | 實績 | | | 篤實 | | |

- 實績(실적) : (어떤 일에서 이룬)실제의 업적 또는 공적
- 篤實(독실) : 인정있고 성실함. 열성있고 진실함

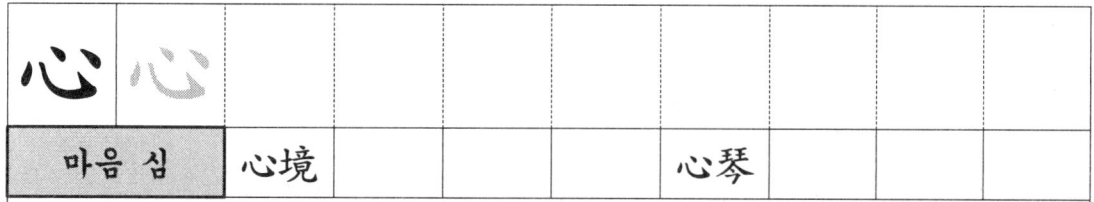

| 마음 심 | 心境 | | | 心琴 | | | |

- 心境(심경) : 마음의 상태(狀態)
- 心琴(심금) : 외부 자극으로 울리는 마음을 거문고에 비유해 한 말

成
이룰 성　成娶　　　成命

- 成娶(성취) : 장가들어 아내를 얻음(成家)
- 成命(성명) : 임금이 신하의 신상에 관하여 결정적으로 내리는 명령

十
열 십　十字架　　　十長生

- 十字架(십자가) : 기독교의 기호
- 十長生(십장생) : 열가지 장생불사(長生不死)한다는 물건

兒
아이 아　㊗児　兒童　　　孤兒

- 兒童(아동) : 초등학교에 다니는 어린아이　㊖ 兒童期(아동기)
- 孤兒(고아) : 부모가 없는 아이　㊖ 孤兒院(고아원)

惡
나쁠 악, 미워할 오　惡感　　　惡臭

- 惡感(악감) : 나쁜 감정. 나쁜 느낌　㊖ 惡感情(악감정)　㊗ 惡心(악심)
- 惡臭(악취) : 나쁜 냄새. 물건이 썩는 냄새

安
편안할 안　安住　　　治安

- 安住(안주) : 자리잡고 편안히 삶
- 治安(치안) : 국가와 사회의 안녕질서를 보전하고 지켜감　㊖ 治安維持(치안유지)

案

책상 안, 생각할 안 | 案件 | | 提案

- 案件(안건) : 토의하거나 취조할 사건
- 提案(제안) : 의안(議案)을 냄 예) 提案權(제안권)

愛

사랑할 애, 아낄 애 | 愛唱 | | 戀愛

- 愛唱(애창) : 노래를 즐기어 부름 예) 愛唱曲(애창곡)
- 戀愛(연애) : 어떤 이성에 대해 특별한 애정을 느껴 그리워하는 일

野

들 야 | 野黨 | | 野望

- 野黨(야당) : 정당정치에서 정권을 담당하고 있지 아니한 정당 반) 與黨(여당)
- 野望(야망) : (그 사람의)처지나 능력 등으로 보아서 좀처럼 이룰 수 없을 만큼 큰 희망(욕망)

夜

밤 야 | 夜勤 | | 晝夜

- 夜勤(야근) : 밤에 근무함 예) 夜勤手當(야근수당)
- 晝夜(주야) : 밤낮 예) 晝夜長川(주야장천)

弱

약할 약 | 弱點 | | 衰弱

- 弱點(약점) : 부족하거나 불완전한 점 비) 虛點(허점) 반) 強點(강점)
- 衰弱(쇠약) : 쇠퇴하여 약함

藥							
약 약	예 藥 藥局			醫藥			

- 藥局(약국) : 약사가 의약품을 조제하여 파는 가게
- 醫藥(의약) : ① 병을 고치는데 쓰는 약 ② 의학과 약학 예 醫藥分業(의약분업)

約							
맺을 약, 간략할 약	要約			約婚			

- 要約(요약) : 말이나 글에서 중요한 것만을 추려냄
- 約婚(약혼) : 결혼하기로 서로 약속함

洋							
큰바다 양, 서양 양	洋裝			海洋			

- 洋裝(양장) : (여자가)옷을 서양식으로 차려입음 예 洋裝店(양장점)
- 海洋(해양) : 넓은 바다 예 海洋水産部(해양수산부)

陽							
따뜻할 양, 볕 양	陽曆			斜陽			

- 陽曆(양력) : 태양력(太陽曆)의 준말 예 陰曆(음력)
- 斜陽(사양) : 서쪽으로 기울어진 해 또는 그 햇빛 예 斜陽産業(사양산업)

養							
기를 양	養育			扶養			

- 養育(양육) : 돌보아 길러서 자라게 함 예 養育費(양육비)
- 扶養(부양) : (생활능력이 없는 사람의)생활을 돌봄 예 扶養家族(부양가족)

語 語							
말씀 어	語調			外來語			

- 語調(어조) : 말의 가락. 말하는 투
- 外來語(외래어) : 외국에서 빌려 마치 국어처럼 쓰는 단어

魚 魚							
물고기 어	魚類			魚肉			

- 魚類(어류) : 물고기 총류 비 魚足(어족), 魚族(어족)
- 魚肉(어육) : 생선과 고기와 짐승의 고기

漁 漁							
고기잡을 어	漁村			漁獲			

- 漁村(어촌) : 어부(漁夫)가 사는 촌락(村落)
- 漁獲(어획) : 물고기, 조개 등을 잡거나 바닷말을 땀 또는 그런 수산물

億 億							
억 억	億萬			億兆			

- 億萬(억만) : 아주 많은 수 예 億萬長者(억만장자)
- 億兆(억조) : ① 아주 많은 수 ② 많은 인민, 백성

言 言							
말씀 언	言及			言約			

- 言及(언급) : 하는 말이 그곳까지 미침
- 言約(언약) : 말로 약속(約束)함 예 言約式(언약식)

業

일 업, 직업 업 | 業務 | | 就業

- 業務(업무) : (날마다 계속해서 하는)공무나 사업 등에 관한 일 예) 業務管理(업무관리)
- 就業(취업) : ① 직장에 나가 일함 ② 취직(就職) 반) 失業(실업)

然

그러할 연, 불탈 연 | 漠然 | | 偶然

- 漠然(막연) : ① 아득함 ② 똑똑하지 못하고 어렴풋함
- 偶然(우연) : 뜻밖에 저절로 됨 또는 그 일 반) 必然(필연)

熱

더울 열 | 熱狂 | | 向學熱

- 熱狂(열광) : 어떤 일에 몹시 흥분하여 미친 듯이 날뜀
- 向學熱(향학열) : 학문을 하려는 열의

葉

잎 엽 | 葉書 | | 葉錢

- 葉書(엽서) : 우편엽서(郵便葉書)
- 葉錢(엽전) : 둥글고, 가운데에 구멍이 뚫린 옛날돈

英

꽃부리 영, 빼어날 영 | 英雄 | | 英才

- 英雄(영웅) : 재능과 담력이 탁월한 인물 예) 英雄豪傑(영웅호걸)
- 英才(영재) : 뛰어난 재능이나 지능 또는 그런 능력을 가진 사람

永 永							
길 영, 오랠 영	永劫			永住			

- 永劫(영겁) : (불교에서)지극히 긴 세월. 영원한 세월　(반) 刹那(찰나)
- 永住(영주) : 일정한 곳에 오래 삶　(예) 永住權(영주권)

五 五							
다섯 오	五穀			五行			

- 五穀(오곡) : 다섯 가지 곡식. 벼·보리·콩·조·기장　(예) 五穀百果(오곡백과)
- 五行(오행) : 우주간에 쉬지 않고 운행하는 다섯 원소. 금(金)·목(木)·수(水)·화(火)·토(土)

午 午							
낮 오	午時			午前			

- 午時(오시) : 오전 열한시부터 오후 한시까지의 시간. 낮
- 午前(오전) : 정오(正午) 이전　(반) 午後(오후)

屋 屋							
집 옥	家屋			社屋			

- 家屋(가옥) : (사람이 사는)집　(예) 家屋臺帳(가옥대장)
- 社屋(사옥) : 회사의 건물

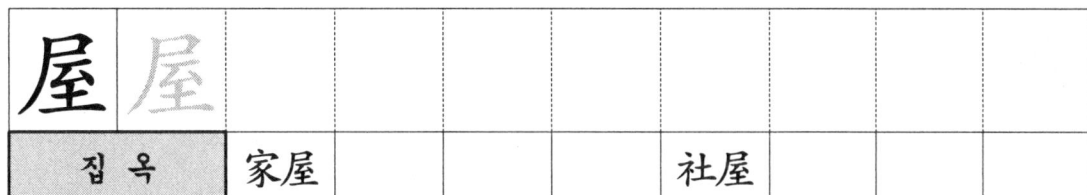

溫 溫							
따뜻할 온, 익힐 온	(송) 温	溫度		溫情			

- 溫度(온도) : 덥고 추운 정도. 온도계(溫度計)에 나타나는 도수
- 溫情(온정) : 따뜻한 마음. 깊은 인정

完 完							
완전할 완	完備			補完			

- 完備(완비) : 빠짐없이 구비함. 부족이 없음
- 補完(보완) : 모자라는 것을 더하여 완전하게 함

王 王							
임금 왕	王陵			王后			

- 王陵(왕릉) : 왕의 능
- 王后(왕후) : ① 제왕(帝王)의 아내 ② 황후(皇后), 왕비(王妃)

外 外							
밖 외	外交			外信			

- 外交(외교) : ① 외국과의 교제, 교섭(交涉) ② 모든 교제
- 外信(외신) : 외국으로부터의 소식 또는 그 소식을 보도함 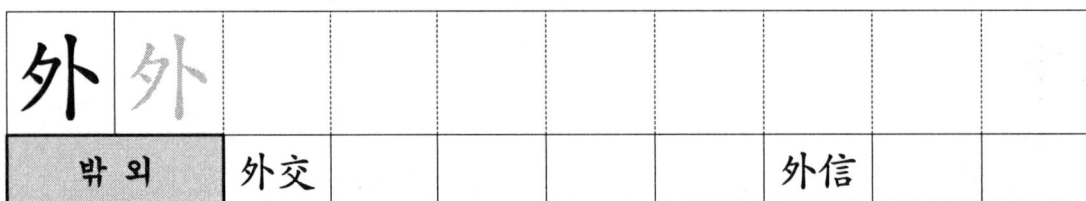 外信記者(외신기자)

要 要							
중요할 요, 구할 요	要約			要點			

- 要約(요약) : (말이나 글에서)주요 대목을 간추려냄
- 要點(요점) : 가장 중요한 점. 골자 例 要點整理(요점정리)

曜 曜							
빛(빛날) 요, 요일 요	曜曜			曜日			

- 曜曜(요요) : 빛나는 모양
- 曜日(요일) : '요(曜)'를 붙여 나타내는, 한 주일의 각 날을 이르는 말

浴

浴						
목욕할 욕	浴室			沐浴		

- 浴室(욕실) : 목욕하는 방. '목욕실(沐浴室)'의 준말
- 沐浴(목욕) : 온몸을 씻음 예) 沐浴齋戒(목욕재계)

勇

勇						
날랠 용, 용감할 용	勇斷			勇猛		

- 勇斷(용단) : 용기있게 결단함 또는 그 결단
- 勇猛(용맹) : 용감하고 사나움

用

用						
쓸 용	用務			用意		

- 用務(용무) : 볼 일
- 用意(용의) : 마음을 씀. 정신을 차림

右

右						
오른 우	右翼			左右		

- 右翼(우익) : ① 오른쪽 날개 ② 보수적이고 점진적인 당파 반) 左翼(좌익)
- 左右(좌우) : ① 왼쪽과 오른쪽 ② 곁 또는 옆

雨

雨						
비 우	雨備			雨傘		

- 雨備(우비) : 비 맞지 않게 하는 준비 또는 그 제구 비) 雨衣(우의)
- 雨傘(우산) : 비올 때 손에 들고 머리 위를 가리는 우구(雨具)

友									
벗 우	友邦			友情					

- 友邦(우방) : ① 이웃나라 ② 가까이 사귀는 나라
- 友情(우정) : 친구 사이의 정

牛									
소 우	牛乳			牛車					

- 牛乳(우유) : 암소에서 짜낸 것. 쇠젖
- 牛車(우차) : 소가 끄는 수레

雲									
구름 운	雲集			雲霧					

- 雲集(운집) : 구름같이 많이 모임
- 雲霧(운무) : 구름과 안개

運									
돌 운, 움직일 운	運命			運轉					

- 運命(운명) : 인간을 지배하는 필연적이고 초월적인 힘. 타고난 운수나 수명
- 運轉(운전) : (기계나 자동차 등을)움직여 부리는 일

雄									
수컷 웅, 웅장할 웅	雄飛			雄壯					

- 雄飛(웅비) : 힘차고 씩씩하게 뻗어 나아감
- 雄壯(웅장) : 씩씩하고 기운참. 용감하고 굳셈

圓

동산 원

園藝			動物園

- 園藝(원예) : 채소나 화훼, 과수 등을 심어 가꾸는 일 또는 그 기술
- 動物園(동물원) : 온갖 동물을 기르면서 동물을 연구하는 한편, 일반에게 구경시키는 곳

遠

멀 원

遠近			遠征

- 遠近(원근) : 멀고 가까움 또는 먼 곳과 가까운 곳
- 遠征(원정) : ① 멀리 적을 치러 감 ② 먼 곳으로 경기나 조사, 답사 등을 하러 감

元

으뜸 원

元價			元來

- 元價(원가) : 본값. 원가(原價)
- 元來(원래) : 전부터. 본디

願

바랄 원

所願			願書

- 所願(소원) : 무슨 일이 이루어지기를 바람   예 所願成就(소원성취)
- 願書(원서) : 지원하거나 청원하는 뜻을 적은 서류   예 入社願書(입사원서)

原

근원 원

原料			原因

- 原料(원료) : 물건을 만드는 재료(材料)
- 原因(원인) : 사실(事實)의 근본이 되는 까닭

院

| 집 원 | 醫阮 | | | 養老院 | | | | |

- 醫阮(의원) : 병원보다 규모가 작으면서 병자나 부상자의 치료를 위해 특별한 시설을 갖추어 놓은 곳
- 養老院(양로원) : 의지할 곳 없는 노인들을 수용해 돌보아주는 곳

月

| 달 월 | 月給 | | | 月次 | | | | |

- 月給(월급) : 다달이 받는 급료(給料)
- 月次(월차) : ① 달의 하늘에 있는 위치 ② 매월(每月)

偉

| 클 위, 위대할 위 | 偉大 | | | 偉業 | | | | |

- 偉大(위대) : (국량이나 업적 등이)크게 뛰어나고 훌륭함
- 偉業(위업) : 위대한 사업이나 업적

位

| 위치 위, 자리 위 | 位置 | | | 品位 | | | | |

- 位置(위치) : 놓여 있는 자리
- 品位(품위) : 사람이나 물건이 지닌 좋은 인상

有

| 있을 유 | 有望 | | | 有效 | | | | |

- 有望(유망) : 앞으로 잘 될 듯함. 희망(希望)이 있음
- 有效(유효) : 보람이 있음. 효과가 있음   예 有效期間(유효기간)

由	由							
말미암을 유	由緒			由緣				

- 由緒(유서) : 내력(來歷). 유래(由來)
- 由緣(유연) : ① 내력. 유래 ② 인연(因緣)

油	油							
기름 유	油脂			精油				

- 油脂(유지) : 동·식물에서 얻는 기름
- 精油(정유) : 석유를 정제하는 일 또는 정제한 석유

育	育							
기를 육	育英			敎育				

- 育英(육영) : 인재를 가르쳐 기름, 곧 '교육'을 달리 이르는 말 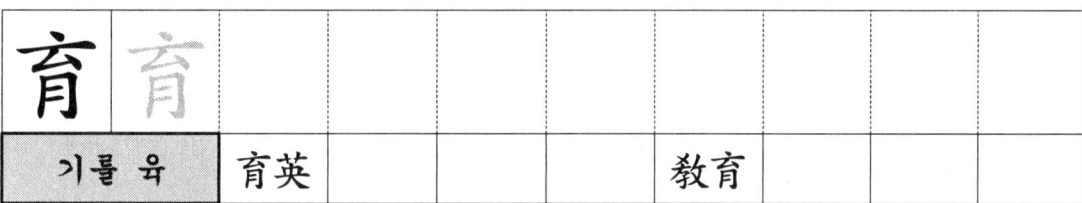育英財團(육영재단)
- 敎育(교육) : 지식을 가르치고 품성과 체력을 기름 ㉠ 敎育課程(교육과정)

銀	銀							
은 은, 돈 은	銀行			銀婚式				

- 銀行(은행) : 일반인의 예금을 맡고 다른 곳에 대부하는 일을 하는 금융기관
- 銀婚式(은혼식) : 결혼 후 25년만에 올리는 부부의 서양식 축하식

音	音							
소리 음	音譜			音樂				

- 音譜(음보) : 곡보(曲譜)
- 音樂(음악) : 음향을 아름다운 형식으로 조화시켜 미감을 일으키는 예술의 일종

飲

| 마실 음 | 예 飮 | 飮料 | | 飮食 |

- 飮料(음료) : 마시는 것의 총칭
- 飮食(음식) : 먹고 마심 또는 그 물건

邑

| 고을 읍 | 邑里 | | 邑長 |

- 邑里(읍리) : 읍과 촌락
- 邑長(읍장) : 읍의 우두머리

意

| 뜻 의 | 意見 | | 意識 |

- 意見(의견) : 마음에 느낀 바 생각
- 意識(의식) : 깨었을 때의 사물을 지각(知覺)하는 상태

醫

| 의원 의, 병고칠 의 | 예 医 | 醫療 | | 醫師 |

- 醫療(의료) : 의술로 병을 고침
- 醫師(의사) : 의료를 업으로 하는 사람

衣

| 옷 의 | 衣服 | | 衣食住 |

- 衣服(의복) : 옷   비 衣裳(의상)
- 衣食住(의식주) : 의복과 음식, 주택 곧 인간생활에 가장 필요한 기본조건

二	二								
두 이		二分				二重			

- 二分(이분) : 둘로 나눔 예) 二分法(이분법)
- 二重(이중) : 두겹 예) 二重過歲(이중과세), 二重人格(이중인격)

耳	耳								
귀 이		耳順				耳聞			

- 耳順(이순) : 육십세. 천지만물의 이치에 통달해 무엇을 들어도 다 이해한다는 뜻
- 耳聞不如目見(이문불여목견) : 귀로 듣는 것이 눈으로 보는 것만 못하다.

以	以								
써 이		以來				以心傳心			

- 以來(이래) : 어느 일정한 때부터 그 후
- 以心傳心(이심전심) : 마음에서 마음으로 전함

人	人								
사람 인		人間				人相			

- 人間(인간) : 사람. 세상 예) 人間界(인간계)
- 人相(인상) : ① 사람의 품격 ② 도덕적 행위의 주체가 되는 개인

因	因								
인할 인		因襲				因緣			

- 因襲(인습) : 예전대로 행하고 고치지 아니함
- 因緣(인연) : ① 서로 알게 되는 기회 ② 연분(緣分)

一	一								
한 일	一擧				一貫				

- 一擧(일거) : 한번 행함 예) 一擧守一投足(일거수일투족), 一擧兩得(일거양득)
- 一貫(일관) : ① 한 이치(理致)로 만사를 꿰뚫음 ② 시종 변하지 않음 예) 일관성(一貫性)

日	日								
해 일	日課				日程				

- 日課(일과) : 날마다 하는 일 또는 과정 예) 日課表(일과표)
- 日程(일정) : 그날의 할 일 또는 분량

任	任								
맡길 임	任期				放任				

- 任期(임기) : 일정한 책임을 맡아보는 기간
- 放任(방임) : 통제하거나 돌보지 아니하고 내버려둠

入	入								
들 입	入門				入選				

- 入門(입문) : ① 문하생이 됨 ② 초보자가 공부하기 쉽게 된 책 예) 入門書(입문서)
- 入選(입선) : 당선(當選)됨

自	自								
스스로 자, 몸 자	自己				自由				

- 自己(자기) : 제 몸, 자아(自我), 자신
- 自由(자유) : 마음이 내키는대로 함 예) 自由席(자유석)

子 子							
아들 자	子細			子息			

- 子細(자세) : 상세함
- 子息(자식) : 아들. 아들, 딸의 총칭   예 無子息(무자식)   비 子弟(자제)

字 字							
글자 자	字典			字劃			

- 字典(자전) : 한문을 그 뜻과 해석을 달아 모아놓은 책(冊)
- 字劃(자획) : 문자를 구성하는 점획

者 者							
놈 자, 사람 자	王者			筆者			

- 王者(왕자) : ① 임금 ② 왕도로써 천하를 다스리는 사람 ③ 으뜸가는 것
- 筆者(필자) : 글을 쓸 사람이나 쓴 사람

昨 昨							
어제 작	昨今			昨日			

- 昨今(작금) : 어제 오늘. 요즈음
- 昨日(작일) : 어제   반 來日(내일)

作 作							
지을 작	作家			振作			

- 作家(작가) : 문학작품을 창작하는 일에 종사하는 사람. 특히 '소설가'를 일컬음
- 振作(진작) : 정신을 떨쳐 일으킴

長 長								
길 장, 어른 장	長官			長幼				

- 長官(장관) : 한 관청의 으뜸벼슬
- 長幼(장유) : 어른과 어린이 예) 長幼有序(장유유서)

場 場								
마당 장	場所			登場				

- 場所(장소) : 처소. 자리. 곳
- 登場(등장) : ① 무대나 장면에 나옴 ② 무슨 일에 어떤 인물이 나타남

章 章								
글 장	印章			勳章				

- 印章(인장) : ① 도장 ② 찍어 놓은 인장의 형식. 인발
- 勳章(훈장) : 나라에 대한 훈공이나 공로를 표창하기 위하여 내려주는 기장

才 才								
재주 재	才幹			才力				

- 才幹(재간) : 재능(才能)과 국량(局量)
- 才力(재력) : 재주의 작용. 재지(才智)의 능력

在 在								
있을 재	在京			所在				

- 在京(재경) : 서울에 머물러 있음
- 所在(소재) : 있는 곳

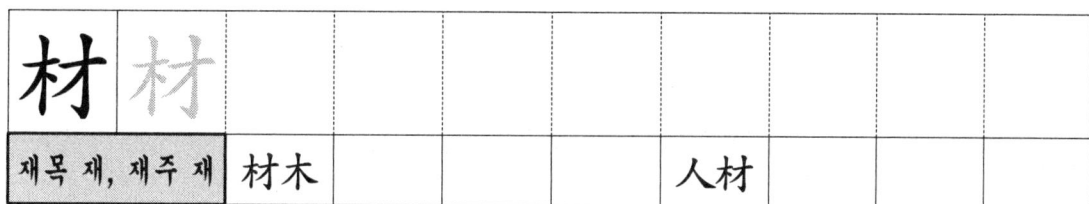

財	財								
재물 재, 재산 재	財界				財閥				

- 財界(재계) : 경제계
- 財閥(재벌) : 금융 및 경제계에서 큰 세력을 가진 자본가의 무리

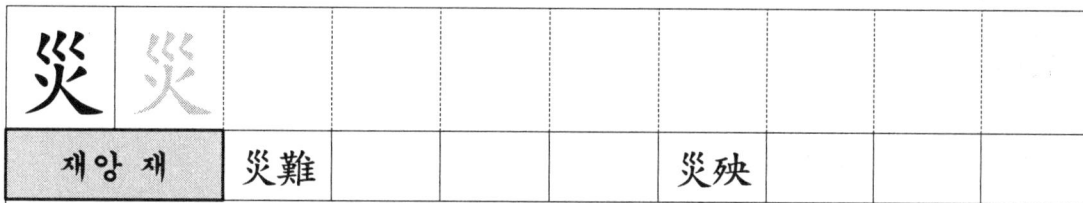

材	材								
재목 재, 재주 재	材木				人材				

- 材木(재목) : 건축이나 기구를 만드는데 재료가 되는 나무
- 人材(인재) : 학식과 능력이 뛰어난 사람. 인물

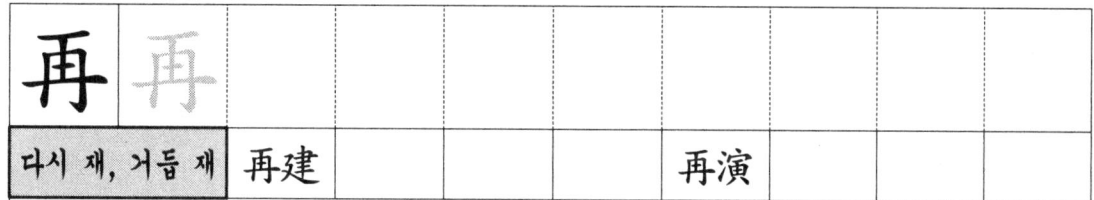

災	災								
재앙 재	災難				災殃				

- 災難(재난) : 뜻밖에 일어나는 불행한 일
- 災殃(재앙) : 천변지이(天變地異)로 말미암은 불행한 일

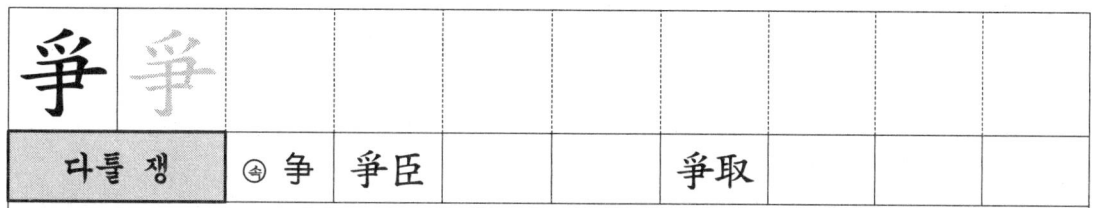

再	再								
다시 재, 거듭 재	再建				再演				

- 再建(재건) : 무너진 것을 다시 일으켜 세움   예) 再建運動(재건운동)
- 再演(재연) : ① 다시 상연(上演)함 ② 한 번 일어났던 일을 다시 되풀이함

爭	爭								
다툴 쟁	(속)爭	爭臣			爭取				

- 爭臣(쟁신) : 임금의 잘못에 대하여 바른 말로 간하는 신하
- 爭取(쟁취) : 투쟁하여 얻음

貯

쌓을 저 | 貯金 | | | 貯水

- 貯金(저금) : 돈을 모아둠
- 貯水(저수) : 물을 모아둠 또는 그 물　예) 貯水池(저수지)

的

과녁 적, 목표 적 | 的實 | | | 的中

- 的實(적실) : 틀림이 없음. 꼭 그러함
- 的中(적중) : 화살이 과녁에 맞음. 잘 맞음　예) 豫測的中(예측적중)

赤

붉을 적 | 赤貧 | | | 赤字

- 赤貧(적빈) : 아주 가난하여 아무 것도 없음
- 赤字(적자) : ① 붉은 잉크로 쓴 교정(校正)의 글씨　② 수지결산에서 지출이 수입보다 많은 일　반) 黑字(흑자)

電

전기 전 | 電擊 | | | 電文

- 電擊(전격) : 번개처럼 갑자기 공격함
- 電文(전문) : 전보의 문구

全

온전할 전, 모두 전 | 全部 | | | 完全

- 全部(전부) : 모두 다
- 完全(완전) : 모자람이 없음. 흠이 없음　예) 完全無缺(완전무결)

前
앞설 전, 앞 전 | 前後

- 前後(전후) : ① 앞 뒤 ② 먼저와 나중 ③ (일정한 수, 수량의)안팎
  - 발전 前代未聞(전대미문) : 지금까지 들어본 적이 없는 새로운 일을 이르는 말

戰
싸울 전 | ⑩ 戰 戰慄 | 戰爭

- 戰慄(전율) : 두려워서 벌벌 떪
- 戰爭(전쟁) : 나라간의 싸움

典
의식 전, 법(책) 전 | 典當 | 古典

- 典當(전당) : 물품을 담보로 하고 돈을 융통하는 일 예 典當鋪(전당포)
- 古典(고전) : ① 옛날의 의식이나 법식 ② 옛날의 서적으로 후세에 남을 만한 가치있는 책

傳
전할 전, 전기 전 | 傳記 | 宣傳

- 傳記(전기) : 개인의 생애를 서술한 기록 예 偉人傳(위인전)
- 宣傳(선전) : 사상, 이론, 지식 또는 사실 등을 대중에게 널리 인식시키는 일

展
펼 전 | 展示 | 發展

- 展示(전시) : 여러가지를 벌여 놓고 보임 예 展示會(전시회)
- 發展(발전) : 한 상태로부터 더 잘 되고 좋아지는 상태로 옮아가는 과정

節

마디 절, 예절 절 | 節概 | | 節約

- 節概(절개) : 응당 지켜야 할 신의나 신념 등을 변하지 않고 지키는 태도
- 節約(절약) : 아끼어 씀. 아끼어 군비용이 나지 않게 씀 비) 儉約(검약)

切

끊을 절, 온통 체 | 適切 | | 親切

- 適切(적절) : 아주 알맞음
- 親切(친절) : 태도가 매우 정답고 고분고분함

店

가게 점, 점포 점 | 店鋪 | | 露店

- 店鋪(점포) : 가게, 상점
- 露店(노점) : 한데에 벌려 놓은 가게 예) 露店商(노점상)

定

정할 정 | 定價 | | 定義

- 定價(정가) : ① 값을 매김 ② 매겨 놓은 값
- 定義(정의) : 한 사물에 관하여 의미를 밝혀 개념을 명확하게 한정하는 일 또는 그 설명

庭

뜰 정 | 庭園 | | 親庭

- 庭園(정원) : 집 안의 뜰과 꽃밭
- 親庭(친정) : 시집간 여자의 본집

正	正							
바를 정		正常			正員			

- 正常(정상) : 바르고 떳떳함
- 正員(정원) : 자격이 있는 회원이나 사람　예 正會員(정회원)

情	情							
뜻 정, 사실 정		情死			表情			

- 情死(정사) : 사랑하는 남녀가 어떤 사정으로 함께 자살하는 일
- 表情(표정) : 감정이나 심리상태 따위를 겉으로 나타냄

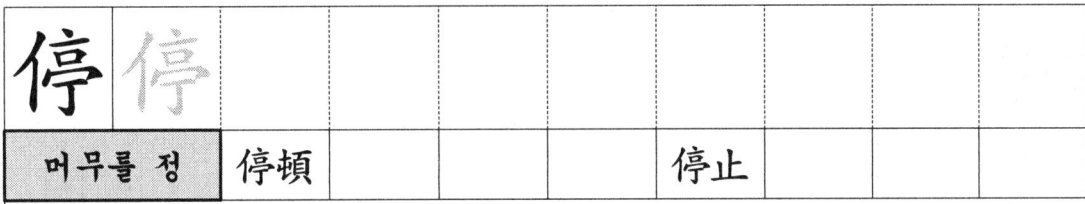

停	停							
머무를 정		停頓			停止			

- 停頓(정돈) : ① 한 곳에 있어서 움직이지 않음　② 침체하여 나아가지 않음
- 停止(정지) : 일을 중도에서 그만둠 또는 그만두게 함

弟	弟							
아우 제		弟嫂			師弟			

- 弟嫂(제수) : 아우의 아내
- 師弟(사제) : 스승과 제자

第	第							
차례 제		及第			鄕第			

- 及第(급제) : ① 과거(科擧)에 합격됨. 登第(등제)　② 시험에 합격됨　반 落第(낙제)
- 鄕第(향제) : 고향에 있는 집. 시골집

題

제목 제, 물을 제 | 題字 | | | 命題

- 題字(제자) : 책머리나 비석, 족자 같은데 쓴 글자 (비) 題書(제서)
- 命題(명제) : ① 제목으로 정함 또는 그 제목 ② 논리적 판단을 언어나 기호로 표현한 것

祖

할아버지 조 | 祖父 | | | 開祖

- 祖父(조부) : 할아버지
- 開祖(개조) : 무슨 일을 처음으로 시작하여 그 일파의 원조가 된 사람

朝

아침 조 | | | | 朝廷

- 朝夕(조석) : 아침과 저녁
- 朝廷(조정) : 나라의 정치를 의논, 집행하던 곳

調

고를 조, 조사할 조 | 調査 | | | 調和

- 調査(조사) : 실정을 살펴서 알아봄
- 調和(조화) : 이것저것이 서로 잘 어울림

操

잡을 조 | 操縱 | | | 志操

- 操縱(조종) : 마음대로 다루어 부림   (예) 操縱士(조종사)
- 志操(지조) : 의지(意志)와 절조

足	足							
	발 족	足赤			足指			

- 足赤(족적) : ① 발자국 ② 걸어온 자취
- 足指(족지) : 발가락

族	族							
	겨레 족	族譜			民族			

- 族譜(족보) : ① 한 집안의 계통과 혈통의 관계를 적어놓은 책 ② 한 족속의 세계를 적은 책
- 民族(민족) : 인종적·지역적 기원이 같고 문화적 전통과 역사적 운명을 같이 하는 사람의 집단

卒	卒							
	군사 졸	卒倒			卒業			

- 卒倒(졸도) : 갑자기 정신을 잃음
- 卒業(졸업) : 일을 끝냄. 규정한 과정을 마침 예 卒業式(졸업식)

種	種							
	씨 종, 심을 종	種類			雜種			

- 種類(종류) : 일정한 질적 특성에 따라 나뉘어지는 부류
- 雜種(잡종) : ① 이것저것 잡다한 종류 ② 다른 종류의 생물과의 교배에 의하여 생긴 생물체

終	終							
	마칠 종	終結			終始			

- 終結(종결) : 끝을 냄. 일을 마침 또는 끝 비 종료(終了)
- 終始(종시) : 나중과 처음 예 始終一貫(시종일관)

左				
왼 좌	左言		左遷	

- 左言(좌언) : 사리에 어긋나는 말
- 左遷(좌천) : 관리가 높은 자리에서 낮은 자리로 떨어짐

罪				
허물 죄	罪悚		罪惡	

- 罪悚(죄송) : 죄스러울 정도로 황송함
- 罪惡(죄악) : ① 죄가 될 행위 ② 도덕이나 종교적 견지에서 비난을 받을 나쁜 행위

主				
임금 주	主觀		主張	

- 主觀(주관) : 대상을 인식하고 사고하는 주체(主體) ⑪ 客觀(객관)
- 主張(주장) : 굳게 내세우는 의견 ⑪ 主宰(주재)

住				
살 주	住居		住宅	

- 住居(주거) : ① 일정한 곳에 자리를 잡고 삶. 거주 ② 사람이 사는 집
- 住宅(주택) : 사람이 들어 사는 집

注				
물댈 주	注視		注解	

- 注視(주시) : ① 자세히 살피려고 눈을 쏘아서 봄 ② (어떤 대상을)관심이나 시선을 집중하여 봄
- 注解(주해) : 본문의 뜻을 주를 달아 풀이함 또는 그 글 ⑪ 注釋(주석)

畫	畫							
낮 주	㉑ 昼	晝食			晝夜			

- 晝食(주식) : 낮에 먹는 밥. 점심
- 晝夜(주야) : 밤과 낮. 밤낮

週	週							
일주 주	週刊				週期			

- 週刊(주간) : 한 주일마다 하는 간행 ㉑ 週刊誌(주간지)
- 週期(주기) : 한 바퀴를 도는 시기

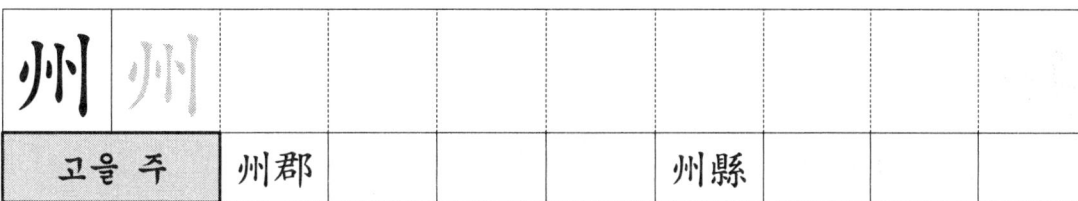

- 州郡(주군) : 주(州)와 군(郡)의 뜻으로, 지방을 일컬음
- 州縣(주현) : 주(州)와 현(縣). 지방

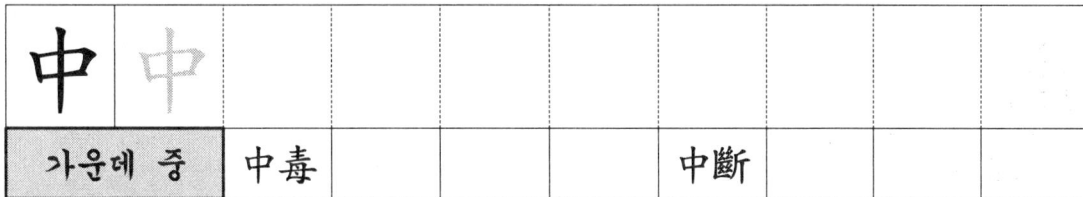

- 中毒(중독) : 음식이나 약 같은 것의 독성에 치어서 기능의 장애를 일으키는 일 ㉑ 食中毒(식중독)
- 中斷(중단) : 중간에 끊어짐 ㈂ 中絶(중절)

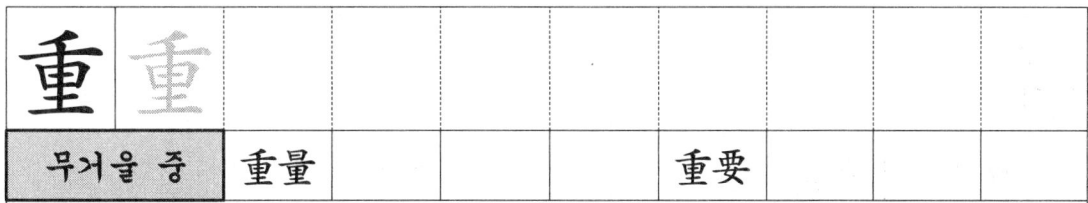

- 重量(중량) : 무게
- 重要(중요) : 매우 귀중함

紙

종이 지 — 紙匣 / 紙面

- 紙匣(지갑) : ① 종이로 만든 갑 ② 가죽, 헝겊 등으로 만든 돈을 넣는 물건
- 紙面(지면) : ① 종이의 표면 ② 글이 실린 종이의 겉면. 紙上(지상) ③ 편지

地

땅 지 — 地位 / 地點

- 地位(지위) : ① 처지, 위치 ② 신분
- 地點(지점) : 일정한 지역 안에서의 구체적인 어떤 곳

知

알 지 — 知己 / 知悉

- 知己(지기) : 자기의 마음이나 참된 가치를 알아주는 사람
- 知悉(지실) : 모든 사정을 자세히 앎

止

그칠 지 — 止血 / 擧止

- 止血(지혈) : 피가 나오다 그침 또는 나오는 피를 그치게 함
- 擧止(거지) : 몸의 온갖 동작

直

곧을 직 — 直言 / 直接

- 直言(직언) : 자기가 믿는 대로 기탄 없이 말함. 곧이 곧대로 말함
- 直接(직접) : 중간에 다른 것을 거치지 않고 바로 맨 間接(간접)

質

바탕 질 | 質量 | 質疑

- 質量(질량) : ① 물체 속에 포함되어 있는 물질의 분량 ② 성질과 수량
- 質疑(질의) : 의심을 물어서 밝힘

集

모일 집 | 集大成 | 集中

- 集大成(집대성) : 많은 훌륭한 것을 모아서 하나의 완전한 것으로 만들어내는 일
- 集中(집중) : 한 곳에 모임

着

도착할 착, 입을 착 | 着陸 | 着服

- 着陸(착륙) : 비행기나 비행선 따위가 공중에서 땅으로 내려앉는 일
- 着服(착복) : ① 옷을 입음 ② 남의 금품을 부당하게 자기 것으로 함

參

참여할 참, 석 삼 | 參加 | 參考

- 參加(참가) : 어떤 모임이나 단체에 참여하거나 가입함
- 參考(참고) : ① 살펴서 생각함 ② 참조하여 고증함

窓

창문 창 | 同窓 | 東窓

- 同窓(동창) : ① 같은 학교에서 공부함 또는 그 사람 ⑪ 同門(동문) ② 한 학교에서 동기 (同期)로 졸업한 사람 ⑩ 同窓生(동창생) • 東窓(동창) : 동쪽으로 난 창 ⑪ 西窓(서창)

唱
노래부를 창 | 唱導 | | 提唱

- 唱導(창도) : 앞장을 서서 주창하여 지도함
- 提唱(제창) : 제시하고 주장함

責
꾸짖을 책 | 責望 | | 責務

- 責望(책망) : 허물을 꾸짖음
- 責務(책무) : 직책과 임무. 책임진 임무

川
내 천 | 川谷 | | 川川

- 川谷(천곡) : 내와 골짜기
- 川川(천천) : 느린 모양. 더딘 모양

千
일천 천 | 千差 | | 千秋

- 千差萬別(천차만별) : 여러가지 물건이 각각 차이(差異)와 구별이 있음
- 千秋(천추) : 천년(千年)의 긴 세월

天
하늘 천 | 天氣 | | 天然

- 天氣(천기) : 하늘의 기상(氣象) 날씨 (비) 日氣(일기)
- 天然(천연) : 자연 그대로의 상태 (예) 天然物(천연물), 天然色(천연색)

鐵

쇠 철, 철물 철 | 예) 鉄 | 鐵甲 | | 鐵則

- 鐵甲(철갑) : 쇠로 만든 갑옷
- 鐵則(철칙) : 변경할 수 없는 규칙

靑

푸를 청 | 靑少年 | | 靑春

- 靑少年(청소년) : 청년과 소년
- 靑春(청춘) : 젊은 나이. 청년(靑年)

淸

맑을 청 | 淸潔 | | 淸廉

- 淸潔(청결) : 깨끗하여 더러움이 없음
- 淸廉(청렴) : 마음이 청백하고 재물을 탐내지 않음   예) 淸廉潔白(청렴결백)

體

몸 체 | 예) 体 | 體格 | | 體系

- 體格(체격) : 몸의 생김새
- 體系(체계) : 일정한 원리에 따라서 계통을 세운 지식을 통일하는 전체

草

풀 초 | 草芥 | | 草案

- 草芥(초개) : 풀과 먼지, 곧 아무 소용이 없거나 하찮은 것을 비유하는 말
- 草案(초안) : ① 안건(案件)을 기초(起草)함 ② 문장이나 시 따위를 초잡음

初 初
처음 초 | 初步 | | | 初夜

- 初步(초보) : 첫걸음
- 初夜(초야) : 첫날밤

寸 寸
마디 촌 | 寸劇 | | | 寸志

- 寸劇(촌극) : 아주 짧은 연극
- 寸志(촌지) : 약속한 뜻이라는 말로 자기 증정물의 경칭

村 村
마을 촌 | 村落 | | | 農村

- 村落(촌락) : 시골부락 (반) 都市(도시)
- 農村(농촌) : 농업생산을 전통적인 생업으로 삼아 온 지역이나 마을

最 最
가장 최 | 最高 | | | 最善

- 最高(최고) : 가장 높음
- 最善(최선) : ① 가장 좋음. 가장 착함 ② 온 힘

秋 秋
가을 추 | 秋霜 | | | 秋收

- 秋霜(추상) : ① 가을의 찬 서리 ② 서슬이 퍼런 위험이나 엄한 형벌의 비유
- 秋收(추수) : 가을에 익은 곡식을 거둬들이는 일. 가을걷이

祝	祝						
빌 축	祝文			祝福			

- 祝文(축문) : 제사 때 신명에게 고하는 글
- 祝福(축복) : 앞길의 행복을 빎

春	春						
봄 춘							

- 春耕(춘경) : 봄에 하는 논밭 갈기
- 春夢(춘몽) : ① 봄밤에 꾸는 꿈 ② 헛된 꿈. 덧없는 꿈. 인생의 허무함을 일컫는 말 예 一場春夢(일장춘몽)

出	出						
날 출	出勤			出場			

- 出勤(출근) : 근무하는 곳에 나감 반 退勤(퇴근)
- 出場(출장) : 경기에 나감 비 出張(출장) : 직무를 띠고 나감

充	充						
채울 충	充當			充滿			

- 充當(충당) : 모자라는 것을 채움
- 充滿(충만) : 가득참

致	致						
이를 치	致死			致賀			

- 致死(치사) : 죽게 함 예 過失致死(과실치사)
- 致賀(치하) : ① 남의 경사에 대하여 축하의 말을 하는 인사 ② 치사(致辭)하여 칭찬함

則

법칙 칙, 곧 즉 | 則度 | | 則效

- 則度(칙도) : 법도(法度)
- 則效(칙효) : 본받음. 모범으로 삼음

親

어버이 친, 친할 친 | 親近 | | 親知

- 親近(친근) : 정분이 친하고 가까움
- 親知(친지) : 친하게 하는 사람　㉑ 親友(친우)

七

일곱 칠 | 七夕 | | 七星

- 七夕(칠석) : 음력 7월 초이렛날　㉔ 七月七夕(칠월칠석)
- 七星(칠성) : 북두칠성(北斗七星)

打

칠 타 | 打破 | | 毆打

- 打破(타파) : 규율이나 관례를 깨뜨려 버림　㉔ 舊習打破(구습타파)
- 毆打(구타) : 때림. 두들김

他

다를 타 | 他界 | | 他殺

- 他界(타계) : ① 다른 세계(世界)　② 인간계를 떠나 다른 세계로 감, 즉 서거(逝去)함
- 他殺(타살) : 남이 죽임　㉑ 自殺(자살)

卓

卓					
높은 탁, 탁상 탁	卓論			卓異	

- 卓論(탁론) : 뛰어난 의론(議論) 圓 卓見(탁견), 卓說(탁설)
- 卓異(탁이) : 다른 사람보다 뛰어나게 다름

炭

炭					
숯 탄	炭鑛			炭素	

- 炭鑛(탄광) : 석탄을 파내는 광산
- 炭素(탄소) : 비금속성 화학원소의 하나. 석탄, 목탄 등에 많이 들어 있음

太

太					
콩 태, 클 태	太甚			太初	

- 太甚(태심) : 매우 심함
- 太初(태초) : 우주의 맨 처음. 천지가 개벽한 처음 圓 太始(태시)

宅

宅					
집 택, 집 댁	住宅			宅內	

- 住宅(주택) : 살림살이를 할 수 있도록 지은 집 예 住宅街(주택가)
- 宅內(댁내) : 상대자를 높이어 그의 '집안'을 이르는 말

土

土					
흙 토	土砂			土産	

- 土砂(토사) : 모래 예 土砂物(토사물)
- 土産(토산) : 그 토지의 산물. 선물

通

통할 통 | 通過 | | 通知

- 通過(통과) : ① 통하여 지나감 ② 관청에 제출한 원서가 허가됨 ③ 의회 등에 제안한 의안이 가결됨 • 通知(통지) : 기별하여 알림

特

특히 특 | 特別 | | 特有

- 特別(특별) : ① 보통과 다름 ② 보통보다 훨씬 뛰어남 ㉠ 普通(보통)
- 特有(특유) : 그것만이 홀로 가지고 있음 ㉠ 通有(통유)

板

널판 판, 판목 판 | 板刻 | | 板子

- 板刻(판각) : 그림이나 글씨를 나무조각에 새김
- 板子(판자) : 널판지

販

패할 패 | 敗家 | | 敗北

- 敗家(패가) : 가산을 다 써 없앰
- 敗北(패배) : 싸움에 지고 도망감

便

편할 편, 오줌 변 | 便利 | | 便紙

- 便利(편리) : 편하고 이로우며 이용하기 쉬움
- 便紙(편지) : 상대자에게 알리고자 하는 내용을 써서 보내는 글

平									
평평할 평	平均				平和				

- 平均(평균) : ① 고름 또는 고르게 함 ② 평등(平等) ③ 중간치의 수
- 平安(평안) : 무사(無事)하여 마음에 걱정이 없음 비 平和(평화)

表									
겉 표	表裏				表現				

- 表裏(표리) : ① 겉과 속. 표면과 내심 예 表裏不同(표리부동) ② 앞과 뒤
- 表現(표현) : ① 표면에 나타내 보임 ② 내면적·정신적·주체적인 것의 외면적·감성적 형상화

品									
물건 품	品格				品評				

- 品格(품격) : 품성과 인격
- 品評(품평) : 물품의 좋고 나쁨과 가치를 평정함 예 品評會(품평회)

風									
바람 풍	風景				風流				

- 風景(풍경) : ① 경치 ② 좋은 경치. 모습
- 風流(풍류) : ① 인품. 품격 ② 풍아(風雅) 예 風流人(풍류인)

必									
반드시 필	必死				必要				

- 必死(필사) : 죽을 결심으로 전력(全力)을 다함
- 必要(필요) : 꼭 소용(所用)이 됨

筆	筆							
	붓 필	筆蹟			達筆			

- 筆蹟(필적) : 손수 쓴 글씨나 그린 그림의 형적   비) 手蹟(수적)
- 達筆(달필) : ① 잘 쓴 글씨 ② 글씨를 잘 쓰는 사람

下	下							
	아래 하	下降			下等			

- 下降(하강) : 아래로 내려옴
- 下等(하등) : ① 나쁜 물품 ② 낮은 등급   비) 下級(하급)   예) 下等動物(하등동물)

夏	夏							
	여름 하	夏穀			夏季			

- 夏穀(하곡) : 보리나 밀 따위와 같이 여름에 거두는 곡식
- 夏季(하계) : 여름

河	河							
	강 하	河床			河川			

- 河床(하상) : 강이나 하천 등의 물이 흐르는 바닥
- 河川(하천) : 강과 내

學	學							
	배울 학	學說			學者			

- 學說(학설) : 학문상 주장하는 이론
- 學者(학자) : 학문에 통달하거나 학문을 연구하는 사람

韓	韓							
나라이름 한, 성 한	韓國				韓人			

- 韓國(한국) : 우리나라 대한민국
- 韓人(한인) : 한국사람

漢	漢							
나라 한	漢醫				漢字			

- 漢醫(한의) : 한방(漢方) 의원(醫員)
- 漢字(한자) : 중국고유의 문자

寒	寒							
찰 한, 추울 한	寒氣				寒村			

- 寒氣(한기) : 추운 기운. 추위 ⑪ 溫氣(온기)
- 寒村(한촌) : 가난하고 쓸쓸한 마을

合	合							
합할 합, 모일 합	合同				合理			

- 合同(합동) : 여럿이 모여 하나가 되어 함께 함
- 合理(합리) : 이론이나 이치, 실제의 형편 등에 맞음

海	海							
바다 해	海流				海洋			

- 海流(해류) : 일정한 방향으로 흐르는 바닷물
- 海洋(해양) : 넓은 바다. 대양(大洋)

害

해로울 해 | 妨害 | | | 要害

- 妨害(방해) : 남의 일에 놓아서 해를 끼침
- 要害(요해) : 적을 막기에는 편리하고 적이 쳐들어 오기에는 불리하게 지세(地勢)가 험한 곳

幸

다행 행 | 幸福 | | | 僥幸

- 幸福(행복) : ① 좋은 운수 ② 만족감을 느끼는 정신상태 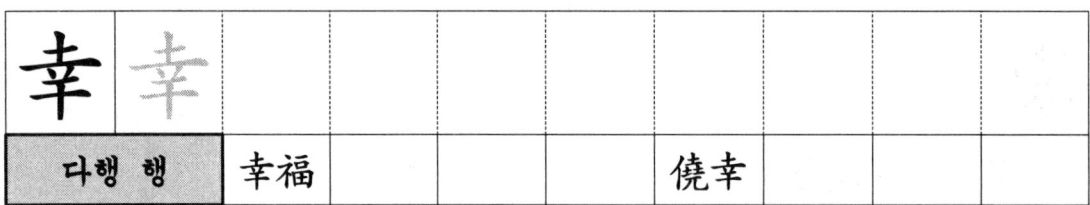 예 幸福感(행복감)
- 僥幸(요행) : 우연히 잘 되어 다행함

行

갈 행 | 行列 | | | 行事

- 行列(행렬) : 여럿이 선 줄 비교 行列(항렬) : 배열의 차례
- 行事(행사) : 하는 일. 일을 함 예 行事人(행사인)

向

향할 향 | 向上 | | | 向後

- 向上(향상) : 점점 낫게 됨. 진보(進步)함 예 向上心(향상심)
- 向後(향후) : 이 다음. 이후(以後). 금후(今後) 예 向後計劃(향후계획)

許

허락할 허 | 許可 | | | 許容

- 許可(허가) : 법령에 의한 어떤 행위의 일반적인 제한 또는 금지를 특정한 경우에 해제하고, 적법(適法)하게 이것을 할 수 있게 하도록 하는 행정행위
- 許容(허용) : 허락하여 용납함

現							
나타날 현, 지금 현	現在			實現			

- 現在(현재) : ① 이제, 지금　② 이 세상　⑪ 過去(과거), 未來(미래)
- 實現(실현) : 실지로 나타남

兄							
맏 형	兄弟			兄嫂			

- 兄弟(형제) : ① 형과 아우　② 아우를 이르는 말로 많이 쓰임　예 兄弟姉妹(형제자매)
- 兄嫂(형수) : 형의 아내

形							
형상 형	形象			形體			

- 形象(형상) : 생긴 모양
- 形體(형체) : 물건의 모양과 그 바탕인 몸

號							
부를 호, 이름 호	號哭			號令			

- 號哭(호곡) : 목놓아 소리내어 욺　⑪ 號泣(호읍)
- 號令(호령) : ① 지휘하는 명령　② 큰 소리로 꾸짖음

湖							
호수 호	湖畔			江湖			

- 湖畔(호반) : 호숫가
- 江湖(강호) : ① 강과 호수　② 산과 자연

火

불 화 | 火病 | | 火災

- 火病(화병) : 울화병　비) 火症(화증)
- 火災(화재) : 불이 나는 재앙. 불로 인한 재난　비) 火難(화난)

話

말씀 화 | 話術 | | 話題

- 話術(화술) : 말의 재주. 말하는 기교
- 話題(화제) : ① 이야깃거리. 이야기　② 이야기의 제목

花

꽃 화 | 花園 | | 花燭

- 花園(화원) : 꽃동산
- 花燭(화촉) : ① 아름다운 양초　② 혼인을 이르는 말　비) 華燭(화촉)

和

순할 화, 화목할 화 | 和睦 | | 和解

- 和睦(화목) : 서로 뜻이 맞고 정다움. 화락하고 친목함
- 和解(화해) : 다툼질을 서로 그치고 풂

畫

그림 화, 그을 획 | (속)畫　(동)画　畫順 | | 畫家

- 畫順(획순) : 글씨를 쓸 때의 획의 순서
- 畫家(화가) : 그림을 그리는 일을 전문으로 하는 사람　비) 畫工(화공), 畫伯(화백)

化

| 화할 화, 될 화 | 化神 | | 化合 | |

- 化神(화신) : ① 교화가 현저함 ② 신(神)이 됨
- 化合(화합) : 각기 다른 둘 이상의 원소가 서로 결합하여 새로운 물질로 발생함 또는 그 현상

患

| 근심할 환 | 患難 | | 患者 | |

- 患難(환난) : 근심과 재난
- 患者(환자) : 병을 앓는 사람

活

| 살 활, 살림 활 | 活氣 | | 活動 | |

- 活氣(활기) : 활발한 기운이나 활동적인 원기
- 活動(활동) : 어떤 일을 하려고 기운있게 몸을 움직여 동작을 함

黃

| 누를 황 | 黃塵 | | 黃昏 | |

- 黃塵(황진) : ① 누른 흙먼지 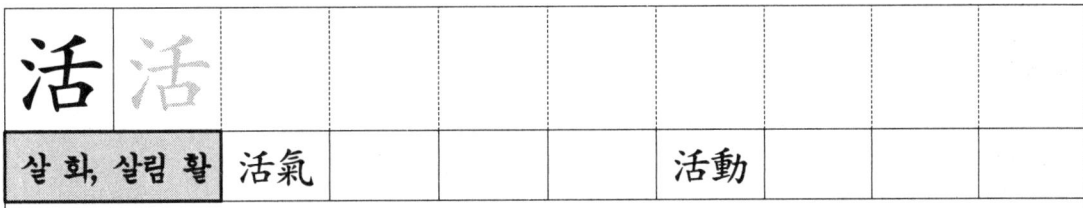 黃塵萬丈(황진만장) ② 속세의 번잡한 일
- 黃昏(황혼) : ① 해가 져서 어둑어둑할 무렵 ② 종말에 이른 때

會

| 모일 회 | ㈜ 会 | 會計 | | 會心 | |

- 會計(회계) : 한데 몰아서 셈함
- 會心(회심) : 마음에 맞음. 심기(心氣)에 들어맞음 ⓔ 會心作(회심작)

孝	孝							
	효도 효	孝道			孝廬			

- 孝道(효도) : 부모를 잘 섬기는 도리
- 孝廬(효려) : 상제가 거처하는 곳

效	效							
	효험 효	效果			效顰			

- 效果(효과) : ① 보람 ② 좋은 결과 비 效力(효력)
- 效顰(효빈) : 함부로 남의 흉내를 냄

後	後							
	뒤 후	後援			後進			

- 後援(후원) : 뒤에서 도와줌 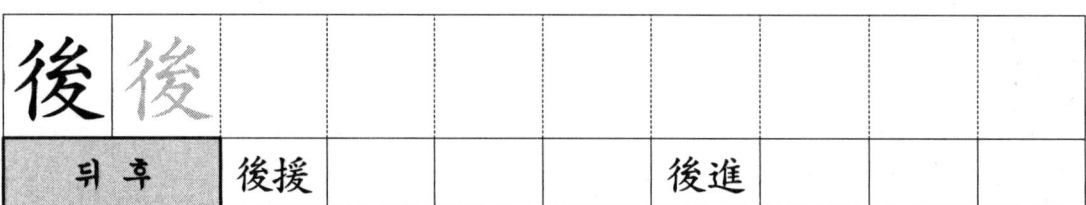 後援家(후원가)
- 後進(후진) : ① 후배 ② 뒤늦게 나감 반 先進(선진)

訓	訓							
	가르칠 훈	訓戒			訓示			

- 訓戒(훈계) : 타일러 경계함
- 訓示(훈시) : ① 가르쳐 보임 ② 상관이 집무상의 주의사항을 부하직원에게 일러 보임

休	休							
	쉴 휴	休德			休暇			

- 休德(휴덕) : 미덕(美德)
- 休暇(휴가) : 일을 잠시 쉬고 휴식을 취함

凶	凶						
흉할 흉	凶年			凶作			

- 凶年(흉년) : 농작물이 평년보다 아주 잘못된 해 반 豊年(풍년)
- 凶作(흉작) : 흉년이 들어 잘 안된 농사 반 豊作(풍작)

黑	黑						
검을 흑	黑幕			黑白			

- 黑幕(흑막) : ① 검은 장막 ② 겉으로 드러나지 않은 음흉한 내막(內幕)
- 黑白(흑백) : ① 흑과 백 ② 악과 선, 부정과 정(正)

軍	軍						
군사 군, 진칠 군	軍歌			軍納			

- 軍歌(군가) : 군대의 사기를 돋우기 위해 부르는 노래
- 軍納(군납) : 인가를 받은 업자가 군에 필요한 물자를 납품하는 일

事	事						
일 사, 섬길 사	事業			事大			

- 사업(事業) : 일정한 목적과 계획 밑에서 경영하는 경제활동
- 사대(事大) : ① 약자가 강자를 붙좇아 섬김 ② 소국이 대국을 섬김

三	三						
석 삼, 자주 삼	三綱			三吹			

- 삼강(三綱) : 유교 도덕에서 기본이 되는 세가지 綱(君爲臣綱, 父爲子綱, 夫爲婦綱)
- 삼취(三吹) : 군대가 출발할 때 나팔을 불던 일

예상문제풀이

1

다음 漢字語를 漢字로 쓰시오. (略字로 써도 좋음)

① 재계(대자본을 중심으로 한 사업가 및 금융업자의 사회) (   )
② 자유(남에게 얽매이지 않고 자기 뜻대로 행동하는 일)   (   )
③ 개업(영업을 시작함)   (   )
④ 시동(움직이기 시작함)   (   )
⑤ 외교(외국과의 교제. 국제간의 교섭)   (   )
⑥ 가정(가족이 함께 어울려서 사는 집안)   (   )
⑦ 반감(반발하는 마음)   (   )
⑧ 중임(중대한 업무. 먼저 근무하던 지위에 거듭 임용됨.) (   )
⑨ 주류(강의 주되는 큰 흐름. 어떤 조직이나 단체안의 다수파) (   )
⑩ 공석(빈 좌석. 비어 있는 지위. 결원)   (   )
⑪ 활로(궁지에서 벗어나는 방법. 생활하기 위한 수단)   (   )
⑫ 대결(양자가 맞서서 우열 같은 것을 결정함)   (   )
⑬ 남녀(남자와 여자)   (   )
⑭ 합의(뜻이 맞음. 의견이 합치함)   (   )
⑮ 상품(팔고 사는 물건. 시장에서 팔 목적으로 생산된 물품) (   )
⑯ 사망(죽는 일. 죽음)   (   )
⑰ 주말(한 주일의 끝. 토요일)   (   )
⑱ 이념(이성에 의해 얻어지는 최고의 개념)   (   )
⑲ 완공(공사를 완성함)   (   )
⑳ 빙산(얼음산)   (   )

답

① 財界(재물 재, 지경 계)   ② 自由(스스로 자, 말미암을 유)   ③ 開業(열 개, 일(직업) 업)
④ 始動(처음(비롯할) 시, 움직일 동)   ⑤ 外交(바깥 외, 사귈 교)   ⑥ 家庭(집 가, 뜰 정)   ⑦ 反感(되돌릴(뒤집을) 반, 느낄 감)   ⑧ 重任(무거울 중, 맡길 임)   ⑨ 主流(주인(주될) 주, 흐를 류)   ⑩ 空席(빌 공, 자리 석)   ⑪ 活路(살(활발할) 활, 길 로)   ⑫ 對決(대답할(대적할) 대, 터질(정할) 결)   ⑬ 男女(사내 남, 계집 녀)   ⑭ 合意(합할 합, 뜻 의)   ⑮ 商品(장사 상, 물건 품)   ⑯ 死亡(죽을 사, 망할(죽을) 망)   ⑰ 週末(돌(일주) 주, 끝 말)   ⑱ 理念(이치(다스릴) 리, 생각할 념)   ⑲ 完工(완전할 완, 장인 공)   ⑳ 氷山(얼음 빙, 뫼 산)

2

다음 漢字語를 漢字로 쓰시오.

① 노동(마음과 몸을 써서 일을 함) ( )
② 화합(화동하여 합함) ( )
③ 세계(온 세상. 우주) ( )
④ 개학(잠시 쉬었던 수업이 다시 시작됨) ( )
⑤ 관광(다른 지방이나 나라의 풍광, 풍속을 유람함) ( )
⑥ 자성(스스로 반성함) ( )
⑦ 유가(석유의 판매가격) ( )
⑧ 농부(농사를 짓는 사람) ( )
⑨ 방법(어떤 목적을 이루기 위한 수단) ( )
⑩ 생활(살아서 활동함. 생계를 유지하여 살아나감) ( )
⑪ 전화(전화기로 말을 함. 전화기) ( )
⑫ 현행(현재 행함) ( )
⑬ 우정(벗 사이의 정) ( )
⑭ 성분(서로 합쳐 복합체를 이루는 물질) ( )
⑮ 출산(아기를 낳음) ( )
⑯ 대표(여러 사람을 대신하여 어떠한 일에 책임을 지는 사람)( )
⑰ 공식(공적인 형식. 계산의 법칙을 표시하는 식) ( )
⑱ 대결(맞서서 겨룸) ( )
⑲ 시작(처음으로 함. 처음) ( )
⑳ 약속(장래에 할 일에 관해 상대방과 서로 정함) ( )

답

① 勞動(일할(힘쓸) 노, 움직일(일할) 동) ② 和合(화할 화, 합할 합) ③ 世界(세상 세, 지경 계) ④ 開學(열 개, 배울 학) ⑤ 觀光(볼 관, 빛 광) ⑥ 自省(스스로 자, 반성할 성) ⑦ 油價(기름 유, 값 가) ⑧ 農夫(농사 농, 지아비 부) ⑨ 方法(방위 방, 법 법) ⑩ 生活(날(살) 생, 살(활발할) 활) ⑪ 電話(전기(번개) 전, 말할 화) ⑫ 現行(나타날 현, 갈(행할) 행) ⑬ 友情(벗 우, 뜻(본성) 정) ⑭ 成分(이룰 성, 나눌 분) ⑮ 出産(나올(나갈) 출, 만들(생길) 산) ⑯ 代表(대신할 대, 겉 표) ⑰ 公式(공변될(공개할) 공, 법식 식) ⑱ 對決(대답할(대적할) 대, 터질(정할) 결) ⑲ 始作(처음(비롯할) 시, 만들 작) ⑳ 約束(맺을 약, 묶을 속)

3

다음 漢字語를 漢字로 쓰시오. (略字로 써도 좋음)

① 분류(종류에 따라 가름) ( )
② 전망(멀리 바라봄) ( )
③ 봉양(부모나 조부모를 받들어 모심) ( )

④ 경쟁(같은 목적에 관하여 겨루어 나눔) (　　　　　)
⑤ 친근(정이 매우 가까움) (　　　　　)
⑥ 필기(글씨를 씀. 말을 받아 씀) (　　　　　)
⑦ 상점(물건을 파는 가게) (　　　　　)
⑧ 엽서(크기를 한정한 통신용지) (　　　　　)
⑨ 의원(병자를 치료하기 위하여 만든 집) (　　　　　)
⑩ 기차(증기의 힘으로 궤도를 달리는 것) (　　　　　)
⑪ 민족(말과 종족이 같고 독특한 문화를 가진 같은 겨레) (　　　　　)
⑫ 표정(마음 속의 감정을 드러내 보임) (　　　　　)
⑬ 풍경(경치 또는 경관) (　　　　　)
⑭ 순서(정해진 차례) (　　　　　)
⑮ 여행(볼일이나 유람의 목적으로 다른 고장이나 외국에 가는 일) (　　　　　)
⑯ 허가(허락함. 부탁을 들어줌) (　　　　　)
⑰ 급식(식사를 제공함) (　　　　　)
⑱ 주유(자동차에 기름을 넣는 것) (　　　　　)
⑲ 행복(마음이 편안하고 좋은 상태) (　　　　　)
⑳ 정원(집에 만든 뜰) (　　　　　)

답 ① 分類(나눌 분, 무리 류) ② 展望(펼 전, 바랄 망) ③ 奉養(받들 봉, 기를 양) ④ 競爭(다툴 경, 다툴 쟁) ⑤ 親近(가까울(친할) 친, 가까울 근) ⑥ 筆記(붓 필, 기록할 기) ⑦ 商店(장사 상, 점포 점) ⑧ 葉書(잎 엽, 쓸(책) 서) ⑨ 醫院(치료할(의원) 의, 집 원) ⑩ 汽車(김(증기) 기, 수레 차) ⑪ 民族(백성 민, 겨레 족) ⑫ 表情(겉 표, 뜻(본성) 정) ⑬ 風景(바람 풍, 경치 경) ⑭ 順序(따를(쫓을) 순, 차례 서) ⑮ 旅行(나그네(여행할) 려, 갈(행할) 행) ⑯ 許可(허락할 허, 옳을(가할) 가) ⑰ 給食(넉넉할(공급할) 급, 밥 식) ⑱ 注油(물댈 주, 기름 유) ⑲ 幸福(다행(행복) 행, 복 복) ⑳ 庭園(뜰 정, 정원(동산) 원)

4

다음 漢字語를 漢字로 쓰시오.

① 자연(천연 그대로의 상태) (　　　　　)
② 봉사(남을 위하여 일함) (　　　　　)
③ 안전(온전하여 걱정이 없음) (　　　　　)
④ 청년(젊은 사람) (　　　　　)
⑤ 반성(자기 한 일을 스스로 돌이켜 살핌) (　　　　　)
⑥ 결정(마지막으로 작정함) (　　　　　)
⑦ 대화(서로 이야기함) (　　　　　)
⑧ 문답(물음과 대답) (　　　　　)
⑨ 평화(세상이 평온하고 화목함) (　　　　　)

⑩ 작문(글을 지음)　　　　　　　　　　　　　(　　　　　　　)
⑪ 만물(온갖 물건)　　　　　　　　　　　　　(　　　　　　　)
⑫ 손자(자녀의 아들)　　　　　　　　　　　　(　　　　　　　)
⑬ 석유(천연으로 땅 속에서 나오며 특유한 냄새가 나는 액체) (　　　　　　　)
⑭ 현재(이제, 지금)　　　　　　　　　　　　　(　　　　　　　)
⑮ 육지(물에 덮이지 않은 지구 표면)　　　　　(　　　　　　　)
⑯ 약속(앞으로 할 일에 대하여 상대편과 서로 다짐하여 정함) (　　　　　　　)
⑰ 강조(강력히 주장함)　　　　　　　　　　　(　　　　　　　)
⑱ 고금(옛적과 지금)　　　　　　　　　　　　(　　　　　　　)
⑲ 형편(일이 되어 가는 모양)　　　　　　　　(　　　　　　　)
⑳ 내일(오늘의 바로 다음날)　　　　　　　　　(　　　　　　　)

답
① 自然(스스로 자, 그러할 연)　② 奉仕(받들 봉(도울 봉), 섬길 사(벼슬 사))　③ 安全(편안할 안, 온전할 전)　④ 靑年(푸를 청, 해 년)　⑤ 反省(되짚을 반(되돌릴 반), 살필 성(깨달을 성))　⑥ 決定(정할 결(끊을 결), 정할 정)　⑦ 對話(대답할 대(상대 대), 말할 화)　⑧ 問答(물을 문, 대답할 답)　⑨ 平和(평평할 평(다스릴 평), 화할 화)　⑩ 作文(지을 작, 글월 문)　⑪ 萬物(일만 만, 만물 물)　⑫ 孫子(손자 손, 아들 자)　⑬ 石油(돌 석, 기름 유)　⑭ 現在(나타날 현(이제 현), 있을 재)　⑮ 陸地(뭍 륙, 땅 지)　⑯ 約束(맺을 약(묶을 약), 묶을 속)　⑰ 强調(굳셀 강(강할 강), 고를 조(조사할 조))　⑱ 古今(옛 고, 이제 금)　⑲ 形便(모양 형, 편할 편)　⑳ 來日(올 래, 날 일)

5

다음 漢字語를 漢字로 쓰시오.
① 가곡(노래, 노래의 곡조)　　　　　　　　　(　　　　　　　)
② 강약(강하고 약함)　　　　　　　　　　　　(　　　　　　　)
③ 기대(기약하여 성취를 바람)　　　　　　　　(　　　　　　　)
④ 사례(일의 실례)　　　　　　　　　　　　　(　　　　　　　)
⑤ 사설(신문, 잡지 등에 실리는 논설)　　　　　(　　　　　　　)
⑥ 명랑(유쾌하고 활발함)　　　　　　　　　　(　　　　　　　)
⑦ 매매(물건을 사고 팜)　　　　　　　　　　　(　　　　　　　)
⑧ 시군(시와 군)　　　　　　　　　　　　　　(　　　　　　　)
⑨ 공과(공로와 과실)　　　　　　　　　　　　(　　　　　　　)
⑩ 봉사(사회나 타인을 위하여 일함)　　　　　(　　　　　　　)
⑪ 과제(부과된 과업. 해결해야 할 문제)　　　　(　　　　　　　)
⑫ 순번(순서나 차례)　　　　　　　　　　　　(　　　　　　　)
⑬ 식수(나무를 심음)　　　　　　　　　　　　(　　　　　　　)
⑭ 화요일(7요일 중의 하나)　　　　　　　　　(　　　　　　　)

⑮ 휴지(못쓰게 된 종이) (　　　　　)
⑯ 조화(서로 알맞게 어울림) (　　　　　)
⑰ 관광(좋은 풍경, 풍습을 구경함) (　　　　　)
⑱ 속도(움직이는 사물의 빠르기) (　　　　　)
⑲ 명의(병을 잘 고쳐서 유명해진 사람) (　　　　　)
⑳ 소문(사람들 입에 오르내리는 말) (　　　　　)

답

① 歌曲(노래 가, 곡조 곡) ② 强弱(굳셀 강(강할 강), 약할 약) ③ 期待(기약할 기, 기다릴 대) ④ 事例(일 사, 법식 례(사례 례)) ⑤ 社說(단체 사, 말씀 설) ⑥ 明朗(밝을 명, 밝을 랑(맑을 랑)) ⑦ 賣買(팔 매, 살 매) ⑧ 市郡(시가 시(시장 시), 고을 군(군청 군)) ⑨ 功過(공로 공(공 공), 허물 과(지날 과)) ⑩ 奉仕(받들 봉(도울 봉), 섬길 사) ⑪ 課題(매길 과(부과할 과), 표제 제) ⑫ 順番(순할 순(따를 순), 차례 번) ⑬ 植樹(심을 식, 나무 수) ⑭ 火曜日(불 화, 요일 요, 날 일) ⑮ 休紙(쉴 휴(그칠 휴), 종이 지) ⑯ 調和(조사할 조(고를 조・어울릴 조), 화할 화) ⑰ 觀光(볼 관, 빛 광) ⑱ 速度(빠를 속, 법도 도(제도 도)) ⑲ 名醫(이름 명, 의원 의(치료할 의)) ⑳ 所聞(바 소, 들을 문)

6

다음 漢字語를 漢字로 쓰시오.

① 좌우(왼쪽과 오른쪽) (　　　　　)
② 약국(약을 조제하거나 파는 곳) (　　　　　)
③ 속도(물체가 움직이는 빠르기) (　　　　　)
④ 행복(복된 좋은 운수) (　　　　　)
⑤ 형제(형과 아우) (　　　　　)
⑥ 안전(평안하여 위험이 없음) (　　　　　)
⑦ 주택(사람이 사는 집) (　　　　　)
⑧ 조화(서로 잘 어울림) (　　　　　)
⑨ 숙제(집에서 공부하도록 내주는 과제) (　　　　　)
⑩ 자손(아들과 손자. 후손) (　　　　　)
⑪ 인재(재주가 놀라운 사람) (　　　　　)
⑫ 직선(곧은 줄) (　　　　　)
⑬ 조상(돌아간 어버이 위로 대대의 어른) (　　　　　)
⑭ 구별(종류에 따라 갈라 놓음) (　　　　　)
⑮ 수석(으뜸가는 자리) (　　　　　)
⑯ 목적(실현하거나 또는 도달하려는 목표) (　　　　　)
⑰ 등산(산에 오름) (　　　　　)
⑱ 의견(마음속에 느낀 생각) (　　　　　)
⑲ 승리(싸움에 이김) (　　　　　)
⑳ 태양(해) (　　　　　)

답

① 左右(왼쪽 좌, 오른쪽 우) ② 藥局(약 약, 판 국(관청 국)) ③ 速度(빠를 속, 법 도(제도 도)) ④ 幸福(다행 행(행복 행), 복 복) ⑤ 兄弟(맏 형, 아우 제) ⑥ 安全(편안할 안, 온전할 전) ⑦ 住宅(살 주, 집 택) ⑧ 調和(조사할 조(고를 조·어울릴 조), 화할 화) ⑨ 宿題(묵을 숙, 표제 제) ⑩ 子孫(아들 자, 손자 손) ⑪ 人才(사람 인, 재주 재) ⑫ 直線(바를 직(곧을 직), 줄 선(실 선) ⑬ 祖上(조상 조, 위 상) ⑭ 區別(지경 구(나눌 구), 나눌 별) ⑮ 首席(머리 수, 자리 석) ⑯ 目的(눈 목, 과녁 적(표준 적)) ⑰ 登山(오를 등, 뫼 산) ⑱ 意見(뜻 의, 볼 견) ⑲ 勝利(이길 승, 이로울 리) ⑳ 太陽(클 태, 볕 양(양지 양))

7

다음 漢字語를 漢字로 쓰시오.

① 아동(어린이)   (   )
② 개량(고쳐서 좋게 함)   (   )
③ 지식(알고 있는 내용)   (   )
④ 정지(중도에서 그침)   (   )
⑤ 산고(아기를 낳는 고통)   (   )
⑥ 가옥(집)   (   )
⑦ 필사본(필기기구로 옮겨 쓴 책)   (   )
⑧ 매매(팔고 사는 것)   (   )
⑨ 예절(예의와 범절)   (   )
⑩ 낙엽(떨어진 나뭇잎)   (   )
⑪ 작년(지난 해)   (   )
⑫ 전시(펴서 여러 사람에게 보여줌)   (   )
⑬ 여행(다른 고장이나 외국에 가는 일) (   )
⑭ 소원(원하는 바)   (   )
⑮ 안건(토의해야 할 사실)   (   )
⑯ 도착(목적한 곳에 다다름)   (   )
⑰ 봉사(받들어 섬김)   (   )
⑱ 냉온(차거나 따뜻한 기운)   (   )
⑲ 훈련(가르쳐서 익힘)   (   )
⑳ 상점(물건을 파는 기계)   (   )

답

① 兒童(아이 아, 아이 동) ② 改良(고칠 개, 좋을 량(어질 량)) ③ 知識(알 지, 알 식) ④ 停止(머무를 정, 멈출 지) ⑤ 産苦(낳을 산, 쓸 고) ⑥ 家屋(집 가, 집 옥) ⑦ 筆寫本(붓 필, 베낄 사, 근원 본(책 본)) ⑧ 賣買(팔 매, 살 매) ⑨ 禮節(예절 예, 마디 절) ⑩ 落葉(떨어질 락, 잎 엽) ⑪ 昨年(어제 작, 해 년) ⑫ 展示(펼 전, 보일 시) ⑬ 旅行(나그네 려(여행할 려), 갈 행) ⑭ 所願(바 소, 원할 원) ⑮ 案件(책상 안, 사건 건) ⑯ 到着(이를 도, 붙을 착(도착 착)) ⑰ 奉仕(받들 봉(도울 봉), 섬길 사) ⑱ 冷溫(찰 랭, 따뜻할 온) ⑲ 訓練(鍊)(가르칠 훈, 단련할 련(익힐 련)) ⑳ 商店(장사 상(헤아릴 상), 점포 점)

8

다음 漢字語를 漢字로 쓰시오.

① 양심(사람으로서 마땅히 지녀야 할 바르고 착한 마음)   (   )
② 전기(한 개인 일생의 사적을 적은 기록)   (   )
③ 반성(자기의 과거 행위에 대하여 그 선악, 가부를 고찰함) (   )
④ 대문(큰문. 집의 정문)   (   )
⑤ 평화(평온하고 화목함)   (   )
⑥ 용기(겁내지 않는 기운)   (   )
⑦ 출발(길을 떠나 나감. 일을 시작하여 나감)   (   )
⑧ 자연(사람의 힘에 의하지 않고 존재하는 것이나 현상) (   )
⑨ 이용(쓸모있게 씀)   (   )
⑩ 교육(가르쳐 기름. 지식을 가르쳐줌)   (   )
⑪ 동물(목숨이 있으면서 움직이는 것)   (   )
⑫ 약국(약사가 약을 조제도 하고 팔기도 하는 곳)   (   )
⑬ 지구(인류가 살고 있는 땅덩이)   (   )
⑭ 개방(문 같은 것을 열어놓음)   (   )
⑮ 정직(거짓이나 꾸밈이 없이 마음이 바르고 곧음)   (   )
⑯ 과목(학문의 구분. 교과를 세분하여 계통을 세운 영역) (   )

답

① 良心(좋을 량, 마음 심) ② 傳記(전할 전, 적을 기) ③ 反省(되돌릴 반, 살필 성) ④ 大門(큰 대, 문 문) ⑤ 平和(평평할 평(어울릴 평), 화할 화) ⑥ 勇氣(날쌜 용(과감할 용), 기운 기) ⑦ 出發(날 출, 쏠 발(보낼 발)) ⑧ 自然(스스로 자, 그러할 연) ⑨ 利用(이로울 리, 쓸 용) ⑩ 敎育(가르칠 교, 기를 육) ⑪ 動物(움직일 동(살 동), 만물 물(무리 물)) ⑫ 藥局(약 약, 판국 국(관청 국)) ⑬ 地球(땅 지, 공 구) ⑭ 開放(열 개, 놓을 방) ⑮ 正直(바를 정, 곧을 직) ⑯ 科目(과정 과(조목 과), 눈 목)

9

다음 밑줄 친 單語를 漢字로 쓰시오.

- 이 경우에 ①사실여부를 確認도 하지 않고 보도한 것은 ②신문에서는 커다란 ③실수가 된다.
- 옛날부터 우리나라는 ④중국과 ⑤일본의 중간에 위치하여 서로 영향을 주고받았다.

답

① 事實(일 사, 열매 실) ② 新聞(새로울 신, 들을 문) ③ 失手(잃을 실, 손 수) ④ 中國(가운데 중, 나라 국) ⑤ 日本(날 일, 근원 본)

10

다음 漢字語를 漢字로 쓰시오.

① 위인(위대한 사람, 뛰어난 인물)　　　　　　　(　　　　　)
② 망명(제 나라에 있지 못하고 남의 나라로 몸을 피함)　(　　　　　)
③ 비용(물건을 사거나 어떤 일을 하는데 드는 돈)　(　　　　　)
④ 영토(영유하고 있는 땅. 한 나라의 주권을 행사할 수 있는 지역)　(　　　　　)
⑤ 순서(정해 놓은 차례)　　　　　　　　　　　(　　　　　)
⑥ 건전(건실하고 완전함. 건강하고 병이 없음)　(　　　　　)
⑦ 귀중(진귀하고 중요함)　　　　　　　　　　　(　　　　　)
⑧ 기본(사물의 기본)　　　　　　　　　　　　　(　　　　　)

답

① 偉人(위대할 위, 사람 인)　② 亡命(망할 망(죽을 망), 목숨 명)　③ 費用(쓸 비, 쓸 용)　④ 領土(영토 영, 흙 토)　⑤ 順序(순할 순(쫓을 순), 차례 서)　⑥ 健全(튼튼할 건, 온전할 전)　⑦ 貴重(귀할 귀, 무거울 중(중요할 중))　⑧ 基本(터 기(기초 기), 근원 근)

11

다음 漢字語를 漢字로 쓰시오. (略字도 가능)

① 거동(일에 나서서 움직이는 태도)　　　　　(　　　　　)
② 합격(어떤 조건에 적합함)　　　　　　　　　(　　　　　)
③ 종결(끝을 냄)　　　　　　　　　　　　　　(　　　　　)
④ 경중(가벼움과 무거움)　　　　　　　　　　(　　　　　)
⑤ 견문(보고 들음)　　　　　　　　　　　　　(　　　　　)
⑥ 개작(고쳐 다시 지음)　　　　　　　　　　　(　　　　　)
⑦ 염원(내심에 생각하고 원함)　　　　　　　　(　　　　　)
⑧ 경치(산수 등 자연계의 아름다운 현상)　　　(　　　　　)
⑨ 효능(효험의 능력)　　　　　　　　　　　　(　　　　　)
⑩ 담화(이야기)　　　　　　　　　　　　　　　(　　　　　)
⑪ 재건(다시 일으켜 세움)　　　　　　　　　　(　　　　　)
⑫ 경의(존경하는 뜻)　　　　　　　　　　　　(　　　　　)
⑬ 도착(목적지에 다다름)　　　　　　　　　　(　　　　　)
⑭ 양질(좋은 바탕)　　　　　　　　　　　　　(　　　　　)
⑮ 경쟁(서로 겨루어 다툼)　　　　　　　　　　(　　　　　)

답

① 擧動(들(움직일) 거, 움직일 동)　② 合格(합할(맞을) 합, 바로잡을(겨룰) 격)　③ 終結(마칠 종, 맺을 결)　④ 輕重(가벼울 경, 무거울 중)　⑤ 見聞(볼 견, 들을 문)　⑥ 改作(고칠 개, 지을(만들) 작)　⑦ 念願(생각 념, 바랄 원)　⑧ 景致(경치 경, 이를(보낼·경치) 치)　⑨ 效能(본

받을 효, 능할 능) ⑩ 談話(말씀 담, 말할 화) ⑪ 再建(거듭(다시) 재, 세울 건) ⑫ 敬意(공경할 경, 뜻 의) ⑬ 到着(이를 도, 붙을(도착할) 착) ⑭ 良質(좋을 양, 바탕 질) ⑮ 競爭(다툴 경, 다툴 쟁)

12

다음 例文의 밑줄 친 單語를 漢字로 쓰시오.

① 산업의 발전은 우리의 생활수준을 향상시켰다.
② 현대는 정보가 중요시되는 정보화 사회이다.
③ 커다란 조직 속에서 인간은 톱니바퀴의 하나에 불과하다.
④ 기업에서 중간 관리직은 가장 바쁘다고 한다.
⑤ 최근 인플루엔자가 유행해서 병원 대합실은 언제나 환자로 꽉 차 있다.
⑥ 할머니는 가족들의 정성스러운 간호로 완쾌했다.
⑦ 국민의 건강에 대한 의식이 높아 가고 있다.
⑧ 맨션 창문으로 강도가 들어, 가족들에게 칼을 들이대고 돈을 내놓으라고 위협했다.
⑨ 경찰관은 용의자를 경찰서로 연행했다.
⑩ 시 중심부 세 군데에서 동시에 방화사건이 발생했다.
⑪ 일류 기업에는 취직을 희망하는 사람이 많다.
⑫ 임금이 상승해서 소득이 많아지면 소비가 확대된다.

답

① 生活水準(날 生(제부수글자 - 총5획), 살 活(水 - 총9획), 물 水(제부수글자 - 총4획), 수준기 準(水 - 총13획)) ② 情報(뜻 情(心 - 총11획), 알릴 報(土 - 총12획)) ③ 組織(짤 組(糸 - 총11획), 짤 織(糸 - 총18획)) ④ 管理職(피리 管(竹 - 총14획), 다스릴 理(玉 - 총11획), 벼슬 織(耳 - 총18획)) ⑤ 患者(병들 患(心 - 총11획), 사람 者(老 - 총9획)) ⑥ 看護(볼 看(目 - 총9획), 보호할 護(言 - 총21획)) ⑦ 健康(튼튼할 健(人 - 총11획), 편안할 康(广 - 총11획)) ⑧ 强盜(굳셀 强(弓 - 총12획), 훔칠 盜(皿 - 총12획)) ⑨ 容疑者(얼굴 容(宀 - 총10획), 의심할 疑(疋 - 총14획), 사람 者(老 - 총9획)) ⑩ 放火(놓을 放(攴 - 총8획), 불 火(火 - 총4획)) ⑪ 就職(나아갈 就(尢 - 총12획), 관직 職(耳 - 총18획)) ⑫ 所得(바 所(戶 - 총8획), 얻을 得(彳 - 총11획))

13

다음 밑줄 친 單語에 해당하는 漢字를 쓰시오.

① 일본 경제는 전후, 급속한 성장을 이룩했다.
② 외국으로부터의 자본 유입은 그 나라의 경제를 좌우한다.
③ 기업의 활동은 생산만이 아니라 정보나 오락의 제공 등 다방면에 걸쳐 있다.
④ 국가 재정의 규모는 해마다 증대되고 있다.
⑤ 정부는 적자 국채를 발행해서 재정적자를 메웠다.
⑥ 국고금의 출납을 담당하는 곳은 중앙은행이며, 한국에서는 한국은행뿐이다.

⑦ 시장의 동향을 보아, 한국은행은 공정 금리를 인하했다.
⑧ 호황의 물결을 타고 대기업은 수익을 올렸다.
⑨ 금년 봄부터 경기회복의 조짐이 보이기 시작했다.
⑩ 달러는 기본 축의 통화이지만, 그 비중이 약해지고 있다.
⑪ 국민의 근로소득이 늘어 저축률도 높아졌다.
⑫ 도쿄시장이 커져서 외국 증권회사들이 일본에 진출해 왔다.
⑬ 13일의 금요일에, 뉴욕에서는 주식이 대폭락했다.
⑭ 대기업은 자원개발이나 새로운 산업에 투자해, 점점 거대화되어 가고 있다.
⑮ 경제교류가 성행함에 따라 무역액이 증대한다.

답

① 經濟(經(날 경 : 糸 – 총13획), 濟(건널 제 : 水 – 총17획))   ② 資本(資(재물 자 : 貝 – 총13획), 本(근본 본 : 木 – 총5획))   ③ 企業(企(꾀할 기 : 人 – 총6획), 業(업 업 : 木 – 총13획))   ④ 財政(財(재물 재 : 貝 – 총10획), 政(정사 정 : 攴 – 총8획))   ⑤ 國債(國(나라 국 : 囗 – 총11획), 債(빚 채 : 人 – 총13획))   ⑥ 國庫金(國(나라 국 : 囗 – 총11획), 庫(곳집 고 : 广 – 총10획), 金(쇠 금 : 金 – 총8획))   ⑦ 市場(市(저자 시 : 巾 – 총5획), 場(마당 장 : 土 – 총12획))   ⑧ 好況(好(좋을 호 : 女 – 총6획), 況(하물며 황 : 水 – 총8획))   ⑨ 景氣(景(경기 경 : 日 – 총12획), 氣(기운 기 : 气 – 총10획))   ⑩ 通貨(通(통할 통 : 辶 – 총11획), 貨(재화 화 : 貝 – 총11획))   ⑪ 貯蓄(貯(쌓을 저 : 貝 – 총12획), 蓄(쌓을 축 : 艸 – 총14획))   ⑫ 證券(證(증거 증 : 言 – 총19획), 券(문서 권 : 刀 – 총8획))   ⑬ 暴落(暴(사나울 포(폭) : 日 – 총15획), 落(떨어질 락 : 艸 – 총13획))   ⑭ 投資(投(던질 투 : 手 – 총7획), 資(재물 자 : 貝 – 총13획))   ⑮ 貿易(貿(바꿀 무 : 貝 – 총12획), 易(바꿀 역 : 日 – 총8획))

14

다음 밑줄 친 單語의 漢字를 쓰시오.

① 전통문화는 생활에 깊이 뿌리를 내리고 있다.
② 각 나라의 문화를 존중해서 상호 이해를 넓힌다.
③ 동양사상과 서양사상을 비교 연구한다.
④ 문화재를 보호하는 것은 민족을 존중하는 것이기도 하다.
⑤ 야구, 영화, 만화, 가라오케 등은 현대의 대중문화이다.
⑥ 한국인은 색다른 문화에의 호기심이 강하다.
⑦ 다도의 명인의 생애를 그린 영화가 예술제에 참가한다.
⑧ 미술관에서 회화를 감상한다.
⑨ 불교는 인도에서 생겨나, 주로 동아시아로 퍼졌다.
⑩ 텔레비전의 교양프로로 지식을 넓힌다.
⑪ 국립대학에서 경제학 석사학위를 취득한다.
⑫ 중국 문학을 전공한다.
⑬ 안이한 생각으로 외국에 유학해서는 안된다.
⑭ 최근 추리소설에 젊은 여성 팬이 늘고 있다.

⑮ 청소년들간의 정신적 학대에 관해 평론가 의견을 듣는다.

> **답**
> ① 傳統(傳(전할 전 : 人 – 총13획), 統(큰 줄기 통 : 糸 – 총12획)) ② 尊重(尊(높을 존 : 寸 – 총12획), 重(무거울 중 : 里 – 총9획)) ③ 思想(思(생각할 사 : 心 – 총9획), 想(생각할 상 : 心 – 총13획)) ④ 文化財(文(글월 문 : 文 – 총4획), 化(될 화 : 匕 – 총4획), 財(재물 재 : 貝 – 총10획)) ⑤ 大衆文化(大(큰 대 : 大 – 총3획), 衆(무리 중 : 血 – 총12획), 文(글월 문 : 文 – 총4획), 化(될 화 : 匕 – 총4획)) ⑥ 好奇心(好(좋을 호 : 女 – 총6획), 奇(기이할 기 : 大 – 총8획), 心(마음 심 : 心 – 총4획)) ⑦ 藝術(藝(심을 예 : 艸 – 총19획), 術(꾀 술 : 行 – 총11획)) ⑧ 繪畫(繪(그림 회 : 糸 – 총19획), 畫(그림 화 : 田 – 총13획)) ⑨ 佛敎(佛(부처 불 : 人 – 총7획), 敎(가르침 교 : 攴 – 총11획)) ⑩ 敎養(敎(가르침 교 : 攴 – 총11획), 養(기를 양 : 食 – 총15획)) ⑪ 學位(學(배울 학 : 子 – 총16획), 位(자리 위 : 人 – 총7획)) ⑫ 專攻(專(오로지 전 : 寸 – 총11획), 攻(다스릴 공 : 攴 – 총7획)) ⑬ 留學(留(머무를 유(류) : 田 – 총10획), 學(배울 학 : 子 – 총16획)) ⑭ 小說(小(작을 소 : 小 – 총3획), 說(말씀 설 : 言 – 총14획)) ⑮ 評論(評(평할 평 : 言 – 총12획), 論(말할 론(논) : 言 – 총15획))

15

다음 漢字語를 漢字로 쓰시오.

① 환경 (　　　)　　② 공해 (　　　)　　③ 자원 (　　　)
④ 온난 (　　　)　　⑤ 한파 (　　　)　　⑥ 지진 (　　　)
⑦ 재해 (　　　)　　⑧ 원자력 (　　　)　　⑨ 방사능 (　　　)
⑩ 장치 (　　　)　　⑪ 반도체 (　　　)　　⑫ 기술혁신 (　　　)
⑬ 통신 (　　　)　　⑭ 위성 (　　　)　　⑮ 관측 (　　　)

> **답**
> ① 環境(環(고리 환 : 玉 – 총17획), 境(지경 경 : 土 – 총14획)) ② 公害(公(공변될 공 : 八 – 총4획), 害(해칠 해 : 宀 – 총10획)) ③ 資源(資(재물 자 : 貝 – 총13획), 源(근원 원 : 水 – 총13획)) ④ 溫暖(溫(따뜻할 온 : 水 – 총13획), 暖(따뜻할 난 : 日 – 총13획)) ⑤ 寒波(寒(찰 한 : 宀 – 총12획), 波(물결 파 : 水 – 총8획)) ⑥ 地震(地(땅 지 : 土 – 총6획), 震(흔들릴 진 : 雨 – 총15획)) ⑦ 災害(災(재앙 재 : 火 – 총7획), 害(해칠 해 : 宀 – 총10획)) ⑧ 原子力(原(근원 원 : 厂 – 총10획), 子(아들 자 : 子 – 총3획), 力(힘 력(역) : 力 – 총2획)) ⑨ 放射能(放(놓을 방 : 攴 – 총8획), 射(궁술 사 : 寸 – 총10획), 能(능할 능 : 肉 – 총10획)) ⑩ 裝置(裝(꾸밀 장 : 衣 – 총13획), 置(둘 치 : 网 – 총13획)) ⑪ 半導體(半(반 반 : 十 – 총5획), 導(이끌 도 : 寸 – 총16획), 體(몸 체 : 骨 – 총23획)) ⑫ 技術革新(技(재주 기 : 手 – 총7획), 術(꾀 술 : 行 – 총11획), 革(가죽 혁 : 革 – 총9획), 新(새 신 : 斤 – 총13획)) ⑬ 通信(通(통할 통 : 辶 – 총11획), 信(소식 신 : 人 – 총9획)) ⑭ 衛星(衛(지킬 위 : 行 – 총16획), 星(별 성 : 日 – 총9획)) ⑮ 觀測(觀(볼 관 : 見 – 총25획), 測(잴 측 : 水 – 총12획))

16

다음 訓과 音을 지닌 漢字를 쓰시오.

① 팔 매 (　　　)　　② 굳을 고 (　　　)　　③ 돌 석 (　　　)
④ 약할 약 (　　　)　　⑤ 불 화 (　　　)

답
① 賣(貝, 8획) ② 固(口, 5획) ③ 石(제부수글자) ④ 弱(弓, 7획) ⑤ 火(제부수글자)

17

다음 訓과 音을 지닌 漢字를 쓰시오.

① 나눌 반 (   ) ② 낮 주 (   ) ③ 쌓을 저 (   )
④ 본받을 효 (   ) ⑤ 마실 음 (   )

답
① 班(玉, 6획) ② 晝(日, 6획) ③ 貯(貝, 5획) ④ 效(攴(攵), 6획·力, 6획) ⑤ 飮(食, 4획)

18

다음 訓과 音을 지닌 漢字를 쓰시오.

① 농사 농 (   ) ② 베낄 사 (   ) ③ 머리 두 (   )
④ 호수 호 (   ) ⑤ 수컷 웅 (   )

답
① 農(辰, 6획) ② 寫(宀, 12획) ③ 頭(頁, 7획) ④ 湖(水(氵), 9획) ⑤ 雄(隹, 4획)

19

다음 訓과 音을 지닌 漢字를 쓰시오.

① 들 거 (   ) ② 잡을 조 (   ) ③ 가장 최 (   )
④ 코 비 (   ) ⑤ 수컷 웅 (   )

답
① 擧(手(扌), 14획) ② 操(手(扌), 13획) ③ 最(日, 8획) ④ 鼻(제부수글자) ⑤ 雄(隹, 4획)

20

다음 訓과 音에 맞는 漢字를 쓰시오.

| 일어날 기 - 起 |

① 꾸짖을 책 (   ) ② 글 장 (   ) ③ 베풀 시 (   )
④ 허락할 허 (   ) ⑤ 가리킬 지 (   )

답
① 責(貝, 4획) ② 章(立, 6획) ③ 施(方, 5획) ④ 許(言, 4획) ⑤ 指(手(扌), 6획)

21

다음 訓과 音을 지닌 漢字를 쓰시오.
① 맺을 약 (   )   ② 알 식 (   )   ③ 잘 숙 (   )
④ 그칠 지 (   )   ⑤ 자리 위 (   )

답
① 約(糸, 3획) ② 識(言, 12획) ③ 宿(宀, 8획) ④ 止(제부수글자) ⑤ 位(人(亻), 5획)

22

다음 漢字의 略字를 쓰시오.
① 體 (   )   ② 萬 (   )

답
① 体(몸 체, 骨, 13획) ② 万(일만 만, 艸(艹), 9획)

23

다음 漢字의 略字를 쓰시오.
① 當 (   )   ② 數 (   )   ③ 實 (   )

답
① 当(당할(맡을·마땅히) 당, 田, 8획) ② 数(셈(계산할) 수, 攴(攵), 11획) ③ 実(열매 실, 宀, 11획)

24

다음 漢字의 略字를 쓰시오.
① 觀 (   )   ② 惡 (   )

답
① 観(볼 관, 見, 18획) ② 悪(악할 악, 心, 8획)

25

다음 漢字의 略字를 쓰시오.
① 舊 (   )　　　② 學 (   )　　　③ 發 (   )

답
① 旧(옛 구)　② 学(배울 학)　③ 発(쏠 발(보낼 발))

26

다음 漢字의 略字를 쓰시오.
① 價 (   )　　　② 發 (   )

답
① 価(값 가)　② 発(쏠 발(보낼 발))

27

다음 漢字의 略字를 쓰시오.
① 萬 (   )　　　② 舊 (   )　　　③ 醫 (   )

답
① 万(일만 만)　② 旧(옛 구)　③ 医(의원 의(치료할 의))

28

다음 漢字의 略字를 쓰시오.
① 醫 (   )　　　② 禮 (   )

답
① 医(의원 의(치료할 의))　② 礼(예절 례)

29

다음 漢字의 略字를 쓰시오.
① 團 (   )　　　② 蟲 (   )　　　③ 變 (   )

답
① 団(둥글 단)　② 虫(벌레 충)　③ 変(변할 변)

30

다음 漢字에 맞는 略字를 例에서 골라 그 번호를 쓰시오.

| ㉠ 礼 | ㉡ 仏 | ㉢ 応 | ㉣ 虫 | ㉤ 体 | ㉥ 伝 |

① 蟲 (　　)　　② 禮 (　　)　　③ 佛 (　　)

답
① ㉣ (벌레 충)　② ㉠ (예절 례)　③ ㉡ (부처 불)

31

다음 漢字의 略字를 쓰시오.

① 實 (　　)　　② 輕 (　　)　　③ 齊 (　　)
④ 雙 (　　)　　⑤ 變 (　　)　　⑥ 學 (　　)
⑦ 舊 (　　)　　⑧ 惡 (　　)

답
① 実(열매 실, 宀, 11획)　② 軽(가벼울 경, 車, 7획)　③ 斉(가지런할 제, 제부수글자)　④ 双(쌍 쌍, 隹, 10획)　⑤ 変(변할 변, 言, 16획)　⑥ 学(배울 학, 子, 13획)　⑦ 旧(옛 구, 隹, 10획)　⑧ 悪(악할 악(미워할 오), 心, 8획)

32

다음 漢字의 部首를 쓰시오.

① 原 (　　)　　② 努 (　　)

답
① 厂(原: 근원 원, 厂: 기슭(언덕 엄), 8획)　② 力(努: 힘쓸 노, 力: 힘 력, 5획)

33

다음 漢字의 部首로 맞는 것을 골라 그 번호를 쓰시오.

① 製 : ㉠ 刀　㉡ 牛　㉢ 制　㉣ 衣　　　　(　　)
② 曜 : ㉠ 羽　㉡ 日　㉢ 隹　㉣ 翟　　　　(　　)
③ 想 : ㉠ 木　㉡ 目　㉢ 相　㉣ 心(忄)　　(　　)

답
① ㉣ (지을 제, 8획)　② ㉡ (빛날(요일) 요, 14획)　③ ㉣ (생각 상, 9획)

34

다음 漢字의 部首를 쓰시오.

① 缺 (   )   ② 壁 (   )

답

① 缶(缺 : 이지러질(모자랄) 결, 缶(장군 부), 4획)   ② 土(壁 : 벽(울타리) 벽, 土(흙 토), 13획)

35

다음 漢字의 部首로 맞는 것을 골라 그 번호를 쓰시오.

① 讀 : ㉠ 言 ㉡ 士 ㉢ 貝 ㉣ 賣 (   )
② 藝 : ㉠ 艹 ㉡ 丸 ㉢ 云 ㉣ 埶 (   )
③ 醫 : ㉠ 医 ㉡ 殳 ㉢ 医殳 ㉣ 酉 (   )

답

① ㉠ (읽을 독 : 言, 15획)   ② ㉠ (기예 예(심을 예) : 艸(艹), 15획)   ③ ㉣ (의원 의(치료할 의) : 酉, 11획)

36

다음 漢字의 部首를 쓰시오.

① 集 (   )   ② 男 (   )

답

① 隹(모일 집, 4획)   ② 田(사내 남, 2획)

37

다음 漢字의 部首로 맞는 것을 골라 그 번호를 쓰시오.

① 潔 : ㉠ 絜 ㉡ 氵 ㉢ 糸 ㉣   (   )
② 導 : ㉠ 寸 ㉡ 道 ㉢ 導 ㉣ 辶 (   )
③ 壓 : ㉠ 厂 ㉡ 月 ㉢ 犬 ㉣ 土 (   )

답

① ㉡ (깨끗할 결, 12획)   ② ㉠ (이끌 도, 13획)   ③ ㉣ (누를 압, 14획)

38

다음 漢字를 字典에서 찾을 때 어느 部首에서 찾아야 하는지 맞는 것을 골라 그 번호를 쓰시오.

語 : ㉠ 言 ㉡ 口 ㉢ 五 ㉣ 語 (㉠)

① 持 : ㉠ 土 ㉡ 寸 ㉢ 手(扌) ㉣ 寺 (   )
② 勝 : ㉠ 力 ㉡ 月 ㉢ 券 ㉣ 勝 (   )
③ 鼻 : ㉠ 白 ㉡ 田 ㉢ 自 ㉣ 鼻 (   )

답
① ㉢ (가질 지, 6획) ② ㉠ (이길 승, 10획) ③ ㉣ (코 비, 제부수글자)

39

다음 漢字의 部首로 맞는 것을 골라 그 번호를 쓰시오.

① 警 : ㉠ 艹 ㉡ 苟 ㉢ 攵 ㉣ 言 (   )
② 勞 : ㉠ 力 ㉡ 火 ㉢ 冖 ㉣ 刀 (   )
③ 鐵 : ㉠ 金 ㉡ 土 ㉢ 戈 ㉣ 王 (   )

답
① ㉣ (경계할 경(타이를 경), 13획) ② ㉠ (일할 로(노력할 노), 10획) ③ ㉠ (쇠 철, 13획)

40

다음 漢字를 쓰고 그 한자의 部首를 쓰시오.

① 피 혈   (   ) ② 고기 육   (   ) ③ 이를 지   (   )
④ 목욕할 욕 (   ) ⑤ 다할 극   (   ) ⑥ 건질 구   (   )
⑦ 말씀 담   (   ) ⑧ 갈 거   (   ) ⑨ 익힐 련   (   )
⑩ 날줄 경   (   ) ⑪ 열매 실   (   ) ⑫ 넉넉할 부 (   )
⑬ 원할 원   (   ) ⑭ 굽을 곡   (   ) ⑮ 헤아릴 측 (   )

답
① 血(제부수글자) ② 肉(제부수글자) ③ 至(제부수글자) ④ 浴(水(氵), 7획) ⑤ 極(木, 9획) ⑥ 救(攴(攵), 7획) ⑦ 談(言, 8획) ⑧ 去(厶, 3획) ⑨ 練(糸, 9획) ⑩ 經(糸, 7획) ⑪ 實(宀, 11획) ⑫ 富(宀, 9획) ⑬ 願(頁, 10획) ⑭ 曲(曰, 2획) ⑮ 測(水(氵), 9획)

41

다음 낱말의 漢字와 部首를 쓰시오. (略字도 가능함)

① 정치(나라를 다스림)   (   )

② 행정(공무원이 나라를 바로 다스리는 데 기준이 되는 행동지침) (　　　　　)
③ 입법(법을 제정함)　　　　　　　　　　　　　　　　　　　　(　　　　　)
④ 사법(국민의 권리와 사회 법질서를 유지하기 위한 기준) (　　　　　)
⑤ 수상(국회의원으로서 국회의 의결로 지명된다) (　　　　　)
⑥ 여당(정권을 담당하고 있는 정당)　　　　　　　　　　(　　　　　)
⑦ 가결(법안이 통과 됨)　　　　　　　　　　　　　　　　　(　　　　　)
⑧ 공무원(각 부, 청에서 일하는 사람들)　　　　　　　(　　　　　)
⑨ 민영(행정개혁의 일환으로 국영기업을 민영화해야 한다) (　　　　　)
⑩ 국제연합(전 세계 약 90%에 해당하는 159개국이 가맹함) (　　　　　)
⑪ 거부권(UN 안전보장이사회에는 다섯 나라 상임이사국이 이를 갖고 있다)
　　　　　　　　　　　　　　　　　　　　　　　　　　(　　　　　)
⑫ 파견(해외나 국내 다른 곳으로 잠시 일을 위해 보냄) (　　　　　)
⑬ 장벽(어떤 일을 하는 데 방해가 되는 것)　　　　　(　　　　　)
⑭ 국익(나라의 이익)　　　　　　　　　　　　　　　　　　　(　　　　　)
⑮ 합의(일의 적당한 의견을 모음)　　　　　　　　　　(　　　　　)

답

① 政治(政(정사 정 : 攵 - 총8획), 治(다스릴 치 : 水 - 총8획))　② 行政(行(갈 행 : 行 - 총6획), 政(정사 정 : 攵 - 총8획))　③ 立法(立(설 립(입) : 立 - 총5획), 法(법 법 : 水 - 총8획))　④ 司法(司(맡을 사 : 口 - 총5획), 法(법 법 : 水 - 총8획))　⑤ 首相(首(머리 수 : 首 - 총9획), 相(재상 상 : 目 - 총9획))　⑥ 與黨(與(줄 여 : 臼 - 총14획), 黨(무리 당 : 黑 - 총20획))　⑦ 可決(可(옳을 가 : 口 - 총5획), 決(터질 결 : 水 - 총7획))　⑧ 公務員(公(공변될 공 : 八 - 총4획), 務(힘쓸 무 : 力 - 총11획), 員(사람 원 : 口 - 총10획))　⑨ 民營(民(백성 민 : 氏 - 총5획), 營(경영할 영 : 火 - 총17획)　⑩ 國際聯合(國(나라 국 : 囗 - 총11획), 際(사이 제 : 阜 - 총14획), 聯(잇달 연(련) : 耳 - 총17획), 合(합할 합 : 口 - 총6획))　⑪ 拒否權(拒(막을 거 : 手 - 총8획), 否(아닐 부 : 口 - 총7획), 權(저울추 권 : 木 - 총22획))　⑫ 派遣(派(물갈래 파 : 水 - 총9획), 遣(보낼 견 : 辶 - 총14획))　⑬ 障壁(障(가로막을 장 : 阜 - 총14획), 壁(벽 벽 : 土 - 총16획))　⑭ 國益(國(나라 국 : 囗 - 총11획), 益(더할 익 : 皿 - 총10획))　⑮ 合意(合(합할 합 : 口 - 총6획), 意(뜻 의 : 心 - 총13획))

42

다음 漢字의 部首와 총획수를 쓰시오.

① 福 (　　　)　② 療 (　　　)　③ 保 (　　　)
④ 死 (　　　)　⑤ 作 (　　　)　⑥ 發 (　　　)
⑦ 勞 (　　　)　⑧ 棄 (　　　)　⑨ 起 (　　　)
⑩ 約 (　　　)　⑪ 共 (　　　)　⑫ 同 (　　　)
⑬ 聲 (　　　)　⑭ 明 (　　　)　⑮ 干 (　　　)

답

① 示 - 총14획(복 복)　② 疒 - 총17획(병 고칠 료(요))　③ 人 - 총9획(지킬 보)　④ 歹 -

총6획(죽을 사) ⑤ 人 – 총7획(지을(만들) 작) ⑥ 癶 – 총12획(쏠(보낼) 발) ⑦ 力 – 총12획(일할 노(로)) ⑧ 木 – 총12획(버릴 기) ⑨ 走 – 총10획(일어날 기) ⑩ 糸 – 총9획(맺을(묶을) 약) ⑪ 八 – 총6획(함께 공) ⑫ 口 – 총6획(같을 동) ⑬ 耳 – 총17획(소리 성) ⑭ 日 – 총8획(밝을 명) ⑮ 干 – 총3획(방패 간)

43

다음 漢字와 뜻이 비슷한 한자를 써서 漢字語를 만드시오.

土 – 地

① 知 – (   )   ② 永 – (   )   ③ 樹 – (   )

답

① 識(지식 : 알 知, 알 識) ② 遠(영원 : 길(오랠) 永, 멀(오랠) 遠) ③ 木(수목 : 나무 樹, 나무 木)

44

다음 밑줄 친 單語를 文章의 뜻에 어울리는 漢字로 쓰시오.

㉠ 평생 김밥장사를 하면서 모은 ①재산을 장학금으로 내놓은 할머니가 있다.
㉡ 세종대왕은 우리말을 정확하게 기록할 글자가 없다는 ②사실을 안타까워했다.
㉢ ③선의의 거짓말은 다른 사람과 원만하게 지내기 위해서 ④필요할 때도 있다.
㉣ 부모세대는 근검과 ⑤절약을 ⑥미덕으로 여기며 열심히 일하는 것을 중시하였다.
㉤ 이순신 장군은 미리 군사를 훈련시키고 ⑦거북선을 만드는 등 국방을 튼튼히 하는데 노력하였다.

① 재산 (   )   ② 사실 (   )   ③ 선의 (   )
④ 필요 (   )   ⑤ 절약 (   )   ⑥ 미덕 (   )
⑦ 선   (   )

답

① 財産(재물 재, 낳을 산(만들 산)) ② 事實(일 사, 열매 실) ③ 善意(착할 선(좋을 선), 뜻 의) ④ 必要(반드시 필, 구할 요) ⑤ 節約(마디 절, 묶을 약(맺을 약)) ⑥ 美德(아름다울 미, 덕 덕) ⑦ 船(배 선)

45

다음 漢字와 뜻이 같거나 비슷한 漢字를 써서 單語를 만드시오.

居 – 住

① 崇 – (　　　)　　　② 眼 – (　　　)　　　③ 到 – (　　　)

① 高(숭고 : 높을 숭, 높을 고)　② 目(안목 : 눈 안, 눈 목)　③ 着(도착 : 이를 도, 도착 착(붙을 착))

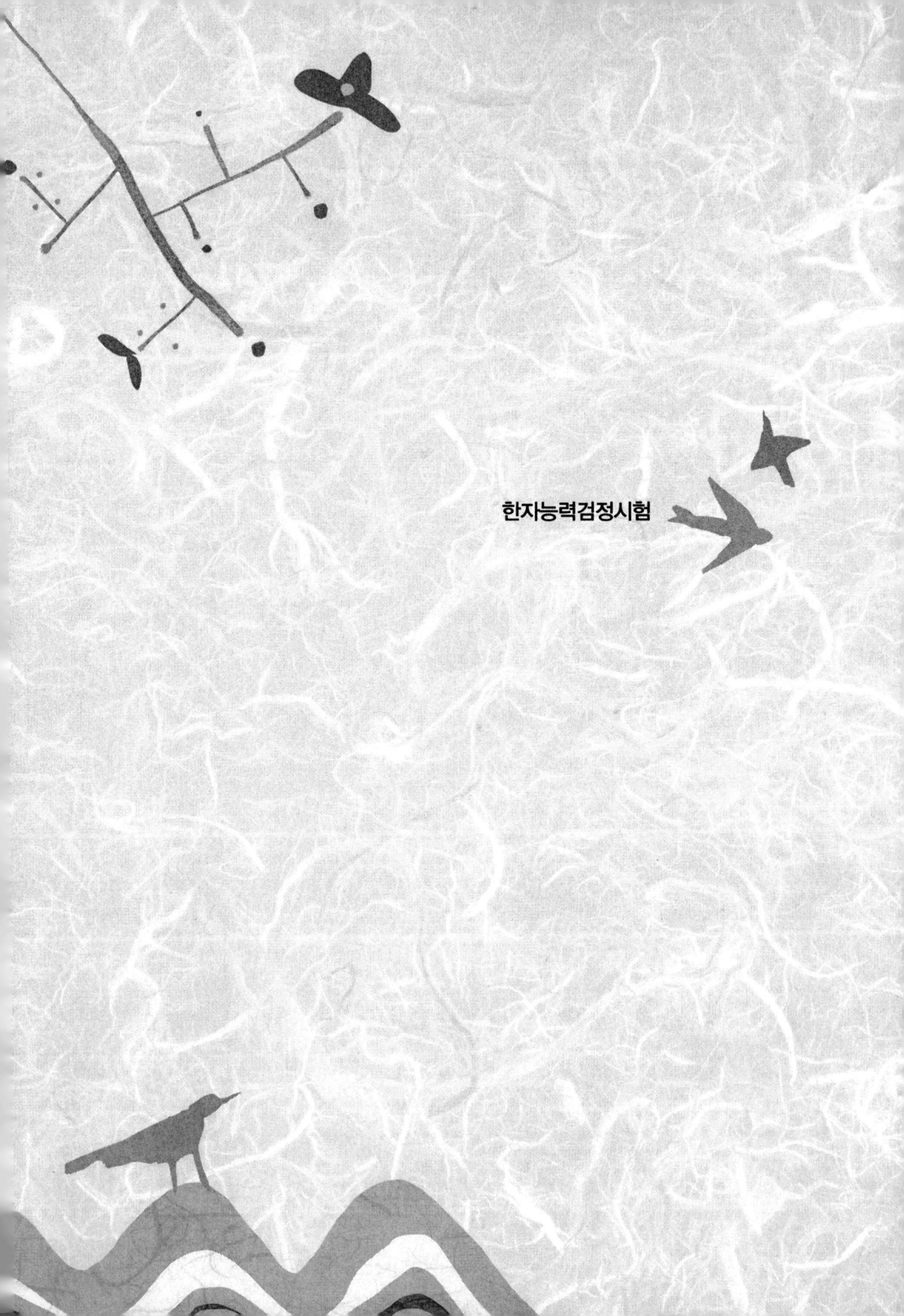
한자능력검정시험

한자어의 활용

03

01. 결합어
02. 동의어 · 반의어
03. 동음이의어
04. 한자의 장 · 단음
05. 한자성어풀이

결합어

한자의 읽기와 쓰기과정을 거치면서 기본학습을 하였다면 이제 한자어의 활용부분으로 들어가 이전의 읽기와 쓰기에서 학습한 한자들을 뜻이 다른 결합어(相對結合語), 그리고 뜻이 비슷한 결합어(類義結合語)로 나눠 익혀 두어야 합니다. 각 漢字의 음과 뜻을 정확히 암기해 예문에서 든 경우 외에도, 응용과 적용을 할 수 있도록 합니다. 이 단원과 관련된 문제유형은 한자의 완성형(5)으로 조금만 유의하면 충분히 풀 수 있는 정도입니다.

1 서로 비슷한 뜻으로 결합된 한자어(類義結合語)

| 가옥 | 家 | 집 가 | | 견고 | 堅 | 굳을 견 | |
| | 屋 | 집 옥 | | | 固 | 굳을 고 | |

| 가택 | 家 | 집 가 | | 경계 | 境 | 지경 경 | |
| | 宅 | 집 택 | | | 界 | 지경 계 | |

| 가곡 | 歌 | 노래 가 | | 경쟁 | 競 | 다툴 경 | |
| | 曲 | 가락 곡 | | | 爭 | 다툴 쟁 | |

| 가요 | 歌 | 노래 가 | | 계단 | 階 | 층계 계 | |
| | 謠 | 노래 요 | | | 段 | 층계 단 | |

| 감시 | 監 | 볼 감 | | 계산 | 計 | 셈할 계 | |
| | 視 | 볼 시 | | | 算 | 셈할 산 | |

| 거대 | 巨 | 클 거 | | 계속 | 繼 | 이을 계 | |
| | 大 | 큰 대 | | | 續 | 이을 속 | |

| 거주 | 居 | 살 거 | | 계층 | 階 | 섬돌 계 | |
| | 住 | 살 주 | | | 層 | 층 층 | |

| 건강 | 健 | 굳셀 건 | | 고독 | 孤 | 외로울 고 | |
| | 康 | 편안할 강 | | | 獨 | 홀로 독 | |

고려	考	상고할 고	考			기술	技	재주 기	技	
	慮	생각할 려	慮				術	재주 술	術	
공격	攻	칠 공	攻			기예	技	재주 기	技	
	擊	칠 격	擊				藝	재주 예	藝	
공허	空	빌 공	空			단계	段	층계 단	段	
	虛	빌 허	虛				階	섬돌 계	階	
과거	過	지날 과	過			단절	斷	끊을 단	斷	
	去	갈 거	去				絶	끊을 절	絶	
과실	果	과실 과	果			담화	談	말씀 담	談	
	實	열매 실	實				話	말씀 화	話	
과실	過	지날 과	過			도달	到	이를 도	到	
	失	잃을 실	失				達	통달할 달	達	
과오	過	지날 과	過			도당	徒	무리 도	徒	
	誤	그르칠 오	誤				黨	무리 당	黨	
교훈	敎	가르칠 교	敎			도로	道	길 도	道	
	訓	가르칠 훈	訓				路	길 로	路	
구비	具	갖출 구	具			도망	逃	달아날 도	逃	
	備	갖출 비	備				亡	망할 망	亡	
구제	救	구원할 구	救			도적	盜	도둑 도	盜	
	濟	건널 제	濟				賊	도둑 적	賊	
극단	極	극진할 극	極			도착	到	이를 도	到	
	端	끝 단	端				着	붙을 착	着	
근본	根	뿌리 근	根			도피	逃	달아날 도	逃	
	本	근본 본	本				避	피할 피	避	

도화	圖	그림 도	圖			보고	報	알릴 보	報	
	畫	그림 화	畫				告	고할 고	告	
말단	末	끝 말	末			보수	保	지킬 보	保	
	端	끝 단	端				守	지킬 수	守	
말미	末	끝 말	末			부차	副	버금 부	副	
	尾	꼬리 미	尾				次	버금 차	次	
멸망	滅	멸망할 멸	滅			불사	佛	부처 불	佛	
	亡	망할 망	亡				寺	절 사	寺	
모발	毛	털 모	毛			비평	批	비평할 비	批	
	髮	터럭 발	髮				評	평할 평	評	
모범	模	본뜰 모	模			빈궁	貧	가난할 빈	貧	
	範	법 범	範				窮	다할 궁	窮	
문장	文	글월 문	文			사고	思	생각할 사	思	
	章	글 장	章				考	생각할 고	考	
법식	法	법 법	法			사념	思	생각할 사	思	
	式	법 식	式				念	생각할 념	念	
법전	法	법 법	法			사려	思	생각할 사	思	
	典	법 전	典				慮	생각할 려	慮	
변화	變	변할 변	變			사상	思	생각 사	思	
	化	될 화	化				想	생각 상	想	
병사	兵	병사 병	兵			사설	辭	말씀 사	辭	
	士	병사 사	士				說	말씀 설	說	
병졸	兵	병사 병	兵			사옥	舍	집 사	舍	
	卒	군사 졸	卒				屋	집 옥	屋	

사택	舍	집 사	舍			시험	試	시험할 시	試	
	宅	집 택	宅				驗	시험할 험	驗	
상념	想	생각 상	想			신고	申	납 신	申	
	念	생각할 념	念				告	고할 고	告	
선별	選	가릴 선	選			신체	身	몸 신	身	
	別	다를 별	別				體	몸 체	體	
선택	選	가릴 선	選			심정	心	마음 심	心	
	擇	가릴 택	擇				情	뜻 정	情	
소박	素	소박할 소	素			안목	眼	눈 안	眼	
	朴	질박할 박	朴				目	눈 목	目	
수림	樹	나무 수	樹			언어	言	말씀 언	言	
	林	수풀 림	林				語	말씀 어	語	
수목	樹	나무 수	樹			연구	硏	갈 연	硏	
	木	나무 목	木				究	연구할 구	究	
순결	純	순수할 순	純			연락	連	이을 연(련)	連	
	潔	깨끗할 결	潔				絡	연락할 락	絡	
숭고	崇	높을 숭	崇			연속	連	이을 연(련)	連	
	高	높을 고	高				續	이을 속	續	
승계	承	이를 승	承			염려	念	생각할 염(념)	念	
	繼	이을 계	繼				慮	생각할 려	慮	
시설	施	베풀 시	施			영원	永	길 영	永	
	設	베풀 설	設				遠	멀 원	遠	
시초	始	처음 시	始			온난	溫	따뜻할 온	溫	
	初	처음 초	初				暖	따뜻할 난	暖	

원한	怨	원망할 원	怨			전투	戰	싸움 전	戰	
	恨	한할 한	恨				鬪	싸울 투	鬪	
육신	肉	몸 육	肉			정성	精	정성스러울 정	精	
	身	몸 신	身				誠	정성 성	誠	
은혜	恩	은혜 은	恩			정류	停	머무를 정	停	
	惠	은혜 혜	惠				留	머무를 류	留	
음성	音	소리 음	音			정지	停	머무를 정	停	
	聲	소리 성	聲				止	그칠 지	止	
의논	議	의논할 의	議			정직	正	바를 정	正	
	論	의논할 논(론)	論				直	곧을 직	直	
의복	衣	옷 의	衣			정치	政	정사 정	政	
	服	옷 복	服				治	다스릴 치	治	
의사	意	뜻 의	意			제왕	帝	임금 제	帝	
	思	생각 사	思				王	왕 왕	王	
의지	意	뜻 의	意			제작	製	지을 제	製	
	志	뜻 지	志				作	지을 작	作	
자태	姿	모습 자	姿			제조	製	지을 제	製	
	態	모습 태	態				造	지을 조	造	
재화	財	재물 재	財			조화	調	고를 조	調	
	貨	재물 화	貨				和	화할 화	和	
저축	貯	쌓을 저	貯			존재	存	있을 존	存	
	蓄	모을 축	蓄				在	있을 재	在	
전쟁	戰	싸움 전	戰			존중	尊	높을 존	尊	
	爭	다툴 쟁	爭				重	무거울 중	重	

종지	終	마칠 종	終			취의	趣	뜻 취	趣		
	止	그칠 지	止				意	뜻 의	意		
주거	住	살 주	住			층계	層	층 층	層		
	居	살 거	居				階	섬돌 계	階		
주홍	朱	붉을 주	朱			칭송	稱	일컬을 칭	稱		
	紅	붉을 홍	紅				頌	칭송할 송	頌		
증가	增	더할 증	增			칭찬	稱	칭찬할 칭	稱		
	加	더할 가	加				讚	칭찬할 찬	讚		
지극	至	이를 지	至			타격	打	칠 타	打		
	極	지극할 극	極				擊	칠 격	擊		
지식	知	알 지	知			토벌	討	칠 토	討		
	識	알 식	識				伐	칠 벌	伐		
진보	珍	보배 진	珍			토지	土	흙 토	土		
	寶	보배 보	寶				地	땅 지	地		
진취	進	나아갈 진	進			퇴거	退	물러날 퇴	退		
	就	나아갈 취	就				去	갈 거	去		
참여	參	참여할 참	參			투쟁	鬪	싸움 투	鬪		
	與	더불 여	與				爭	다툴 쟁	爭		
처소	處	곳 처	處			하천	河	물 하	河		
	所	바 소	所				川	내 천	川		
청문	聽	들을 청	聽			하해	河	강이름 하	河		
	聞	들을 문	聞				海	바다 해	海		
축적	蓄	모을 축	蓄			한랭	寒	찰 한	寒		
	積	쌓을 적	積				冷	찰 랭	冷		

행복	幸	다행 행	幸			황제	皇	임금 황	皇	
	福	복 복	福				帝	임금 제	帝	
현현	顯	나타날 현	顯			희망	希	바랄 희	希	
	現	나타날 현	現				望	바랄 망	望	
협화	協	합할 협	協			희원	希	바랄 희	希	
	和	합할 화	和				願	원할 원	願	
환희	歡	기쁠 환	歡							
	喜	기쁠 희	喜							

2 서로 상대되는 뜻의 한자로 결합된 한자어(相對結合語)

가감	加	더할 가	加			거래	去	갈 거	去	
	減	덜 감	減				來	올 래	來	
가부	可	옳을 가	可			경중	輕	가벼울 경	輕	
	否	아닐 부	否				重	무거울 중	重	
간과	干	방패 간	干			경향	京	서울 경	京	
	戈	창 과	戈				鄕	시골 향	鄕	
감고	甘	달 감	甘			고락	苦	괴로울 고	苦	
	苦	쓸 고	苦				樂	즐거울 락	樂	
강산	江	강 강	江			고저	高	높을 고	高	
	山	뫼 산	山				低	낮을 저	低	
강약	强	굳셀 강	强			곡직	曲	굽을 곡	曲	
	弱	약할 약	弱				直	곧을 직	直	
개폐	開	열 개	開			공과	功	공 공	功	
	閉	닫을 폐	閉				過	허물 과	過	

공방	攻	칠 공	攻			내외	內	안 내	內	
	防	막을 방	防				外	바깥 외	外	
공사	公	공평할 공	公			노소	老	늙을 노(로)	老	
	私	사사 사	私				少	젊을 소	少	
공수	攻	칠 공	攻			노사	勞	일할 노(로)	勞	
	守	지킬 수	守				使	부릴 사	使	
관민	官	벼슬 관	官			농담	濃	짙을 농(롱)	濃	
	民	백성 민	民				淡	맑을 담	淡	
군신	君	임금 군	君			냉열	冷	찰 냉(랭)	冷	
	臣	신하 신	臣				熱	더울 열	熱	
기복	起	일어날 기	起			동서	東	동녘 동	東	
	伏	업드릴 복	伏				西	서녘 서	西	
기침	起	일어날 기	起			동정	動	움직일 동	動	
	寢	잠잘 침	寢				靜	고요할 정	靜	
길흉	吉	길할 길	吉			득실	得	얻을 득	得	
	凶	흉할 흉	凶				失	잃을 실	失	
난이	難	어려운 난(란)	難			다소	多	많을 다	多	
	易	쉬울 이	易				少	적을 소	少	
남북	南	남녘 남	南			단복	單	홑 단	單	
	北	북녘 북	北				複	겹칠 복	複	
남녀	男	사내 남	男			단속	斷	끊을 단	斷	
	女	계집 녀	女				續	이을 속	續	
내왕	來	올 내(래)	來			단석	旦	아침 단	旦	
	往	갈 왕	往				夕	저녁 석	夕	

당락	當	마땅 당	當		빙탄	氷	얼음 빙	氷	
	落	떨어질 락	落			炭	숯 탄	炭	
대소	大	큰 대	大		사생	死	죽을 사	死	
	小	작을 소	小			生	날 생	生	
매매	賣	팔 매	賣		사제	師	스승 사	師	
	買	살 매	買			弟	아우 제	弟	
명암	明	밝을 명	明		사활	死	죽을 사	死	
	暗	어두울 암	暗			活	살 활	活	
문답	問	물을 문	問		산하	山	뫼 산	山	
	答	답할 답	答			河	물 하	河	
문무	文	글월 문	文		산천	山	뫼 산	山	
	武	군셀 무	武			川	내 천	川	
물심	物	물건 물	物		산해	山	뫼 산	山	
	心	마음 심	心			海	바다 해	海	
반상	班	나눌 반	班		상하	上	위 상	上	
	常	항상 상	常			下	아래 하	下	
발착	發	필 발	發		상벌	賞	상줄 상	賞	
	着	붙을 착	着			罰	벌 벌	罰	
본말	本	근본 본	本		선악	善	착할 선	善	
	末	끝 말	末			惡	악할 악	惡	
부부	夫	지아비 부	夫		선후	先	먼저 선	先	
	婦	며느리 부	婦			後	뒤 후	後	
빈부	貧	가난할 빈	貧		성패	成	이룰 성	成	
	富	넉넉할 부	富			敗	패할 패	敗	

손익	損	잃을 손	損			신구	新	새 신	新	
	益	더할 익	益				舊	옛 구	舊	
송영	送	보낼 송	送			심신	心	마음 심	心	
	迎	맞을 영	迎				身	몸 신	身	
수수	授	줄 수	授			안위	安	편안할 안	安	
	受	받을 수	受				危	위태할 위	危	
수화	水	물 수	水			온랭	溫	따뜻할 온	溫	
	火	불 화	火				冷	찰 랭	冷	
수지	收	거둘 수	收			언행	言	말씀 언	言	
	支	줄 지	支				行	갈 행	行	
순역	順	순할 순	順			여야	與	줄 여	與	
	逆	거스를 역	逆				野	들 야	野	
수족	手	손 수	手			옥석	玉	구슬 옥	玉	
	足	발 족	足				石	돌 석	石	
승부	勝	이길 승	勝			왕래	往	갈 왕	往	
	負	질 부	負				來	올 래	來	
승패	勝	이길 승	勝			왕복	往	갈 왕	往	
	敗	패할 패	敗				復	돌아올 복	復	
시말	始	처음 시	始			원근	遠	멀 원	遠	
	末	끝 말	末				近	가까울 근	近	
시비	是	이 시	是			유무	有	있을 유	有	
	非	아닐 비	非				無	없을 무	無	
시종	始	비로소 시	始			은원	恩	은혜 은	恩	
	終	마칠 종	終				怨	원망할 원	怨	

음양	陰	그늘 음	陰		조석	朝	아침 조	朝	
	陽	볕 양	陽			夕	저녁 석	夕	
이동	異	다를 이	異		조손	祖	조상 조	祖	
	同	한가지 동	同			孫	후손 손	孫	
인과	因	까닭 인	因		조야	朝	조정 조	朝	
	果	결과 과	果			野	성밖 야	野	
일월	日	해 일	日		존망	存	있을 존	存	
	月	달 월	月			亡	망할 망	亡	
자매	姉	누이 자	姉		주객	主	주인 주	主	
	妹	아랫누이 매	妹			客	손 객	客	
자지	自	부터 자	自		주야	晝	낮 주	晝	
	至	이를 지	至			夜	밤 야	夜	
자타	自	스스로 자	自		주종	主	주인 주	主	
	他	다를 타	他			從	따를 종	從	
장단	長	긴 장	長		증감	增	더할 증	家	
	短	짧을 단	短			減	덜 감	屋	
장병	將	장수 장	將		진퇴	進	나아갈 진	家	
	兵	군사 병	兵			退	물러날 퇴	屋	
장졸	將	장수 장	將		진가	眞	참 진	家	
	卒	군사 졸	卒			假	거짓 가	屋	
전후	前	앞 전	前		집배	集	모을 집	家	
	後	뒤 후	後			配	나눌 배	屋	
정오	正	바를 정	正		집산	集	모을 집	家	
	誤	그릇될 오	誤			散	흩을 산	屋	

천지	天	하늘 천	天			허실	虛	빌 허	虛	
	地	땅 지	地				實	찰 실	實	
초종	初	처음 초	初			해륙	海	바다 해	海	
	終	끝날 종	終				陸	육지 륙	陸	
춘추	春	봄 춘	春			형제	兄	맏 형	兄	
	秋	가을 추	秋				弟	아우 제	弟	
출결	出	내어놓을 출	出			흑백	黑	검을 흑	黑	
	缺	빠질 결	缺				白	흰 백	白	
출납	出	날 출	出			흥망	興	일어날 흥	興	
	納	들일 납	納				亡	망할 망	亡	
풍흉	豊	풍성할 풍	豊			희비	喜	기쁠 희	喜	
	凶	흉년들 흉	凶				悲	슬플 비	悲	
한난	寒	찰 한	寒			희로	喜	기쁠 희	喜	
	暖	따뜻할 난	暖				怒	성낼 로	怒	

예상문제풀이

1 다음 漢字와 뜻이 비슷한 한자를 써서 單語를 만드시오.

教 － 育

① 道 －（　　　）　　② 正 －（　　　）
③ 果 －（　　　）

2 다음 漢字와 뜻이 비슷한 漢字를 써서 單語를 만드시오.

道 － 路

① 土 －（　　　）　　② 教 －（　　　）
③ 到 －（　　　）

3 다음 漢字와 뜻이 비슷한 漢字를 써서 單語를 만드시오.

家 － 屋

① 年 －（　　　）　　② 衣 －（　　　）
③ 道 －（　　　）

4 다음 漢字에 類義字(뜻이 비슷한 글자)를 연결하여 한 單語를 만드시오.

① 道 （　　　）　　② 家 （　　　）
③ 根 （　　　）　　④ 年 （　　　）
⑤ 使 （　　　）

정답 및 해설

1. ① 路(도로 : 길 도, 길 로)
   ② 直(정직 : 바를 정, 바를 직(곧을 직))
   ③ 實(과실 : 실과 과(맺을 과), 열매 실)

2. ① 地(토지 : 흙 토(땅 토), 땅 지)
   ② 訓(교훈 : 가르칠 교, 가르칠 훈)
   ③ 着, 來(도착 : 이를 도, 붙을 착(도착할 착), 도래 : 이를 도, 올 래)

3. ① 歲(연세 : 해 년, 해 세)
   ② 服(裳)(의복(상) : 옷 의, 옷 복(의복 복), 치마 상)
   ③ 路(도로 : 길 도, 길 로)

4. ① 路(도로(길 道, 길 路))
   ② 宅(가택(집 家, 집 宅))
   ③ 本(근본(근본(뿌리) 根, 근원(밑) 本))
   ④ 歲(연세(해 年, 해 歲))
   ⑤ 用(사용(부릴(하여금·시킬) 使, 쓸(사용할) 用))

5 다음 漢字와 비슷한 뜻을 가진 漢字를 쓰시오.
① 空 (　　　)　② 恩 (　　　)
③ 思 (　　　)　④ 相 (　　　)
⑤ 備 (　　　)

6 다음 漢字와 비슷한 漢字를 써서 하나의 單語로 만드시오.
① 居(　　　)　② (　　　)話
③ (　　　)爭　④ (　　　)聞
⑤ 恒(　　　)

7 다음 漢字와 뜻이 반대 또는 상대되는 漢字를 써서 漢字語를 만드시오.

兄 － 弟

① 發 － (　　　)　② 利 － (　　　)
③ 晝 － (　　　)

8 다음 漢字와 뜻이 반대 또는 상대되는 漢字를 써서 漢字語를 만드시오.

主 － 客

① 兄 － (　　　)　② 老 － (　　　)
③ 朝 － (　　　)

9 다음 漢字와 뜻이 반대 또는 상대되는 漢字를 써서 單語를 만드시오.

主 － 客

① 遠 － (　　　)　② 手 － (　　　)
③ 言 － (　　　)

정답 및 해설

5. ① 虛(공허 : 빌 空, 빌 虛)
   ② 惠(은혜 : 은혜 恩, 은혜 惠)
   ③ 考, 想(사고, 사상 : 생각 思, 생각할 考, 생각 想)
   ④ 互(상호 : 서로 相, 서로 互)
   ⑤ 具(구비 : 갖출 具, 갖출 備)

6. ① 住(거주(살 居, 살 住))
   ② 談(담화(말씀 談, 말할 話))
   ③ 競(경쟁(다툴 競, 다툴 爭))
   ④ 聽(청문(들을 聽, 들을 聞))
   ⑤ 常(항상(항상 恒, 항상 常))

7. ① 着(發(보낼 발)↔着(도착할 착))
   ② 害(利(이로울 리)↔害(해칠(손해) 해))
   ③ 夜(晝(낮 주)↔夜(밤 야))

8. ① 弟(맏 형↔아우 제)
   ② 少(幼/若)(늙을 노↔적을 소(젊을 소))
   ③ 夕(아침 조↔저녁 석)

9. ① 近(멀 원↔가까울 근)
   ② 足(손 수↔발 족)
   ③ 行(말 언↔행할 행)

10 다음 漢字와 뜻이 반대(또는 상대)되는 漢字를 쓰시오.

① 得 – (   )   ② (   ) – 罰
③ 曲 – (   )   ④ (   ) – 重
⑤ (   ) – 閉

10. ① 失(득실 : 얻을 득↔잃을 실)
② 賞(상벌 : 상줄 상↔벌할 벌)
③ 直(곡직 : 굽을 곡↔곧을 직)
④ 輕(경중 : 가벼울 경↔무거울 중)
⑤ 開(개폐 : 열 개↔닫을 폐)

11 다음 漢字와 뜻이 반대 또는 상대되는 漢字를 써서 單語를 만드시오.

| 强 – 弱 |

① 長 – (   )   ② 主 – (   )
③ 吉 – (   )

11. ① 短(장단 : 길 장↔짧을 단)
② 客(주객 : 주인 주↔손님 객(나그네 객))
③ 凶(길흉 : 길할 길↔흉할 흉(재앙 흉))

12 다음 漢字와 뜻이 반대 또는 상대되는 漢字를 쓰시오.

| 東 – 西 |

① 自 – (   )   ② 往 – (   )
③ (   ) – 暖

12. ① 他(자타 : 스스로 자, 다를 타)
② 來(왕래 : 갈 왕, 올 래)
③ 寒(한난 : 찰 한(추울 한), 따뜻할 난)

13 다음 漢字와 뜻이 反對(또는 상대)되는 漢字를 쓰시오. (略字로 써도 좋음)

① 手 (   )   ② 加 (   )
③ 來 (   )   ④ 新 (   )
⑤ 直 (   )

13. ① 足(수족(손 手↔발 足)
② 減(가감(더할 加↔덜 減)
③ 去, 往(내왕(올 來↔갈 往), 갈 去)
④ 舊(신구(새로울 新↔옛 舊)
⑤ 曲(곡직(굽을 曲↔곧을 直)

14 다음 漢字의 반대 또는 상대되는 漢字를 쓰시오.

① 長 (   )   ② 裏 (   )

③ 衰 (   )　　④ 同 (   )
⑤ 近 (   )

정답 및 해설

14. ① 短(장단 : 긴(장점) 長, 짧을(단점) 短)
② 表(표리 : 겉 表, 속 裏)
③ 盛(성쇠 : 흥할 盛, 쇠할 衰)
④ 異(이동 : 다를 異, 같을 同)
⑤ 遠(원근 : 멀 遠, 가까울 近)

동의어·반의어

서로 뜻이 반대되는 한자어(反意語)와 음은 다르나 뜻이 비슷한 한자어(同義語)를 학습하는 단원입니다. 앞서 결합어에서 익혔던 一字 一字 뜻을 좀 더 응용, 발전시킵니다. 漢字는 뜻이 단순히 하나로 정해져 있는 경우가 거의 없습니다. 대표적으로 알고 있는 뜻 외에 좀 더 심화된 뜻을 유추하거나 알고 있어야 합니다. 이 단원과 관련된 문제유형은 反意語(3)와 同義語(3)로, 예문을 잘 익혀두면 충분히 문제를 풀 수 있습니다.

1 뜻이 서로 비슷한 한자어(同義語)

古刹(고찰) ≒ 古寺(고사)	朗讀(낭독) ≒ 音讀(음독)
貢獻(공헌) ≒ 寄與(기여)	浪費(낭비) ≒ 濫用(남용)
觀點(관점) ≒ 見解(견해)	能熟(능숙) ≒ 老練(노련)
教徒(교도) ≒ 信徒(신도)	丹青(단청) ≒ 彩色(채색)
九泉(구천) ≒ 黃泉(황천)	代價(대가) ≒ 報酬(보수)
根源(근원) ≒ 源泉(원천)	對決(대결) ≒ 對峙(대치)
矜持(긍지) ≒ 自負(자부)	大衆(대중) ≒ 群衆(군중)
落心(낙심) ≒ 落膽(낙담)	同意(동의) ≒ 贊成(찬성)

同窓(동창) ≒ 同門(동문)	象徵(상징) ≒ 表象(표상)
同窓 / 同門	象徵 / 表象
妄想(망상) ≒ 夢想(몽상)	細密(세밀) ≒ 綿密(면밀)
妄想 / 夢想	細密 / 綿密
無窮(무궁) ≒ 無限(무한)	首肯(수긍) ≒ 肯定(긍정)
無窮 / 無限	首肯 / 肯定
默讀(묵독) ≒ 目讀(목독)	順從(순종) ≒ 服從(복종)
默讀 / 目讀	順從 / 服從
薄情(박정) ≒ 冷情(냉정)	抑壓(억압) ≒ 壓迫(압박)
薄情 / 冷情	抑壓 / 壓迫
放浪(방랑) ≒ 流浪(유랑)	要請(요청) ≒ 要求(요구)
放浪 / 流浪	要請 / 要求
訪問(방문) ≒ 尋訪(심방)	威脅(위협) ≒ 脅迫(협박)
訪問 / 尋訪	威脅 / 脅迫
保存(보존) ≒ 保全(보전)	類似(유사) ≒ 恰似(흡사)
保存 / 保全	類似 / 恰似
符合(부합) ≒ 一致(일치)	才能(재능) ≒ 財産(재산)
符合 / 一致	才能 / 財産
噴火山(분화산) ≒ 活火山(활화산)	精誠(정성) ≒ 至誠(지성)
噴火 / 活火	精誠 / 至誠
寺院(사원) ≒ 寺刹(사찰)	朝廷(조정) ≒ 政府(정부)
寺院 / 寺刹	朝廷 / 政府
散策(산책) ≒ 散步(산보)	造花(조화) ≒ 假花(가화)
散策 / 散步	造花 / 假花

參與(참여) ≒ 參加(참가)		泰西(태서) ≒ 西洋(서양)	
參與	參加	泰西	西洋

處女林(처녀림) ≒ 原始林(원시림)		平等(평등) ≒ 同等(동등)	
處女	原始	平等	同等

天地(천지) ≒ 乾坤(건곤)		學費(학비) ≒ 學資(학자)	
天地	乾坤	學費	學資

招待(초대) ≒ 招請(초청)		協力(협력) ≒ 合力(합력)	
招待	招請	協力	合力

2 반의어(反意語)

可決(가결) ↔ 否決(부결)		建設(건설) ↔ 破壞(파괴)	
可決	否決	建設	破壞

假象(가상) ↔ 實在(실재)		輕蔑(경멸) ↔ 尊敬(존경)	
假象	實在	輕蔑	尊敬

干涉(간섭) ↔ 放任(방임)		輕視(경시) ↔ 重視(중시)	
干涉	放任	輕視	重視

減少(감소) ↔ 增加(증가)		高雅(고아) ↔ 卑俗(비속)	
減少	增加	高雅	卑俗

感情(감정) ↔ 理性(이성)		曲線(곡선) ↔ 直線(직선)	
感情	理性	曲線	直線

客觀(객관) ↔ 主觀(주관)		供給(공급) ↔ 需要(수요)	
客觀	主觀	供給	需要

拒絕(거절) ↔ 承諾(승낙)		公有物(공유물) ↔ 專有物(전유물)	
拒絕	承諾	公有	專有

公的(공적) ↔ 私的(사적)	漠然(막연) ↔ 確然(확연)
落第(낙제) ↔ 及第(급제)	忘却(망각) ↔ 記憶(기억)
朗讀(낭독) ↔ 默讀(묵독)	盲目的(맹목적) ↔ 理性的(이성적)
來生(내생) ↔ 前生(전생)	滅亡(멸망) ↔ 興起(흥기)
能動(능동) ↔ 被動(피동)	母音(모음) ↔ 子音(자음)
短命(단명) ↔ 長壽(장수)	無機體(무기체) ↔ 有機體(유기체)
單一(단일) ↔ 複合(복합)	無形(무형) ↔ 有形(유형)
對內的(대내적) ↔ 對外的(대외적)	文語(문어) ↔ 口語(구어)
獨立(독립) ↔ 從屬(종속)	文化(문화) ↔ 自然(자연)
獨創(독창) ↔ 模倣(모방)	物質(물질) ↔ 精神(정신)
杜絶(두절) ↔ 連絡(연락)	未備(미비) ↔ 完備(완비)
登場(등장) ↔ 退場(퇴장)	反目(반목) ↔ 和睦(화목)

發達(발달) ↔ 退步(퇴보)			悲觀(비관) ↔ 樂觀(낙관)	
發達	退步		悲觀	樂觀
別館(별관) ↔ 本館(본관)			悲劇(비극) ↔ 喜劇(희극)	
別館	本館		悲劇	喜劇
保守的(보수적) ↔ 進步的(진보적)			悲運(비운) ↔ 幸運(행운)	
保守	進步		悲運	幸運
普遍性(보편성) ↔ 特殊性(특수성)			卑稱(비칭) ↔ 尊稱(존칭)	
普遍	特殊		卑稱	尊稱
複雜(복잡) ↔ 單純(단순)			貧困(빈곤) ↔ 富裕(부유)	
複雜	單純		貧困	富裕
部分的(부분적) ↔ 全般的(전반적)			散文(산문) ↔ 韻文(운문)	
部分	全般		散文	韻文
不實(부실) ↔ 充實(충실)			相對的(상대적) ↔ 絶對的(절대적)	
不實	充實		相對	絶對
否認(부인) ↔ 是認(시인)			常例(상례) ↔ 特例(특례)	
否認	是認		常例	特例
否定(부정) ↔ 肯定(긍정)			象識的(상식적) ↔ 專門的(전문적)	
否定	肯定		常識	專門
分擔(분담) ↔ 全擔(전담)			生花(생화) ↔ 造花(조화)	
分擔	全擔		生花	造花
分離(분리) ↔ 統合(통합)			善意(선의) ↔ 惡意(악의)	
分離	統合		善意	惡意
分析(분석) ↔ 綜合(종합)			先天的(선천적) ↔ 後天的(후천적)	
分析	綜合		先天	後天

成熟(성숙) ↔ 未熟(미숙)		逆境(역경) ↔ 順境(순경)	
成熟	未熟	逆境	順境

消極的(소극적) ↔ 積極的(적극적)		連作(연작) ↔ 輪作(윤작)	
消極	積極	連作	輪作

所得(소득) ↔ 損失(손실)		永劫(영겁) ↔ 刹那(찰나)	
所得	損失	永劫	刹那

消費(소비) ↔ 生産(생산)		靈魂(영혼) ↔ 肉身(육신)	
消費	生産	靈魂	肉身

衰退(쇠퇴) ↔ 隆盛(융성)		偶然(우연) ↔ 必然(필연)	
衰退	隆盛	偶然	必然

守勢(수세) ↔ 攻勢(공세)		原型(원형) ↔ 變形(변형)	
守勢	攻勢	原型	變形

順坦(순탄) ↔ 險難(험난)		遊星(유성) ↔ 恒星(항성)	
順坦	險難	遊星	恒星

勝利(승리) ↔ 敗北(패배)		依他的(의타적) ↔ 自立的(자립적)	
勝利	敗北	依他	自立

始發驛(시발역) ↔ 終着驛(종착역)		利己的(이기적) ↔ 犧牲的(희생적)	
始發	終着	利己	犧牲

實質的(실질적) ↔ 形式的(형식적)		裏面(이면) ↔ 表面(표면)	
實質	形式	裏面	表面

暗示(암시) ↔ 明示(명시)		異常(이상) ↔ 正常(정상)	
暗示	明示	異常	正常

愛護(애호) ↔ 虐待(학대)		理想的(이상적) ↔ 現實的(현실적)	
愛護	虐待	理想	現實

人爲的(인위적) ↔ 自然的(자연적)	正當(정당) ↔ 不當(부당)
人爲 / 自然	正當 / 不當

一般化(일반화) ↔ 特殊化(특수화)	知的(지적) ↔ 情的(정적)
一般 / 特殊	知的 / 情的

立體的(입체적) ↔ 平面的(평면적)	眞實(진실) ↔ 虛僞(허위)
立體 / 平面	眞實 / 虛僞

入港(입항) ↔ 出港(출항)	創造(창조) ↔ 模倣(모방)
入港 / 出港	創造 / 模倣

自律(자율) ↔ 他律(타율)	體言(체언) ↔ 用言(용언)
自律 / 他律	體言 / 用言

子正(자정) ↔ 午正(오정)	初聲(초성) ↔ 終聲(종성)
子正 / 午正	初聲 / 終聲

長點(장점) ↔ 短點(단점)	妥當(타당) ↔ 不當(부당)
長點 / 短點	妥當 / 不當

長篇(장편) ↔ 短篇(단편)	卓越(탁월) ↔ 平凡(평범)
長篇 / 短篇	卓越 / 平凡

低俗(저속) ↔ 高尙(고상)	濁音(탁음) ↔ 淸音(청음)
低俗 / 高尙	濁音 / 淸音

前半(전반) ↔ 後半(후반)	退化(퇴화) ↔ 進化(진화)
前半 / 後半	退化 / 進化

前進(전진) ↔ 後進(후진)	敗戰(패전) ↔ 勝戰(승전)
前進 / 後進	敗戰 / 勝戰

絶望(절망) ↔ 希望(희망)	閉鎖(폐쇄) ↔ 開放(개방)
絶望 / 希望	閉鎖 / 開放

暴露(폭로) ↔ 隱蔽(은폐)		
暴露	隱蔽	

形式(형식) ↔ 內容(내용)		
形式	內容	

彼岸(피안) ↔ 此岸(차안)		
彼岸	此岸	

好調(호조) ↔ 亂調(난조)		
好調	亂調	

合理(합리) ↔ 矛盾(모순)		
合理	矛盾	

好評(호평) ↔ 惡評(악평)		
好評	惡評	

幸福(행복) ↔ 不幸(불행)		
幸福	不幸	

擴大(확대) ↔ 縮小(축소)		
擴大	縮小	

現役(현역) ↔ 退役(퇴역)		
現役	退役	

厚待(후대) ↔ 薄待(박대)		
厚待	薄待	

狹義(협의) ↔ 廣義(광의)		
狹義	廣義	

稀貴(희귀) ↔ 許多(허다)		
稀貴	許多	

예상문제풀이

1 다음 漢字語의 반대어(상대어)를 漢字로 쓰시오.

① 晝間 (   )   ② 最小 (   )
③ 敗北 (   )   ④ 先天 (   )
⑤ 逆行 (   )

2 다음 漢字語의 반대어(상대어)를 漢字로 쓰시오.

① 閉會 (   )   ② 結果 (   )
③ 單獨 (   )   ④ 最終 (   )
⑤ 姉妹 (   )

3 다음 단어의 반대어(상대어)를 漢字로 쓰시오.

① 感情 (   )   ② 空想 (   )
③ 君子 (   )   ④ 正午 (   )
⑤ 動機 (   )

4 다음 단어의 반대어를 漢字로 쓰시오. (略字도 가능)

① 客觀 (   )   ② 原因 (   )
③ 單純 (   )   ④ 內容 (   )
⑤ 絶對 (   )

정답 및 해설

1. ① 夜間(야간(밤 夜, 사이 間))↔주간(낮 晝))
   ② 最大(최대(가장 最, 큰 大)↔최소(가장 最, 작을 소))
   ③ 勝利(승리(이길 勝, 이로울 利)↔패배(깨뜨릴 敗, 달아날 北))
   ④ 後天(후천(뒤(나중) 後, 하늘 天)↔선천(먼저(앞) 先, 하늘 天))
   ⑤ 順行(역행(거스를 逆, 갈 行)↔순행(순할(따를) 順, 갈 行))

2. ① 開會(개회(열 開, 모일 會)↔폐회(닫을 폐, 모일 회))
   ② 原因(원인(근원 原, 인할 因)↔결과(맺을 結, 열매 果))
   ③ 共同(공동(함께 共, 같을 同)↔단독(홑 單, 홀로 獨))
   ④ 最初(최초(가장 最, 처음 初)↔최종(가장 最, 끝날 終))
   ⑤ 兄弟(형제(맏 兄, 아우 弟)↔자매(누이 姉, 누이 妹))

3. ① 理性(감정(느낄 감, 뜻 정(본성 정))↔이성(다스릴 리, 성품 성(성질 성))
   ② 現實(공상(빌 空, 생각할 상(형상 상))↔현실(나타날 현(이제 현), 열매 실))
   ③ 小人(군자(임금 군, 아들 자)↔소인(작을 소, 사람 인))
   ④ 子正(정오(바를 정, 낮 오(일곱째 천간 오))↔자정(아들 자, 바를 정))
   ⑤ 結果(동기(움직일 동, 틀 기(기계 기·기회 기))↔결과(맺을 결, 열매 과))

4. ① 主觀(객관(손님(나그네) 客, 볼 觀)↔주관(주인 主, 볼 觀))
   ② 結果(원인(근원 原, 인할 因)↔결과(맺을 結, 열매 果))
   ③ 複雜(단순(홑 單, 순수할 純)↔복잡(겹칠 複, 섞일 雜))
   ④ 形式(내용(안 內, 모양(담을) 容)↔형식(모양 形, 법(규칙) 式))
   ⑤ 相對(절대(끊을 絶, 대답할 對)↔상대(서로 相, 대답할 對))

5 다음 단어의 反對語를 한자로 쓰시오. (略字도 가능)

① 敗北 (　　　)　② 理性 (　　　)
③ 義務 (　　　)　④ 小人 (　　　)
⑤ 快樂 (　　　)

6 다음 단어의 反意語를 한자로 쓰시오.

① 登場 (　　　)　② 善用 (　　　)
③ 自意 (　　　)　④ 同居 (　　　)
⑤ 是認 (　　　)

정답 및 해설

5. ① 勝利(패배↔승리)
   ② 感情(이성↔감정)
   ③ 權利(의무(옳을 義, 일(힘쓸) 務)↔권리 (저울질(누릴) 權, 이로울(날카로울) 利))
   ④ 君子(소인↔군자)
   ⑤ 苦痛(쾌락(상쾌할(쾌할) 快, 즐거울 樂)↔고통(쓸) 苦, 아플 痛)

6. ① 退場(등장(오를 登)↔퇴장(물러날 退))
   ② 惡用(선용↔악용)
   ③ 他意(자의↔타의)
   ④ 別居(동거↔별거)
   ⑤ 否認(시인↔부인(아닐(부정할) 否, 인정할 認))

동음이의어

우리말에 비해 漢字는 같은 소리를 내는 漢字語이지만 그 뜻이 다른 경우가 많습니다. 이는 한자를 조합하기 나름의 문제라고 할 수 있습니다. 하지만 기본적으로 꼭 구별해 써야 할 경우의 한자어를 학습해 철저한 문장을 표현할 줄 알아야 합니다. 이 단원과 관련된 문제유형은 同音異議語(3)입니다.

ㄱ

가 구
- 家口 : 주거를 같이 하는 사람의 집단
- 家具 : 살림살이에 쓰이는 살림세간

가 계
- 家系 : 한 집안의 계통
- 家計 : 살림을 꾸려가는 살림살이

가 공
- 加工 : 천연물이나 덜 된 물건에 다시 수공을 더함
- 可恐 : 두려워할 만함

가 사
- 家事 : 집안 일. 집안 살림살이
- 歌詞 : 가요나 가극의 내용이 되는 문장
- 假死 : 의식을 잃어 보기에도 죽은 것 같은 상태

가 중
- 加重 : ① 더 무거워짐 ② 죄가 더 무거워 형벌을 무겁게 함
- 苛重 : 가혹하고 부담이 무거움

감 사
- 感謝 : 고마움. 고맙게 여김
- 監査 : 감독하고 검사함

감 상
- 感傷 : 어떤 일이나 현상을 슬프게 느껴 마음이 아픔
- 感想 : 마음 속에 느껴 일어나는 생각
  - 예) 感想文(감상문)
- 感賞 : 마음에 깊이 느끼어 공을 칭찬해줌

감 수
- 甘受 : 주어진 것을 어쩔 수 없는 일이라 생각하고 받아들임
- 監修 : 책의 저술, 편찬을 지도·감독함

감 정
- 感情 : 희(喜)·노(怒)·애(哀)·락(樂)의 정 또는 느끼는 심정(心情)

○구별해서 써야 할 한자어○

- 決濟(결제) ⇒ 현금이나 어음으로 지불해서 판매행위를 완료시키는 것
  - 예) 어음 決濟
- 決裁(결재) ⇒ 책임자가 제출된 안건을 헤아려 승인하는 것
  - 예) 사장의 決裁

- 憾情 : 불만하여 원망하거나 성내는 마음

개 간
- 改刊 : 원판을 고쳐 다시 발행함
- 開刊 : (신문·책 등을)처음으로 간행함

개 선
- 改善 : 잘못을 옳게 고침
- 改選 : 선거를 다시함

개 설
- 改設 : 새로 수리하거나 또는 가구를 바꾸어 설치함
- 開設 : (어떤 시설을)새로 설치하여 그에 관한 일을 시작함

개 정
- 改正 : 고치어 바르게 함
- 改定 : 고치어 다시 정함
  - 예 법의 改定(개정)
- 改訂 : 잘못된 곳을 고쳐 바로잡음
  - 예 改訂版(개정판)
- 開廷 : 재판하기 위해 법정을 여는 것
  - 빈 閉廷(폐정)

개 표
- 改票 : 차표따위를 개표소에서 조사하는 것
  - 비 改札(개찰)
- 開票 : 투표함을 열고 투표결과를 조사하는 것

검 사
- 檢査 : 옳고 그름, 좋고 나쁨 따위의 사실을 살피어 검토하거나 조사하여 판정하는 일
- 檢事 : 검사권을 행사하는 기관 또는 형벌의 집행을 감독하는 사람

결 의
- 決意 : 뜻을 굳힘
- 決議 : 의안(議案)을 결정함

결 정
- 決定 : 행동이나 태도가 일정한 방향을 취할 수 있도록 결단하여 작정함
- 結晶 : 원자가 규칙적으로 배열되어 이루어진 고체

경 계
- 境界 : 사물이 어떠한 기준에 의하여 분간되는 한계
- 警戒 : 잘못되는 일이 일어나지 않도록 미리 조심하는 것

경 기
- 景氣 : 매매나 거래 등에 나타난 경제활동의 상황
- 競技 : 일정한 규칙아래 기량과 기술을 겨루는 일

경 사
- 傾斜 : 비스듬히 기울어진 상태
- 慶事 : 축하할만한 기쁜 일

경 주
- 傾注 : 마음을 집중함. 일에 전심(專心)함
- 競走 : 서로 빠르기를 다투는 육상경기의 하나

○구별해서 써야 할 한자어○

- 究明(구명) ⇒ 원인이나 사리를 깊이 연구하여 따져 밝힘
  - 예 진리의 究明
- 糾明(규명) ⇒ 일의 사실을 따져 밝힘
  - 예 사건의 糾明

고 문
- **拷問** : 피해자에게 죄를 자백시키기 위해 육체적 고통을 주며 신문함
- **顧問** : 어떤 분야에 대하여 전문적인 지식과 풍부한 경험을 가지고 자문에 응하여 의견을 제시하는 직책 또는 사람

고 시
- **考試** : 공무원의 임용자격을 결정하는 시험
- **告示** : (행정기관이 일반국민에게)글로 써서 널리 알리는 것

공 사
- **工事** : 토목·건축 등의 작업
- **公使** : 외교관의 하나
- **公社** : 국가적 사업수행을 위해 설립된 공공기업체의 하나

공 영
- **公營** : 공적인 기관, 특히 지방자치단체가 경영·관리하는 것
- **共榮** : 서로 함께 번영함

공 정
- **公正** : 공평하고 올바름
- **公定** : 정부나 공론에 의해 정함 또는 정한 규정

공 포
- **公布** : 일반에게 널리 알림
- **恐怖** : 무서움과 두려움

과 대
- **過大** : 너무 큼
- **誇大** : 너무 크게 떠벌림
  - (비) 誇張(과장)

과 정
- **過程** : 일이 되어 나가는 경로
- **課程** : 과업의 정도. 학년의 수준에 속하는 과목

관 상
- **觀相** : 사람이 상(相)을 보고 그의 운명, 재수를 판단하는 일
- **觀象** : 기상(氣象)을 관측함

교 사
- **敎師** : 초·중·고등학교의 자격증을 가진 선생에 대한 칭호
- **校舍** : 학교의 건물

교 정
- **校正** : 틀린 글자를 고치는 일
- **校訂** : 내용이 잘못된 곳을 바로 고치는 일. 특히 글자뿐만 아니라 문장 또는 지식의 오류를 고치는 일

구 조
- **救助** : 구원하여 도와줌
- **構造** : 얽어 꾸밈

군 수
- **軍需** : 군사상에 필요한 물자
- **郡守** : 한 군(郡)의 행정사무를 관할하는 으뜸벼슬

극 단
- **極端** : 한 쪽으로 몹시 치우침

◯ 구별해서 써야 할 한자어 ◯

- ~**器**(기) ⇒ (어떤 명사 다음에 붙어)기계나 가구·그릇의 뜻을 나타내는 말
  - 예) 注射器(주사기)
- ~**機**(기) ⇒ (어떤 명사 다음에 붙어) '기계'나 '일정한 기술적 설비를 갖춘 장치'의 뜻을 나타내는 말
  - 예) 電話機(전화기)

- 劇團 : 연극하려고 조직된 단체

기 념
- 紀念 : 사적(事蹟)을 길이 전하여 잊지 아니함
- 記念 : 마음에 새겨 잊지 아니함

기 능
- 機能 : 기관(器官) 또는 기관(機關)의 능력이나 작용
- 技能 : 사람의 기술에 관한 능력이나 재능

기 도
- 企圖 : 어떤 일을 이루려고 꾀하는 것
- 氣道 : 호흡할 때의 공기가 지나가는 길

─ㄴ─

낙 관
- 樂觀 : 모든 사물의 형편을 좋게 봄
- 落款 : 글씨나 그림에 필자(筆者)가 자기 이름이나 호를 쓰고 도장을 찍는 일

녹 음
- 綠陰 : 푸른 잎이 우거진 나무의 그늘
- 錄音 : (영화필름·테이프 등에)소리를 기록하여 넣는 것

농 담
- 弄談 : 실없는 장난의 말
- 濃淡 : (색체·명암 기타의 정도 등의)짙음과 엷음

─ㄷ─

단 서
- 但書 : 첫머리에 '단(丹)'자를 붙여 그 앞에 나온 본문(本文)의 설명이나 조건(條件), 예외(例外)를 나타내는 글
- 端緖 : 일의 처음. 일의 실마리

단 절
- 斷切 : 물리적인 작용에 의해서 끊어짐
- 斷絶 : 관계를 끊음
  - 예 國交斷絶(국교단절)

단 정
- 端正 : 얌전하고 바름
- 斷定 : 결단하여 작정함

답 사
- 答辭 : 식장에서 고사(告辭)나 식사에 대답으로 하는 말
- 踏査  실제로 현지에 가서 조사함

대 기
- 大氣 : 공기(空氣)
- 待機 : 준비를 다 마치고 일을 시작하기를 기다림
  - 예 待機發令(대기발령)

대 비
- 對比 : 두가지 것의 차이를 명백히 하기 위해 서로 비교하는 것
- 對備 : 무엇에 대응하기 위하여 미리 준비하는 것

○구별해서 써야 할 한자어○

- 德分(덕분) ⇒ 남이 베푼 고마움
  - 예 네 德分에 살아났다.
- 德澤(덕택) ⇒ 남에게 미치는 덕
  - 예 전축을 쓸 수 있게 된 것은 에디슨의 德澤이다.

대 사
- 大使 : 한 나라를 대표하여 딴 나라에 나아가 머무르면서 외교활동을 하는 외교관을 말함
- 大事 : 큰 일
- 大師 : ① '불보살(佛菩薩)'의 높임말 ② 나라에서 명망높은 선사(禪師)에게 내려주는 이름

대 작
- 大作 : 뛰어난 작품. 규모나 내용이 방대한 작품
- 對酌 : 서로 마주하여 술을 마시는 것

대 지
- 大地 : 대자연의 넓고 큰 땅, 곤여(坤輿)
- 臺地 : 주위의 지형보다 높고 평평한 땅

대 치
- 代置 : 다른 것으로 바꾸어 놓은 것
- 對置 : 마주놓는 것

대 한
- 大寒 : 24절기의 하나. 1월 21일 경
- 對韓 : 한국(韓國)에 대하여
- 大韓 : 대한민국(大韓民國)

대 형
- 大形 : '大型'과 같은 뜻으로 쓸 수 없음. 자연물의 큰 형체에 씀
  예) 大形動物(대형동물)
- 大型 : 가공품(加工品)의 큰 형체에 씀
  예) 大型(대형) 케잌

도 착
- 到着 : (목적한 곳에)다다르는 것
- 倒錯 : 본능이나 감정 또는 덕성의 이상(異常)으로 사회나 도덕에 어그러진 행동을 나타내는 일

독 주
- 獨走 : 경주 등에서 남을 앞질러 혼자 달림
- 獨奏 : 한 사람이 주체가 되어 악기를 연주하는 것

동 기
- 同氣 : 형제자매(兄弟姉妹)
- 同期 : 같은 시기
- 動機 : 의사를 결정하는 원인

동 정
- 同情 : 남을 이해하고 어려움을 생각하여 줌
- 動靜 : 사람의 행동·일·병세 등이 벌어져 나가는 낌새

동 화
- 同化 : 성질, 양태, 사상 등이 다르던 것이 같게 되는 것
- 童話 : 어린이를 상대로 하고 동심을 기조로 해서 쓴 이야기

매 수
- 買受 : 물건을 사서 받음

○구별해서 써야 할 한자어○

- 文化(문화) ⇒ 인류가 모든 시대를 통하여 학습(學習)에 의해서 이루어 놓은 정신적·물질적인 일체의 성과. 의식주(衣食住)를 비롯하여 기술·학문·예술·도덕·종교 등 물심양면에 걸치는 생활형성의 양식과 내용을 포함함 (반) 自然(자연)
- 文明(문명) ⇒ (정신적 문화에 대하여)생활, 특히 의식주를 위한 기술·질서가 개선된 상태. 물질면에서 인간생활이 발전된 상태 (반) 野蠻(야만), 未開(미개)

- 買收 : 물건을 사서 거두어들임. 남의 마음을 사서 제 편으로 삼음

매 장
- 埋葬 : (시체를)땅에 묻는 것
- 賣場 : 물건을 파는 곳

매 점
- 賣占 : 물건이 모자랄 것을 짐작하고 휩쓸어 사들여 둠
- 賣店 : 물건을 파는 가게

매 진
- 賣盡 : 남김없이 다 팔리는 것
- 邁進 : 힘껏 나아가는 것

명 문
- 名文 : 뛰어나게 잘 지은 글
- 名門 : 문벌이 좋은 집안. 명가(名家), 명벌(名閥)
- 明文 : 명백히 정해져 있는 조문(條文)
- 銘文 : 금석(金石), 기물(器物) 등에 새겨 놓은 글

문 호
- 文豪 : 크게 뛰어난 문학·문장의 대가(大家), 문웅(文雄)
- 門戶 : 외부와 교류하기 위한 통로나 수단을 비유적으로 이르는 말

미 명
- 未明 : 날이 채 밝기 전
- 美名 : 그럴듯하게 내세운 이름

ㅂ

반 감
- 反感 : 반항의 뜻을 품은 감정
- 半減 : 절반이 줌

반 복
- 反復 : 한 가지 일을 되풀이함
- 反覆 : 말을 이랬다저랬다함. 생각을 엎치락뒤치락함

반 전
- 反轉 : 일의 형세가 뒤바뀜
- 反戰 : 전쟁에 반대함

반 주
- 伴奏 : 성악이나 기악을 좇아 이를 돕는 주악
- 飯酒 : 밥에 곁들여 먹는 술

발 전
- 發電 : 전기를 일으킴
- 發展 : 일이 잘 되어 뻗어나감

발 포
- 發布 : 세상에 널리 펴는 것
  예) 戒嚴令發布(계엄령발포)
- 發砲 : 총이나 대포를 쏘는 것
  반) 發砲命令(발포명령)

방 위
- 方位 : 동서남북의 네 방향을 기본으로 하여 나타내는 어느 쪽의 위치
- 防衛 : 적의 공격을 막아서 지키는 것

○구별해서 써야 할 한자어○

- 比較(비교) ⇒ 견주어 봄
- 比喩(비유) ⇒ 어떤 현상이나 사물이 설명에 있어서 그와 비슷한 다른 성질을 가진 현상이나 사물을 빌어 뜻을 명확히 나타내는 일

방 화
- 防火 : 화재를 미리 막는 것
  예 防火責任者(방화책임자)
- 放火 : 불을 지르는 것
- 邦畫 : 자기 나라에서 만든 영화(映畫)

배 치
- 背馳 : 서로 반대로 되어 어긋나는 것
- 配置 : (사람이나 물건 등을)적당한 위치나 자리에 나누어 두는 것

보 고
- 報告 : 지시 또는 감독하는 자에게 일의 내용이나 결고를 말이나 글 등으로 알리는 것
- 寶庫 : ① 재화를 쌓아두는 곳 ② 재화(財貨)를 많이 산출하는 땅

보 급
- 補給 : 물품을 계속 공급함
- 普及 : 널리 퍼뜨려 권장함

보 수
- 保守 : 현상(現狀) 또는 구습(舊習)을 지킴
- 補修 : 낡은 것을 집고 보태어 고침

부 인
- 夫人 : 남의 아내에 대한 높임말로서 특정인을 지칭할 때 쓰임
  예 선생님의 夫人께서는...
- 婦人 : 결혼한 여자의 총칭이며 복수를 지칭하거나 보통으로 대하는 말로 쓰임

부 정
- 否定 : 그렇지 않다고 단정하거나, 옳지 않다고 반대하는 것
- 不淨 : 깨끗하지 못한 것 또는 더러운 것
- 不正 : 바르지 못함. 옳지 못함
  예 不正蓄財(부정축재)
- 不貞 : 여자가 정조를 지키지 않음

불 의
- 不意 : 생각하지 아니하던 판. 의외(意外)
- 不義 : 의리·정의에 어긋나는 것
  예 不意의 사태

비 명
- 非命 : 제 목숨대로 다 살지 못함
- 悲鳴 : 몹시 놀랍거나 괴롭고 다급한 일을 당하여 외마디 소리를 지르는 것

비 상
- 非常 : (일부 명사 앞에 쓰이어)뜻밖
- 飛翔 : 공중을 날아다님

비 행
- 飛行 : 공중으로 날아가는 것
- 非行 : 못된 행위, 특히 청소년이 법률에 금지되어 있는 일이나 사회규범에 어긋나는 행위를 하는 일

사 고
- 事故 : 뜻밖에 일어난 일이나 탈
- 思考 : 생각하는 일 또는 그 생각
- 思願 : 두루 생각함

○ 구별해서 써야 할 한자어 ○

- ~士(사) ⇒ 특별한 자격이 있는 사람이나 직명(職名)을 가리킴
  예 技能士(기능사), 公認會計士(공인회계사)
- ~師(사) ⇒ 사람을 지도하는 역할을 하는 직명에 붙는 것임
  예 敎師(교사), 技師(기사), 牧師(목사)

사 기
- **士氣** : 몸과 마음에 기운이 넘쳐 굽힐 줄 모르는 씩씩한 기세
- **史記** : 역사적인 사실을 적어놓은 책
  - 예) 三國史記(삼국사기)

사 례
- **事例** : 어떤 일에 관하여 실제로 일어난 낱낱의 사건
- **謝禮** : 상대편에게 언행이나 물품으로 고마운 뜻을 나타냄

사 설
- **私設** : 개인이 설립하는 것
- **社說** : 신문·잡지 등에서 그 사(社)의 주장으로 실어 펼치는 논설
- **辭說** : 노래, 연극 등의 사이사이에 엮어 하는 이야기

사 의
- **謝意** : 고마운 뜻
- **謝儀** : 감사의 뜻으로 보내는 물품
- **辭意** : 사임(辭任)을 하려는 뜻

사 전
- **事典** : 여러가지 사항을 모아 그 하나하나에 해설을 붙인 책
  - 예) 百科辭典(백과사전)
- **辭典** : 언어를 모아서 일정한 순서로 나열하고, 발음·의의·용법·어원 등을 해설한 책
  - 예) 英韓辭典(영한사전)

사 찰
- **寺刹** : 절
- **査察** : 어떤 일이 규정에 따라 준수되고 있는지를 조사·확인하는 일
  - 예) 稅務査察(세무사찰)

사 채
- **社債** : 회사가 진 빚
- **私債** : 사사로운 빚
  - 반) 公債(공채)

서 식
- **書式** : 증서·원서·신고서 등을 작성하는 일정한 법식(法式)
- **棲息** : 동물이 어떠한 곳에 깃들여 사는 것

선 발
- **先發** : 먼저 출발하는 것
- **選拔** : 많은 가운데서 추려 뽑는 것

선 전
- **宣傳** : 주의·주장이나 사물의 존재·효능 따위를 많은 사람에게 이해시켜 공감을 얻을 목적으로 잘 설명하여 널리 알리는 일
- **宣戰** : 한 나라가 다른 나라에 대해 전쟁의 시작을 알림
- **善戰** : 실력 이상으로 잘 싸우는 것

성 명
- **姓名** : 성(姓)과 이름. 씨명(氏名)
- **聲明** : 어떤 일에 대한 입장이나 태도·견해 따위를 글이나 말로 여러 사람에게 밝히는 것

○구별해서 써야 할 한자어○

- **生長**(생장) ⇒ 동·식물이 태어나서 자라는 상태
- **成長**(성장) ⇒ 자라서 커지거나, 발전하는 현상 전반에 붙일 수 있는 말

세 대
- 世帶 : 집안식구. 한 집을 차린 독립적 생계
- 世代 : 같은 시대에 살면서 공통의 의식을 가지는 비슷한 연령층의 사람들

소 요
- 所要 : 요구되거나 필요한 바
- 逍遙 : (정한 곳이 없이)슬슬 거닐어 돌아다니는 것

소 화
- 消火 : 불을 끄는 일
- 消化 : ① 섭취한 음식물을 분해하여 영양분을 흡수하기 쉬운 형태로 변화시키는 작용 ② 배운 지식·기술 따위를 자기 것으로 만드는 것

수 도
- 水道 : 물이 흘러들어오거나 흘러나가게 된 통로
- 首都 : 한 나라의 중앙정부가 있는 곳
- 修道 : 도(道)를 닦는 것

수 리
- 受理 : 서류를 받아서 처리하는 것
- 修理 : 고장나거나 허름한 데를 손보아 고치는 것

수 사
- 修辭 : 말이나 글을 꾸며 보다 아름답고 정연하게 하는 일
- 修士 : 청빈·정결·복종의 세가지를 서약하고 독신으로 수도하는 남자. 수도사(修道士)

수 용
- 收容 : ① 거두어 넣어둠 ② 데려다 넣어둠
- 受用 : 받아 씀
- 受容 : 받아들임

수 정
- 修正 : 바로잡아서 고침
- 修訂 : 서적 등의 잘못을 고침

습 득
- 拾得 : 주워 얻음
  - 예) 拾得物(습득물)
- 習得 : 배워 터득함

시 기
- 時期 : 정해진 때
  - 예) 씨앗을 뿌릴 時期다.
- 時機 : 적당한 기회
  - 예) 時機가 오면 놓치지 말라.

시 사
- 時事 : 그 당시에 사회적으로 발생한 일
- 試寫 : 영화나 텔레비전 등의 작품을 일반에게 공개하기에 앞서 시험삼아 심사원·비평가·제작관계자·보도기관 등에 보이는 일

시 청
- 市廳 : 시의 행정사무를 맡아보는 곳
- 視聽 : (텔레비전을)보고 듣는 일

신 문
- 訊問 : ① 캐어 물음. 따져서 물음 ② 증인·피고인 등에 대해 구두로 물어 사건을 조사함

◯구별해서 써야 할 한자어◯

- 令夫人(영부인) ⇒ 남을 높여 그의 '부인'을 이르는 말. 귀부인(貴夫人, 현합(賢閤), 영실(令室)
- 査夫人(사부인) ⇒ '사돈댁'의 높임말

- 新聞 : 사회의 사건에 대하여 사실이나 해설을 널리 전하는 정기간행물

신 부
- 神父 : 천주교·성공회의 사목자(司牧者)
- 新婦 : 갓 결혼했거나, 결혼하는 여자

신 장
- 新裝 : 설비나 외관 등을 새로 장치하는 것, 또는 그 장치
  - 예 新裝開業(신장개업)
- 身長 : 키

신 축
- 伸縮 : 늘고 주는 것 또는 늘이고 줄이는 것
- 新築 : (집 따위를)새로 짓는 것

─●─

애 호
- 愛好 : 사랑하여 즐김. 좋아함
- 愛護 : 사랑하고 보호함
  - 예 새를 愛護합시다.

야 심
- 夜深 : 밤이 깊음
- 野心 : 자기 분수에 맞지않게 품은 욕심이나 욕망

약 소
- 弱小 : 약하고 작은 것
- 略少 : 간략하고 적음

양 호
- 良好 : 아주 좋음
- 養護 : 위험이 없도록 보호함

역 설
- 力說 : 강하게 주장함
- 逆說 : 일반이 진리라고 인정하고 있는 것에 반대되는 설
  - 예 逆說家(역설가)

연 기
- 煙氣 : 물건이 탈 때에 나는 뿌연 기체
- 演技 : 연극이나 영화에서 배우가 맡은 배역의 행동이나 성격을 창조하여 나타내는 일

연 습
- 練習 : 되풀이하여 익힘
- 演習 : '練習'과 같은 뜻으로 쓰이기도 하나, 특히 군사훈련에서 실전을 상정하고 하는 일인 경우 주로 쓰임

영 화
- 映畫 : 어떠한 주제(主題)를 움직이는 영상으로 표현하는 예술의 한 장르
- 榮華 : 귀하게 되어서 몸이 세상에 드러나고 이름이 빛나는 일

예 방
- 豫防 : (질병·재해 따위를)미리 대처하여 막는 것
- 禮訪 : 인사차 방문하는 것

운 명
- 運命 : 사람의 몸을 둘러싸고 닥치는 선

○구별해서 써야 할 한자어○

- 藥局(약국) ⇒ 약사가 양약(洋藥)을 조제·판매하는 곳
- 藥房(약방) ⇒ 양약을 팔기만 하는 가게

악·길흉의 사정을 말함
- 殞命 : 사람의 목숨이 끊어지는 것

원 고
- 原告 : 소송을 제기하여 재판을 청구한 사람
- 原稿 : 인쇄하거나 발표하기 위하여 쓴 글이나 그림 따위

원 수
- 元首 : '국가원수(國家元首)'의 준말
- 怨讐 : 해를 입어 원한이 맺힌 대상
- 元帥 : 군인의 가장 높은 벼슬

유 세
- 有勢 : 자랑삼아 세도를 부리는 것
- 遊說 : 자기 의견 또는 자기 소속정당의 주장을 설파하며 돌아다니는 것

유 전
- 油田 : 석유가 나는 곳
- 流傳 : 세상에 퍼져 전파하는 것
- 遺傳 : 어버이의 성질·체질·형상 등이 자손에게 전해지는 일
- 流電 : 번갯불

유 지
- 有志 : 마을이나 지역에서 명망있고 영향력을 가진 사람
- 維持 : 지탱하여 나가는 것 또는 지니어 가는 것
- 遺志 : 죽은 사람의 생전(生前)의 뜻

유 치
- 留置 : ① 맡아 두는 것 ② 사람이나 물건을 일정한 지배하에 두는 것

- 幼稚 : ① 나이가 어림 ② 정도가 낮음

유 학
- 留學 : 외국에 머물면서 공부함
- 遊學 : 타향에 가서 공부함

응 시
- 凝視 : 시선을 모아 뚫어지게 보는 것
- 應試 : 시험에 응하는 것

의 거
- 依據 : 근거나 증거로 삼아 따라함
- 義擧 : 정의(正義)로 일으키는 의로운 거사(擧事)

의 사
- 義士 : 의로운 지사(志士)
- 意思 : 무언가를 하고자 하는 생각
  - 예) 意思表示(의사표시)
- 醫師 : 면허를 얻어 의술과 약으로 병을 진찰·치료하는 일을 업(業)으로 하는 사람
- 議事 : 회합(會合)에 의한 심의(審議) 또는 심의할 사항

이 동
- 移動 : 옮겨 움직이거나 옮겨 다님(물리적 작용이 전제됨)
- 異動 : 전임(轉任)·퇴관(退官) 등의 지위·직책의 변동
  - 예) 人事異動(인사이동)

이 론
- 理論 : 원리원칙에서 출발하여 사실을 논함

◎구별해서 써야 할 한자어◎

- 月給(월급) ⇒ 봉급 중에서 다달이 받는 급료. 연봉을 적당히 등분하여 다달이 받는 것도 있고, 월급을 정하고 지급하는 것도 있음
- 俸給(봉급) ⇒ 계속적인 노무에 대한 보수로 지급되는 일정한 금액. 봉급은 주급(週給)일 수도 있고, 순급(旬給) 또는 월급일 수도 있다. 또한 연봉으로 따지는 수도 있음

- 異論 : 남과 다른 의견

이 상
- 異狀 : 시각적(視覺的)으로 평소보다 다른 상태
- 異常 : 정상적인 것과 다른 상태나 현상
  - 예 異常氣溫(이상기온)
- 理想 : 각자의 지식, 경험의 범위 안에서 최고라고 생각되는 상태

이 성
- 異性 : 성(性)이 다른 것
- 理性 : 감정에 빠지지 않고 조리있게 일을 생각하여 판단하는 능력

인 도
- 引渡 : 사물이나 권리 따위를 넘겨주는 것
- 引導 : 이끌어서 지도하는 것

인 사
- 人士 : 어떤 분야에서 활동적인 구실을 하는 사람
- 人事 : ① 남에게 공경하는 뜻으로 하는 예의(禮儀) ② 사람의 일 또는 사람의 힘으로 할 수 있는 일

인 상
- 引上 : 물건값, 요금, 봉급 등을 올림
- 印象 : 보거나 듣거나 했을 때 대상물이 사람의 마음에 주는 느낌

인 정
- 人情 : 남을 동정하는 따뜻한 마음
- 認定 : 확실히 그렇다고 여기는 것

― ㅈ ―

자 수
- 自手 : 자기의 손, 자기 혼자의 노력 또는 힘
  - 예 自手成家(자수성가)
- 自首 : 범죄자가 발견되기 전에 수사관에 자기의 범죄사실을 신고하고, 그 소추(訴追)를 구하는 일

자 원
- 自願 : 어떤 일을 자기 스스로 하고자 하여 나서는 것
- 資源 : 인간의 생활 및 경제생산에 이용되는 물적 자료 및 노동력·기술의 총칭

자 제
- 子弟 : 남을 높이어 그의 아들을 이르는 말
- 自制 : 자기 감정이나 욕망을 스스로 억제하는 것

장 관
- 壯觀 : ① 훌륭한 광경 ② 구경거리
- 長官 : 국무를 분담해 처리하는 행정 각부의 장(長)

재 고
- 再考 : 다시 생각하는 것
- 在庫 : 창고(倉庫)에 있는 물건
  - 예 在庫管理(재고관리)

재 정
- 財政 : 국가 또는 지방자치단체가 행정활동

○ 구별해서 써야 할 한자어 ○

- 醫院(의원) ⇒ 병원보다 규모가 작은 진찰·진료소
- 病院(병원) ⇒ 질병을 진찰·치료하는 곳으로, 일정수 이상의 환자를 수용할 수 있는 설비를 갖춘 곳

이나 공공정책을 시행하기 위한 재력(財力)을 취득하고 이를 관리하는 경제활동
- 裁定 : (어떤 일의 옳고 그름을)따져서 결정하는 것

전 기
- 前期 : 일정기간을 몇 개로 나눈 그 첫 시기
  (반) 後期(후기)
- 傳記 : 어떤 인물의 생애와 활동을 적은 기록
- 電氣 : 전자의 이동으로 생기는 에너지의 한 형태
- 轉機 : 전환점을 이루는 기회나 고비

전 력
- 全力 : 가지고 있는 모든 힘
- 專力 : 오로지 그 일에만 힘을 씀

전 도
- 前途 : 앞으로 나아갈 길. 장애
- 傳道 : 도리를 세상에 널리 전하는 것

전 용
- 專用 : 오로지 그것만 씀
- 轉用 : 예정되어 있는 곳에 쓰지 않고 다른 데로 돌려 씀

전 파
- 電波 : 적외선 이상의 파장을 갖는 전자파로 특히, 전기통신에 쓰이는 것
- 傳播 : 널리 전하여 퍼뜨리는 것

전 형
- 典型 : 같은 부류의 특징을 가장 잘 나타내고 있는 본보기

- 典刑 : 예전부터 전하여 내려오는 법전

절 감
- 切感 : 아주 깊이 느끼는 것. 절실하게 느낌. 통감(通感)
- 節減 : 절약하여 줄임. 아껴 줄임
  예 經費節減(경비절감)

절 도
- 節度 : 일이나 행동·생활 등에서 정도에 알맞게 하는 규칙적인 한도
- 絕倒 : 까무라쳐 넘어짐

정 당
- 正當 : 바르고 옳음. 이치에 합당함
- 政黨 : 일정한 정치이상의 실현을 위해 정치권력의 참여를 목적으로 하는 정치결사

정 상
- 正常 : 특별한 변동이 없이 제대로인 상태
- 頂上 : ① 산의 맨 꼭대기 ② 최고의 상태 ③ 국가의 최고 수뇌
- 情狀 : 구체적 범죄의 구체적 책임의 경중(輕重)에 영향을 미치는 일체의 사정

정 통
- 正統 : 바른 계통
- 精通 : 어떤 사물을 깊고 자세히 통하여 앎

제 도
- 制度 : 사회생활에 필요한 일정한 방식·기준 등을 정하여 놓은 체계
- 製圖 : (기계·건축물·공작물 등의)도면을 그려 만드는 것

○**구별해서 써야 할 한자어**○

- 綜合(종합) ⇒ 많은 것을 하나로 통합함
- 總合(총합) ⇒ '綜合(종합)'의 일본식 표기

- 濟度 : 일체 중생을 부처의 도로써 고해(苦海)에서 건져 극락세계로 인도해 주는 것
  예 衆生濟度(중생제도)

제 재

- 制裁 : 법이나 규정에 어그러짐이 있을 때 그에 대해 어떤 처벌이나 금지, 책망 등을 행하는 일
- 製材 : 벌채한 나무로 재목(材木)을 만드는 것
- 題材 : 예술작품이나 학술연구의 주제가 되는 재료

조 기

- 早起 : 아침에 일찍 일어남
- 早期 : 이른 시기

조 작

- 造作 : 물건을 지어서 만듦
- 操作 : 다루어 처리함

조 화

- 造化 : 만물을 창조하고 기르는 대자연의 이치
- 造花 : (종이나 헝겊 등으로)인공으로 만든 꽃
- 調和 : 이것과 저것이 서로 고르게 잘 어울리는 것

주 간

- 週刊 : 한 주일에 한 번씩 발행하는 일 또는 그 간행물
- 週間 : 한 주일 동안

주 의

- 主義 : 굳게 지키는 일정한 주장이나 방침
- 注意 : 마음에 새겨두어 조심함

중 상

- 中傷 : 근거없는 말로 남을 헐뜯어 명예에 손상을 입히는 것
- 重傷 : 몹시 다치는 것 또는 심한 부상

지 방

- 地方 : ① 어느 한 방면의 땅 ② 서울 밖의 시골
- 紙榜 : 종이로 만든 신주(神主)

지 원

- 支院 : 지방법원·가정법원 등의 관할하에 있으면서 일정한 지역에 따로 떨어져 그곳의 법원사무를 맡아 처리하는 곳
- 志願 : 무엇을 하고 싶어 바라고 원함

지 향

- 指向 : 목표로 정한 방향 또는 그 방향으로 나감
- 志向 : 뜻이 쏠리는 방향 또는 그 방향으로 나감

차 관

- 次官 : 장관을 보좌하고 그를 대리할 수 있는 보조기관
- 借款 : 한 나라의 정부나 기업·은행이 외국정부나 공적 기관으로부터 자금을 빌려오는 일

○구별해서 써야 할 한자어○

- 篇 ⇒ 시문(詩文)이나 서적의 수효. 책자 속에서 성질이 다른 갈래를 구분하는 말
  예 文法篇(문법편)
- 編 ⇒ 책을 엮는 일. 조직이나 섬유를 짜는 일. 책의 갈래를 구분하는 말
  예 前編(전편)

천 재
- 天才 : 타고난 뛰어난 재주 또는 그런 재주를 지닌 사람
- 天災 : 자연현상으로 일어나는 재난으로 지진·홍수 따위

초 대
- 初代 : 어떤 계통의 첫 대(代) 또는 그 사람
- 招待 : ① (어떤 모임에)참가할 것을 청하는 것 ② 사람을 불러 대접하는 것
- 初對 : 처음으로 대면함. 초대면

초 상
- 初喪 : 사람이 죽어서 장사지낼 때까지의 동안
- 肖像 : 그림 따위에 나타난 어떠한 사람의 얼굴과 모습

최 고
- 最古 : 가장 오래됨
- 最高 : 가장 높음 또는 가장 좋음

최 소
- 最小 : 크기가 가장 작은 것
- 最少 : 분량이나 나이가 가장 적은 것

출 가
- 出家 : ① 집을 떠나감 ② 속가를 떠나 불문(佛門)에 드는 일
- 出嫁 : 처녀가 시집가는 것

출 연
- 出捐 : 금품(金品)을 내어 원조하는 것
- 出演 : 연설·강연·연극·음악 등을 하기 위해 무대나 연단에 나가는 것

출 장
- 出張 : 용무(用務)를 위하여 어떤 장소에 나가는 것
- 出場 : 어떤 장소에 나가는 것

충 실
- 充實 : 속이 올차서 단단히 여물음
- 忠實 : 맡은 일을 열심히 하여 정성스러움

타 진
- 打診 : 미리 남의 뜻을 살펴보는 것
- 打盡 : 모조리 잡는 것

통 상
- 通常 : 특별하지 않고 예사임. 보통
- 通商 : 외국과 서로 물품을 사고팔고 하는 것

통 화
- 通貨 : 유통수단·지불수단으로서 기능하는 화폐
- 通話 : 전화로 말을 서로 함

◯구별해서 써야 할 한자어◯

- 割引(할인) ⇒ 일정한 가격에서 얼마간 값을 덜어냄
- 引下(인하) ⇒ ① 끌어내림 ② (물가·요금·봉급 등을)떨어뜨림

─ 표 ─

폐 업
- 閉業 : ① 문을 닫고 영업을 쉼 ② 폐점(閉店)
- 廢業 : 직업이나 영업을 그만두는 것

폭 발
- 暴發 : 별안간 터짐
- 爆發 : 불꽃을 일으키며 별안간 터짐

폭 음
- 爆音 : 술을 한꺼번에 많이 마시는 것
- 暴飮 : 폭발하는 큰 소리. 폭발음

폭 주
- 暴注 : 규칙을 무시하고 난폭하게 달리는 일
- 輻輳 : 한 곳에 많이 몰려듦을 이르는 말

표 시
- 表示 : 겉으로 나타내어 보임
- 標示 : 목표물에 표를 하여 나타냄
  - 비) 標識(표식)

표 현
- 表見 : 권리는 없지만 다른 사람에게는 마치 그 권리가 있는 것처럼 여겨지는 일
- 表現 : (사상·감정 등을)드러내어 나타냄

─ ㅎ ─

항 구
- 恒久 : 변하지 아니하고 오래감
- 港口 : 바닷가에 배를 댈 수 있게 설비한 곳

해 산
- 解産 : 아이를 낳는 일. 분만(分娩)
- 解散 : 집단·조직·단체 등을 해체하여 없애는 것

행 사
- 行使 : 부려서 쓰는 행농
- 行事 : 계획에 따라 여럿이 함께 일을 진행함

현 상
- 現狀 : 나타나 보이는 현재의 상태
- 現象 : 직접 지각할 수 있는 자연계·인간계에서 일어나는 일
- 現像 : 사진 건판(乾板)·필름·인화지를 노출한 후 약품처리하여 화상(畫像)을 나타내는 일

호 전
- 好戰 : 싸움 또는 전쟁을 좋아함
- 好轉 : 잘 안되던 일이 잘 되어가기 시작하는 것

회 의
- 會議 : 여럿이 모여 의논하는 것
- 懷疑 : 어떤 일이 진정으로 올바르고 확실한지를 의심하는 일

○구별해서 써야 할 한자어○

- 懷古(회고) ⇒ 지나간 옛 일을 돌이켜 생각함
- 回顧(회고) ⇒ 돌아다 봄 또는 지난 일을 생각하여 봄

예상문제풀이

정답 및 해설

1 다음 漢字와 소리는 같으나 뜻이 다른 漢字語를 쓰시오.
(한 글자만 바꿀 것)
① 信任 (   )   ② 死後 (   )
③ 字母 (   )

1. ① 新任(신임) : 信任(믿을 신, 맡길 임), 新任(새로울 신, 맡길 임))
   ② 事後(사후) : 死後(죽을 사, 뒤 후), 事後(일 사, 뒤 후))
   ③ 子母(자모)/자모 : 字母(글자 자, 어미 모), 子母(아들 자, 慈母(자애로울 자))

2 다음 漢字와 소리는 같으나 뜻이 다른 漢字語를 쓰시오.

公用 – 共用

① 植樹 – (   )   ② 市長 – (   )
③ 國史 – (   )

2. ① 食水(식수) : 植樹(심을 식, 나무 수), 食水(먹을 식, 물 수))
   ② 市場(시장) : 市長(시가 시(시장 시), 어른 장), 市場(시가 시(시장 시), 장소 장(곳 장)))
   ③ 國事, 國士, 國使, 國師(국사 : 國史(나라 국, 역사 사), 國事(나라 국, 일 사), 國士(나라 국, 선비 사), 國使(나라 국, 사신 사), 國師(나라 국, 스승 사))

3 다음 漢字와 소리는 같으나 뜻이 다른 漢字語를 쓰시오.

① 公用 (   )   ② 死後 (   )
③ 過失 (   )

3. ① 共用(공용) : 公用(공변될 공(공적 공), 쓸 용), 共用(함께 공, 쓸 용))
   ② 事後(사후) : 死後(죽을 사, 뒤 후), 事後(일 사, 뒤 후))
   ③ 果實(과실) : 過失(허물 과(지날 과), 잃을 실), 果實(열매 과, 열매 실))

4 다음 漢字와 소리는 같으나 뜻이 다른 漢字語를 쓰시오.
(장단음 관계없음)

市長 – 市場

① 力士 (   )   ② 代決 (   )
③ 自身 (   )

4. ① 歷史(역사)/役事(역사) : 力士(힘 력, 선비 사), 歷史(지낼 력, 역사 사), 役事(부릴 역, 일 사))
   ② 對決(대결) : 代決(대신할 대, 터질 결(정할 결)), 對決(대답할 대, 터질 결(정할 결)))
   ③ 自信(자신) : 自身(스스로 자, 몸 신), 自信(스스로 자, 믿을 신))

5

다음 漢字語와 音은 같으나 뜻이 다른 單語를 漢字로 쓰시오.

部首 － 部數
① 過失 (   )   ② 農歌 (   )
③ 聲明 (   )

6

다음 漢字語의 同音異議語(음은 같으나 뜻이 다른 단어)를 漢字로 쓰시오.

① 電氣 (   )   ② 事物 (   )
③ 煙氣 (   )   ④ 使用 (   )
⑤ 非行 (   )

7

다음 단어의 동음이의어(同音異議語)를 각각 하나씩만 漢字로 쓰시오.

① 前後 (   )   ② 詩歌 (   )
③ 醫師 (   )   ④ 士氣 (   )
⑤ 正義 (   )

8

다음 漢字語의 소리는 같으나 뜻이 다른 漢字語를 쓰시오.
(略字도 가능함)   제 12 회 4급 II 출제

① 成人 (   )   ② 安全 (   )
③ 正員 (   )   ④ 人情 (   )
⑤ 大義 (   )

정답 및 해설

5. ① 果實(과실) : 過失(지날 과, 잃을 실), 果實(실과 과, 열매 실)
   ② 農家(농가) : 農歌(농사 농, 노래 가), 農家(농사 농, 집 가)
   ③ 姓名(성명) : 聲明(소리 성, 밝을 명), 姓名(성 성, 이름 명)

6. ① 前期, 傳記, 前記(전기) : 電氣(번개(전기) 전, 기운(공기) 기), 前期(앞 전, 기약할(기간) 기), 傳記(전할 전, 기록할 기), 前記(앞 전, 기록할 기))
   ② 死物, 私物(사물) : 事物(일 사, 만물 물), 死物(죽을 사), 私物(사사로울(개인) 사))
   ③ 年期, 連記, 緣起(연기) : 煙氣(연기 연, 기운(공기) 기), 年期(해 년, 기약할(기간) 기), 連記(이을(계속) 연, 기록할 기), 緣起(가장자리(인연) 연, 일어날 기))
   ④ 私用, 社用(사용) : 使用(하여금(시킬) 사, 쓸 용), 私用(사사로울(개인) 사, 쓸 용), 社用(단체 사, 쓸 용))
   ⑤ 飛行(비행) : 非行(아닐(거짓) 비, 갈(행할) 행), 飛行(날 비))

7. ① 戰後(전후 : 前後(앞 전, 뒤 후), 戰後(싸울 전, 뒤 후))
   ② 時價, 市街(시가 : 詩歌(시 시, 노래 가), 時價(때 시, 값 가), 市街(저자(시가) 시, 거리 가))
   ③ 義士, 意思, 議事(의사 : 醫師(치료할(의원) 의, 스승 사), 義士(옳을 의, 선비 사), 意思(뜻 의, 생각 사), 議事(의논할 의, 일 사))
   ④ 史記, 事記(사기 : 士氣(선비 사, 기운 기), 史記(역사 사, 기록할 기), 事記(일 사, 기록할 기))
   ⑤ 定意, 定義(정의 : 正義(바를 정, 옳을 의), 定意(정할 정, 뜻 의), 定義(정할 정, 옳을 의))

8. ① 聖人(성인 : 成人(이룰 성, 사람 인), 聖人(성스러울(성인) 성))
   ② 眼前(안전 : 安全(편안할 안, 온전할 전), 眼前(눈 안, 앞 전))
   ③ 庭園, 定員(정원 : 正員(바를 정, 인원(사람) 원), 庭園(뜰 정, 동산(정원) 원), 定員(정할 정, 인원(사람) 원))
   ④ 認定(인정 : 人情(뜻(본성) 정), 認定(인정할 인, 정할 정))
   ⑤ 大儀(대의 : 大義(큰 대, 옳을 의), 大儀(거동(예의) 의))

IV 한자의 장·단음

한자의 長短音은 4급부터 출제되는 유형으로, 4급Ⅱ에서는 신경쓰지 않아도 됩니다. 우리말의 장단음과 비교적 체계가 비슷해, 한자어를 익힐 때 우리말을 떠올려 함께 익힌다면 훨씬 쉬울 겁니다. 이 단원과 관련된 문제유형은 長短音(5)입니다.

1 첫음절에서 긴소리로 발음되는 한자(: 는 장음표시임)

장음	한자	음·훈	예	장음	한자	음·훈	예
가:	可	옳을 가	可能(가능)		敬	공경할 경	敬禮(경례)
	假	거짓 가	假令(가령)		競	다툴 경	競技(경기)
감:	感	느낄 감	感激(감격)	경:	慶	경사 경	慶事(경사)
	減	덜 감	減少(감소)		警	경계할 경	警戒(경계)
	敢	감히 감	敢然(감연)		鏡	거울 경	鏡臺(경대)
강:	講	익힐 강	講堂(강당)		界	세계 계	界面調(계면조)
개:	改	고칠 개	改善(개선)		計	셈할 계	計算(계산)
갱:	更	다시 갱(고칠 경)	更生(갱생)		係	맬 계	係員(계원)
	擧	들 거	擧手(거수)	계:	繼	이을 계	繼續(계속)
	去	갈 거	去來(거래)		戒	경계할 계	戒嚴令(계엄령)
거:	巨	클 거	巨大(거대)		季	끝 계, 계절 계	季氏(계씨)
	據	의거할 거	據點(거점)		系	이을 계	系列(계열)
	拒	물리칠 거	拒否(거부)	고:	古	옛 고	古物(고물)
건:	建	세울 건	建國(건국)		告	알릴 고	告發(고발)
	健	건강할 건	健康(건강)	곤:	困	곤할 곤	困窮(곤궁)
검:	檢	조사할 검	檢査(검사)		共	함께 공	共同(공동)
	儉	검소할 검	儉素(검소)	공:	孔	구멍 공	孔氏(공씨)
견:	見	볼 견(뵐 현)	見聞(견문)		攻	칠 공	攻擊(공격)

과:	過	허물 과, 지날 과	過法(과법)	란:	亂	어지러울 란	亂動(난동)
광:	廣	넓을 광	廣告(광고)	랑:	朗	밝을 랑	朗讀(낭독)
	鑛	쇳돌 광	鑛夫(광부)	랭:	冷	찰 랭	冷房(냉방)
교:	校	학교 교	校舍(교사)	량:	兩	두 량	兩家(양가)
	敎	가르칠 교	敎科書(교과서)	련:	練	단련할 련	練兵場(연병장)
구:	舊	옛 구	舊式(구식)	례:	例	법식 례, 보기 례	例事(예사)
	救	구원할 구	救助(구조)		禮	예절 례	禮式場(예식장)
군:	郡	고을 군	郡守(군수)	로:	老	늙을 로	老少(노소)
권:	勸	권할 권	勸告(권고)		路	길 로	路上(노상)
귀:	貴	귀할 귀	貴族(귀족)	리:	里	마을 리	里數(이수)
	歸	돌아갈 귀	歸家(귀가)		理	이치 리	理論(이론)
근:	近	가까울 근	近代(근대)		利	이로울 리	利益(이익)
금:	禁	금할 금	禁煙(금연)		李	성씨 리, 오얏나무 리	李氏(이씨)
난:	暖	따뜻할 난	暖帶(난대)		離	떨어질 리	離別(이별)
내:	內	안 내	內部(내부)	마:	馬	말 마	馬上(마상)
념:	念	생각 념	念頭(염두)	만:	萬	일만 만	萬能(만능)
노:	怒	성낼 노	怒氣(노기)	망:	望	바랄 망, 원망할 망	望遠鏡(망원경)
단:	斷	끊을 단	斷食(단식)	매:	買	살 매	買受(매수)
대:	代	대신할 대	代理(대리)	면:	面	얼굴 면	面民(면민)
	對	대답할 대, 마주볼 대	對答(대답)		勉	힘쓸 면	勉勵(면려)
	待	기다릴 대	待機(대기)	명:	命	목숨 명, 시킬 명	命令(명령)
도:	道	길 도	道德(도덕)	모:	母	어미 모	母情(모정)
	度	법 도	度量(도량)	묘:	妙	묘할 묘	妙技(묘기)
	到	이를 도	到着(도착)		墓	무덤 묘	墓所(묘소)
	導	이끌 도	導水路(도수로)	무:	武	굳셀 무	武器(무기)
동:	動	움직일 동	動物(동물)		舞	춤출 무	舞曲(무곡)
	洞	얼 동	洞里(동리)		務	힘쓸 무	務望(무망)
	童	아이 동	童心(동심)	문:	問	물을 문	問答(문답)
등:	等	가지런할 등	等級(등급)				

반:	反	거스를 반, 뒤집을 반	反對(반대)		비:	悲	슬플 비	悲觀(비관)
	半	반 반	半年(반년)			非	아닐 비, 그를 비	非常(비상)
방:	訪	찾을 방	訪問(방문)			祕	숨길 비	秘密(비밀)
배:	倍	갑절 배	倍加(배가)			批	비평할 비	批判(비판)
	配	짝지을 배	配給(배급)		사:	四	넉 사	四面(사면)
	背	등질 배	背景(배경)			事	일 사, 섬길 사	事件(사건)
	拜	절 배	拜禮(배례)			使	부릴 사	使命(사명)
범:	範	법 범, 한계 범	範圍(범위)			死	죽을 사	死亡(사망)
	犯	범죄 범	犯人(범인)			仕	벼슬할 사	仕宦(사환)
변:	變	변할 변, 재앙 변	變節(변절)			士	선비 사	士氣(사기)
	辯	말잘할 변	辨明(변명)			史	역사 사, 사관 사	史記(사기)
병:	病	병들 병	病苦(병약)			謝	사례할 사, 사양할 사	謝禮(사례)
보:	報	갚을 보, 알릴 보	報告(보고)		산:	算	셈할 산	算數(산수)
	寶	보배 보	寶物(보물)			産	낳을 산	産業(산업)
	步	걸음 보	步調(보조)			散	흩어질 산	散文(산문)
	普	널리 보	普及(보급)		상:	上	위 상, 오를 상	上品(상품)
봉:	奉	받들 봉	奉仕(봉사)			想	생각할 상	想起(상기)
부:	富	부자 부, 넉넉할 부	富者(부자)		서:	序	차례 서	序論(서론)
	復	다시 부, 회복할 부	復活(부활)		선:	善	착할 선, 좋을 선	善惡(선악)
	副	버금 부	副班長(부반장)			選	뽑을 선, 가릴 선	選擧(선거)
	府	마을 부, 곳집 부	府君(부군)		성:	姓	성 성	姓名(성명)
	否	아닐 부	否認(부인)			性	성품 성, 성별 성	性格(성격)
부:	負	질 부, 짐질 부	負擔(부담)			聖	성인 성, 성스러울 성	聖堂(성당)
분:	憤	분할 분	憤怒(분노)			盛	성할 성	盛大(성대)
비:	比	견줄 비	比例(비례)		세:	世	세대 세, 세상 세	世界(세계)
	鼻	코 비	鼻笑(비소)			歲	해 세, 나이 세	歲拜(세배)
	費	쓸 비	費用(비용)			洗	씻을 세	洗禮(세례)
	備	갖출 비	備考(비고)			勢	세력 세, 기세 세	勢道(세도)

세:	細	가늘 세, 자세할 세	細密(세밀)	연:	演	익힐 연, 행할 연	演技(연기)
	稅	세금 세	稅金(세금)		硏	연구할 연	硏究(연구)
소:	小	작을 소	小說(소설)	영:	永	길 영, 오랠 영	永久(영구)
	少	적을 소, 젊을 소	少女(소녀)	예:	藝	재주 예	藝能(예능)
	所	바 소, 곳 소	所信(소신)		豫	미리 예	豫備(예비)
	笑	웃을 소	笑門萬福來(소문만복래)	오:	五	다섯 오	五六島(오륙도)
손:	損	덜 손, 잃을 손	損失(손실)		午	낮 오	午前(오전)
송:	送	보낼 송	送金(송금)		誤	그리칠 오	誤算(오산)
	頌	기릴 송	頌歌(송가)	왕:	往	갈 왕	往來(왕래)
수:	數	셈 수, 자주 수	數字(수자)	외:	外	바깥 외	外國(외국)
순:	順	순할 순, 차례 순	順序(순서)	요:	曜	빛날 요	曜日(요일)
시:	市	시가 시	市民(시민)	용:	勇	날래 용, 용감할 용	勇敢(용감)
	始	처음 시, 비롯할 시	始作(시작)		用	쓸 용, 베출 용	用件(용건)
	示	보일 시	示範(시범)	우:	右	오른쪽 우	右相(우상)
	視	볼 시	視線(시선)		遇	만날 우	遇會(우회)
	施	베풀 시	施設(시설)		雨	비 우	雨期(우기)
	是	옳을 시, 이 시	是非(시비)		友	벗 우	友軍(우군)
신:	信	믿을 신	信義(신의)	운:	運	돌 운, 움직일 운	運動(운동)
안:	案	책상 안, 생각할 안	案件(안건)	원:	遠	멀 원	遠景(원경)
	眼	눈 안	眼科(안과)		願	바랄 원	願望(원망)
암:	暗	어두울 암	暗算(암산)		援	구원할 원, 도울 원	援軍(원군)
애:	愛	사랑할 애, 아낄 애	愛着(애착)	유:	有	있을 유	有名(유명)
야:	野	들 야	野黨(야당)	음:	飮	마실 음	飮料(음료)
	夜	밤 야	夜間(야간)	응:	應	응할 응	應答(응답)
양:	養	기를 양	養分(양분)	의:	意	뜻 의	意味(의미)
어:	語	말씀 어	語感(어감)		義	옳을 의	義理(의리)
여:	與	줄 여, 더불어 여	與黨(여당)		議	의논할 의, 말할 의	議論(의론)
				이:	二	두 이	二百(이백)

이:	以	써 이	以北(이북)	조:	造	지을 조, 나아갈 조	造語(조어)
	耳	귀 이	耳目(이목)		早	이를 조	早期(조기)
	異	다를 이	異見(이견)	좌:	左	왼쪽 좌	左右(좌우)
	易	쉬울 이, 바꿀 역	易老(이노)		座	자리 좌	座席(좌석)
자:	姿	맵시 자	姿勢(자세)	죄:	罪	허물 죄	罪過(죄과)
장:	壯	씩씩할 장	壯觀(장관)	주:	住	살 주	住所(주소)
	獎	도울 장	獎勵(장려)		注	물댈 주	注文(주문)
재:	在	있을 재	在野(재야)	중:	重	무거울 중	重大(중대)
	再	다시 재, 거듭 재	再開(재개)		衆	무리 중, 많을 중	衆論(중론)
저:	貯	쌓을 저	貯金(저금)	진:	進	나아갈 진	進步(진보)
	低	낮을 저	低溫(저온)		盡	다할 진	盡力(진력)
	底	밑 저	底力(저력)	찬:	讚	기릴 찬	讚歌(찬가)
전:	電	전기 전	電氣(전기)	창:	創	비롯할 창	創作(창작)
	戰	싸움 전	戰爭(전쟁)		唱	노래부를 창	唱劇(창극)
	錢	돈 전	錢穀(전곡)	채:	採	캘 채	採伐(채벌)
	典	법 전, 의식 전	典據(전거)	처:	處	곳 처, 살 처	處女(처녀)
전:	展	펼 전	展開(전개)	촌:	寸	마디 촌	寸數(촌수)
	轉	구를 전	轉居(전거)		村	마을 촌	村婦(촌부)
정:	定	정할 정	定價(정가)	총:	總	모두 총	總理(총리)
	整	가지런할 전	整理(정리)	최:	最	가장 최	最新(최신)
제:	弟	아우 제	弟婦(제부)	취:	取	가질 취	取得(취득)
	第	차례 제	第一(제일)		趣	향할 취	趣味(취미)
	祭	제사 제	祭禮(제례)		就	이를 취, 나갈 취	就業(취업)
	濟	건널 제	濟渡(제도)	치:	致	이를 치	致富(치부)
	製	지을 제, 마를 제	製作(제작)		置	둘 치	置簿(치부)
	制	지을 제	制度(제도)	타:	打	첫 타	打擊(타격)
	帝	임금 제	帝國(제국)		炭	숯 탄	炭價(탄가)
	際	사이 제	際遇(제우)	탄:	彈	탄알 탄	彈力(탄력)
조:	助	도울 조	助敎(조교)		歎	탄식할 탄	歎聲(탄성)

태:	態	모양 태	態度(태도)		행:	幸	다행 행	幸福(행복)
통:	統	거느릴 통	統一(통일)		향:	向	향할 향	向上(향상)
	通	통할 통, 합칠 통	通信(통신)		헌:	憲	법 헌	憲法(헌법)
퇴:	退	물러날 퇴	退去(퇴거)		험:	驗	증험할 험	驗算(험산)
파:	破	깨트릴 파	破壞(파괴)			險	험할 험	險談(험담)
패:	敗	패할 패	敗北(패배)		현:	現	드러날 현	現代(현대)
평:	評	평론할 평	評價(평가)			顯	나타날 현	顯官(현관)
폐:	閉	닫을 폐	閉店(폐점)		혜:	惠	은혜 혜	惠存(혜존)
포:	砲	돌쇠뇌 포	砲擊(포격)		호:	號	부를 호	號令(호령)
품:	品	물건 품	品質(품질)			護	보호할 호	護國(호국)
피:	避	피할 피	避難(피난)			好	좋을 호	好感(호감)
하:	下	아래 하, 내릴 하	下級(하급)			戶	지게 호	戶籍(호적)
	夏	여름 하	夏期(하기)		혼:	混	섞을 혼	混亂(혼란)
한:	漢	물이름 한	漢文(한문)		화:	畵	그림 화, 그을 획	畵家(화가)
	限	한정 한, 막힐 한	限界(한계)			貨	재화 화, 화폐 화	貨物(화물)
	恨	한할 한	恨事(한사)		회:	會	모을 회	會員(회원)
항:	港	항구 항	港口(항구)		효:	孝	효도 효	孝道(효도)
	航	건널 항, 배 항	航空(항공)			效	본받을 효	效果(효과)
	抗	대항할 항	抗辯(항변)		후:	後	뒤 후	後日(후일)
해:	海	바다 해	海上(해상)			候	물을 후	候補(후보)
	害	해로울 해	害國(해국)			厚	두터울 후	厚待(후대)
	解	풀 해	解決(해결)		훈:	訓	가르칠 훈	訓戒(훈계)

2 첫음절에서 길거나 짧은 소리로 발음되는 한자

한 자	발 음	예	한 자	발 음	예
街 거리 가	가ː / 가	街道(가도), 街頭(가두) / 街路燈(가로등)	口 입 구	구ː / 구	口號(구호), 口頭(구두) / 口文(구문), 口錢(구전)
間 사이 간	간ː / 간	間接(간접), 間食(간식) / 間數(간수)	具 갖출 구	구ː / 구	具氏(구씨) / 具體的(구체적)
簡 편지 간	간ː / 간	簡易(간이), 簡紙(간지) / 簡單(간단), 簡潔(간결)	勤 무시당할 근	근ː / 근	勤務(근무), 勤勞(근로) / 勤告(근고)
肝 간 간	간ː / 간	肝膽(간담), 肝要(간요) / 肝氣(간기), 肝油(간유)	難 어려울 난	난ː / 난	難色(난색), 難處(난처) / 難局(난국), 難關(난관)
強 굳셀 강	강ː / 강	強制(강제), 強盜(강도) / 強國(강국), 強大(강대)	短 짧을 단	단ː / 단	短文(단문), 短髮(단발) / 短點(단점), 短縮(단축)
個 낱 개	개ː / 개	個性(개성), 個別(개별) / 個人(개인)	大 큰 대	대ː / 대	大國(대국), 大小(대소) / 大田(대전), 大豆(대두)
景 경치 경	경ː / 경	景福宮(경복궁) / 景致(경치), 景氣(경기)	帶 대 대	대ː / 대	帶同(대동) / 帶狀(대상), 帶分數(대분수)
考 헤아릴 고	고ː / 고	考古學(고고학) / 考察(고찰), 考案(고안)	冬 겨울 동	동ː / 동	冬期(동기), 冬服(동복) / 冬至(동지)
菓 과자 과	과ː / 과	菓品(과품) / 菓子(과자)	來 올 래	래(내) / 래(내)	來世(내세), 來客(내객) / 來年(내년), 來日(내일)
貫 꿸 관	관ː / 관	貫珠(관주), 貫革(관혁) / 貫徹(관철), 貫通(관통)	令 명령할 령	령ː / 령	令監(영감) / 令狀(영장)
怪 괴이할 괴	괴ː / 괴	怪物(괴물), 怪變(괴변) / 怪常(괴상), 怪異(괴이)	料 헤아릴 료	료ː / 료	料金(요금), 料食(요식) / 料理(요리), 料量(요량)

類	류:	類別(유별), 類推(유추)	逢	봉:	逢着(봉착), 逢敗(봉패)
무리 류	류	類類相從(유유상종)	만날 봉	보	逢變(봉변), 逢賊(봉적)
麻	마:	麻雀(마작)	符	부:	符號(부호), 符合(부합)
삼 마	마	麻織物(마직물)	부신 부	부	符節(부절)
滿	만:	滿面(만면), 滿場(만장)	分	분:	分量(분량), 分數(분수)
가득할 만	만	滿期(만기), 滿足(만족)	나눌 분	분	分明(분명), 分母(분모)
每	매:	每事(매사), 每年(매년)	思	사:	思想(사상)
매양 매	매	每日(매일), 每樣(매양)	생각 사	사	思考(사고), 思念(사념)
賣	매:	賣店(매점), 賣上(매상)	喪	상:	喪配(상배), 喪妻(상처)
팔 매	매	賣買(매매)	잃을 상	상	喪家(상가), 喪失(상실)
聞	문:	聞見(문견)	徐	서:	徐步(서보), 徐行(서행)
들을 문	문	聞慶(문경)	천천히 서	서	徐羅伐(서라벌)
美	미:	美術(미술), 美男(미남)	掃	소:	掃除(소제), 掃地(소지)
아름다울 미	미	美軍(미군), 美國(미국)	쓸 소	소	掃海(소해), 掃射(소사)
未	미:	未開(미개), 未來(미래)	素	소:	素服(소복)
아닐 미	미	未安(미안)	바탕 소	소	素質(소질), 素材(소재)
迷	미:	迷路(미로), 迷忘(미망)	燒	소:	燒紙(소지)
미혹할 미	미	迷兒(미아)	불사를 소	소	燒却(소각), 燒失(소실)
放	방:	放送(방송), 放心(방심)	試	시:	試食(시식), 試圖(시도)
놓을 방	방	放學(방학)	시험할 시	시	試驗(시험)
凡	범:	凡例(범례), 凡夫(범부)	審	심:	審議(심의), 審判(심판)
무릇 범	범	凡節(범절)	살필 심	심	審理(심리), 審査(심사)
保	보:	保健(보건), 保護(보호)	亞	아:	亞流(아류), 亞將(아장)
보전할 보	보	保證(보증)	버금 아	아	亞細亞(아세아)

沿	연:	沿革(연혁)	陳	진:	陳述(진술), 陳設(진설)
물따를 연	연	沿岸(연안), 沿海(연해)	진칠 진	진	陳外家(진외가)
燕	연:	燕子(연자), 燕雀(연작)	鎭	진:	鎭壓(진압), 鎭痛(진통)
제비 연	연	燕山君(연산군)	누를 진	진	鎭靜劑(진정제)
任	임:	任命(임명), 任官(임관)	昌	창:	昌德宮(창덕궁)
맡길 임	임	任氏(임씨)	창성할 창	창	昌寧(창녕), 昌原(창원)
暫	잠:	暫定的(잠정적)	倉	창:	倉卒(창졸)
잠간 잠	잠	暫間(잠간)	곳집 창	창	倉庫(창고)
長	장:	長男(장남), 長官(장관)	針	침:	針母(침모), 針線(침선)
길 장	장	長短(장단), 長點(장점)	바늘 침	창	針葉樹(침엽수)
將	장:	將兵(장병), 將校(장교)	沈	심:	沈氏(심씨), 深淸(심청)
장수 장	장	將來(장래), 將次(장차)	잠길 침, 성 심	침	沈沒(침몰), 沈默(침묵)
占	점:	占領(점령), 占據(점거)	討	토:	討論(토론), 討議(토의)
점칠 점	점	占치다, 占術(점술)	궁구할 토	토	討伐(토벌), 討破(토파)
正	정:	正直(정직), 正義(정의)	吐	토:	吐血(토혈)
바를 정	정	正月(정월), 正初(정초)	토할 토	토	吐하다, 吐露(토로)
操	조:	操心(조심)	播	파:	播種(파종), 播遷(파천)
잡을 조	조	操作(조작), 操行(조행)	뿌릴 파	파	播多(파다)
種	종:	種類(종류), 種別(종별)	片	편:	片紙(편지)
씨종 종	종	種子(종자), 種族(종족)	조각 편	편	片影(편영), 片肉(편육)
從	종:	從祖(종조), 從兄(종형)	包	포:	包圍(포위), 包容(포용)
따를 종	종	從事(종사), 從軍(종군)	쌀 포	포	包裝(포장), 包 장기짝
仲	중:	仲氏(중씨), 仲兄(중형)	布	포:	布教(포교), 布告(포고)
버금 중	중	仲介(중개), 仲媒(중매)	베포, 펼 포	포	布木(포목), 布帳(포장)

荷 멜 하	하:	荷物(하물), 荷役(하역)
	하	荷香(하향), 荷花(하화)

汗 땀 한	한:	汗牛充棟, 汗蒸幕(한증막)
	한	汗國(한국), 汗黨(한당)

韓 나라이름 한, 성 한	한:	韓國(한국), 韓食(한식)
	한	韓氏(한씨)

行 다닐 행	행:	行實(행실)
	행	行動(행동), 行進(행진)

虎 범 호	호:	虎口(호구), 虎患(호환)
	호	虎班(호반)

예상문제풀이

1 다음에 예시된 漢字語 중에서 공통적으로 쓰인 漢字가 長音으로 發音되는 것을 골라 그 번호를 쓰시오.
① ㉠ 素養 ㉡ 素材 ㉢ 素質 ㉣ 素服
② ㉠ 令息 ㉡ 令弟 ㉢ 令夫人 ㉣ 令監
③ ㉠ 分散 ㉡ 分量 ㉢ 分明 ㉣ 分母

정답 및 해설

1. ① ㉣(素는 희다나 꾸미지 않은 순수한 모습을 뜻할 때 길게 발음된다.)
   ② ㉣(令은 令監이 장음으로 발음된다.)
   ③ ㉡(分은 많고 적은 부피나 양을 나타낼 때 첫소리가 길게 발음된다.)

2 다음에 예시된 單語 중에서 첫소리가 長音으로 發音되는 것을 골라 그 번호를 쓰시오.
① ㉠ 聽覺 ㉡ 傾聽 ㉢ 成人 ㉣ 禮節
② ㉠ 長歌 ㉡ 長短 ㉢ 長子 ㉣ 長音
③ ㉠ 上古 ㉡ 壇上 ㉢ 作家 ㉣ 讀者

2. ① ㉣(例, 禮는 첫소리가 장음이다.)
   ② ㉡(長은 단체나 관청의 우두머리 또는 연장자, 뛰어나다(장점)의 뜻으로 쓰일 때 길게 발음된다. 그 외 길다나 긴 것을 나타낼 때는 단음이다.)
   ③ ㉠(上과 想은 첫소리가 장음이다.)

3 다음에 예시한 單語 중에서 공통적으로 쓰인 漢字語의 첫소리가 短音(짧은소리)인 것을 골라 그 번호를 쓰시오.
① ㉠ 每年 ㉡ 每週 ㉢ 每學年 ㉣ 每日
② ㉠ 正當 ㉡ 正初 ㉢ 正常 ㉣ 正直
③ ㉠ 長男 ㉡ 長官 ㉢ 長短 ㉣ 長者

3. ① ㉢(每는 각각을 뜻할 때는 단음으로 발음된다.)
   ② ㉡(正은 올바른·바른의 뜻일 때 길게 발음된다.)
   ③ ㉢(長은 길다나 긴 것을 나타낼 때 단음이다.)

4 다음에 예시한 單語 중에서 첫소리가 長音으로 發音되는 것을 골라 그 번호를 쓰시오.
① ㉠ 電話 ㉡ 實話 ㉢ 談話 ㉣ 話題
② ㉠ 關心 ㉡ 科學 ㉢ 壯觀 ㉣ 曲解
③ ㉠ 鮮明 ㉡ 通路 ㉢ 神仙 ㉣ 善惡

4. ① ㉠(電과 戰·錢·典·展·轉은 첫소리가 장음이다.)
   ② ㉢(壯과 奬은 첫소리가 장음이다.)
   ③ ㉣(善과 選은 첫소리가 장음이다.)

5 다음 짝지어진 4개의 單語 중에서 첫소리가 긴소리로 發音되는 말을 골라 그 번호를 쓰시오.
① ㉠ 社會 ㉡ 思考 ㉢ 私心 ㉣ 事故
② ㉠ 空間 ㉡ 攻防 ㉢ 公開 ㉣ 工事
③ ㉠ 十月 ㉡ 市民 ㉢ 詩人 ㉣ 時調
④ ㉠ 祖國 ㉡ 朝會 ㉢ 調和 ㉣ 助教
⑤ ㉠ 場所 ㉡ 將來 ㉢ 長官 ㉣ 長點

6 다음에 例示한 單語 중에서 첫소리가 다른 것과 다르게 發音되는 것을 골라 그 番號를 쓰시오.
① ㉠ 素材 ㉡ 消防 ㉢ 所望 ㉣ 素朴
② ㉠ 場所 ㉡ 長官 ㉢ 長點 ㉣ 長技
③ ㉠ 都市 ㉡ 逃亡 ㉢ 盜賊 ㉣ 道德

정답 및 해설

5. ① ㉣('사'로 발음되는 한자 중 첫소리가 장음인 것은 四·事·使·死·仕·士·史·謝이다.)
② ㉡('공'으로 발음되는 한자 중 첫소리가 장음인 것은 共·孔·功이다.)
③ ㉢('시'로 발음되는 한자 중 첫소리가 장음인 것은 市·始·示·視·施·是이다.)
④ ㉣('조'로 발음되는 한자 중 첫소리가 장음인 것은 助·造·무이다.)
⑤ ㉣(長은 우두머리·장점을 나타낼 때는 첫소리가 장음이다.)

6. ① ㉢(小·少·笑는 첫소리가 장음이다.)
② ㉠(우두머리, 뛰어나다(장점)의 뜻인 長은 모두 길게 발음된다.)
③ ㉣(道는 첫소리가 장음으로 度·到·導도 역시 첫소리가 길게 발음된다.)

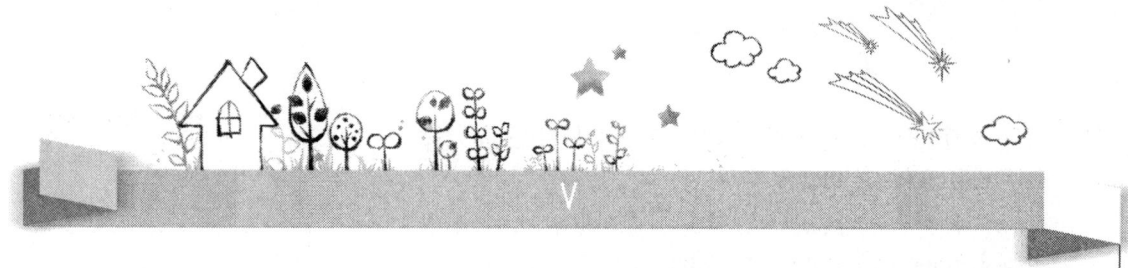

한자성어풀이

四字成語라고도 하며, 뜻을 풀이해 놓고 이에 맞는 한자를 고르는 문제나, 한자성어를 예문으로 제시하며 그 뜻을 쓰게 하는, 그리고 예문에 적절한 한자성어를 쓰는 문제, 이렇게 세가지 유형으로 나눠 출제됩니다. 앞서 읽기나 쓰기에서 나온 한자들을 활용하는 부분으로, 급수별로 그리 어려운 한자가 출제되지는 않습니다. 이 단원과 관련된 문제유형은 읽기와 쓰기를 종합한 유형으로, 뜻풀이나 해당한자를 쓸 수 있어야 합니다.

- 街談巷說(가담항설) : 세상의 풍문. 길거리의 화제
- 刻骨難忘(각골난망) : 은혜에 대한 고마운 마음이 뼈에 새겨져 잊혀지지 않음
- 角者無齒(각자무치) : 한 사람이 모든 복을 겸하지 못함을 이름
- 刻舟求劍(각주구검) : 사람이 미련하고 융통성이 없음
- 甘言利說(감언이설) : 달콤한 말과 이로운 조건을 내세워 남을 꾐
- 甘呑苦吐(감탄고토) : 제게 유리하면 하고 불리하면 하지 않는 이기주의적 태도
- 康衢煙月(강구연월) : 태평한 세상의 평화스러운 풍경
- 改過遷善(개과천선) : 잘못을 고치고 옳은 길에 들어섬
- 去頭截尾(거두절미) : 사실의 줄거리만 말하고 부수적인 것을 빼어버림
- 居安思危(거안사위) : 편안한 때에 있어서는 앞으로 닥칠 위태로움을 생각함
- 見利思義(견리사의) : 이익을 보면 의리에 맞는가 어떤가를 먼저 생각해야 함
- 犬馬之勞(견마지로) : 자기의 노력을 낮추어 일컫는 말
- 見物生心(견물생심) : 실제로 물건을 보면 가지고 싶은 욕심이 생김
- 見危授命(견위수명) : 위태함을 보고 목숨을 주어 버림. 곧, 나라의 위태로움을 보고 목숨을 아끼지 않고 나라를 위하여 싸움
- 結者解之(결자해지) : 처음에 일을 시작한 사람이 그 일을 끝맺어야 함
- 結草報恩(결초보은) : 죽어 혼령이 되어서도 은혜를 잊지 않고 갚음
- 輕擧妄動(경거망동) : 경솔하고 망령된 행동
- 傾國之色(경국지색) : 한 나라를 기울게 할 만큼 용모가 빼어난 미인
- 鷄卵有骨(계란유골) : 늘 일이 안되는 사람이 모처럼 좋은 기회를 만났으나 역시 잘 안됨
- 孤軍奮鬪(고군분투) : 적은 인원의 약한 힘으로 남의 도움 없이 힘에 겨운 일을 함
- 膏粱珍味(고량진미) : 기름지고 맛있는 음식

- 姑息之計(고식지계) : 일시적으로 편안하고자 생각해 낸 계책
- 孤掌難鳴(고장난명) : 상대방이 응해야지, 혼자서는 일이 이루어지지 않음
- 苦盡甘來(고진감래) : 고생 끝에 즐거움이 옴
- 曲學阿世(곡학아세) : 학문을 왜곡시켜 세상이 속물들에게 아부함
- 空中樓閣(공중누각) : 사물의 기초가 견고하지 못함
- 誇大妄想(과대망상) : 사실보다 과장하여 지나치게 상상하는 망령된 생각
- 過猶不及(과유불급) : 지나침은 미치지 못함과 같음
- 管鮑之交(관포지교) : 중국 제(濟)나라의 관중(管仲)과 포숙(鮑叔)의 고사. 썩 친밀한 우정을 이름
- 刮目相對(괄목상대) : 남이 학식이나 재주가 갑자기 는 것을 경탄하여 인식을 새롭게 함
- 矯角殺牛(교각살우) : 조그만 일을 고치려다 큰 일을 그르침
- 巧言令色(교언영색) : 교묘하게 꾸며대는 말과 아첨하는 얼굴빛. 곧, 아첨하는 언행을 이름
- 九曲肝腸(구곡간장) : 굽이굽이 사무침. 마음 속
- 口蜜腹劍(구밀복검) : 꿀같이 달콤한 마을 하면서 칼 같은 마음을 품어 해칠 생각을 가짐
- 九死一生(구사일생) : 여러 번 죽을 고비를 넘기고 간신히 살아남
- 口尚乳臭(구상유취) : 입에서 아직 젖내가 남. 곧, 말이나 행동이 유치함
- 九牛一毛(구우일모) : 많은 것 가운데 극히 적은 것
- 九折羊腸(구절양장) : 수많은 꺾인 양의 창자. 곧, 꼬불꼬불하고 험한 산길
- 群鷄一鶴(군계일학) : 많은 닭 가운데 한 마리의 학. 곧, 많은 사람 중의 뛰어난 인물
- 群雄割據(군웅할거) : 한 시기에 여기저기에서 제각기 일어난 영웅들이 제각기 한 지방을 차지하고 제 마음대로 위세를 부리는 일
- 克己復禮(극기복례) : 사욕을 누르고 예의 범절을 좇음
- 近墨者黑(근묵자흑) : 나쁜 사람과 어울리면 그의 좋지 못한 행실에 물듦
- 金科玉條(금과옥조) : 금이나 옥과 같이 몹시 귀중한 법률이나 규범
- 金蘭之契(금란지계) : 벗 사이나 사귐이 매우 깊음을 이름. 금은 지극히 견고하지만 두 사람의 마음을 합치면 그 견고함이 금을 능히 단절할 수 있으며, 두 사람이 지정한 말을 향기로운 난초에 비유하여 '금란'이라 함
- 錦上添花(금상첨화) : 좋은 일이 거듭해서 일어남
- 錦衣還鄕(금의환향) : 객지에서 성공하여 고향으로 돌아옴
- 金枝玉葉(금지옥엽) : ① 임금의 집안과 자손 ② 귀여운 자손

- 杞憂(기우) : 기나라 사람의 근심. 곧, 쓸데없는 걱정을 뜻함
- 難兄難弟(난형난제) : 인물이나 사물의 우열을 가리기 힘듦
- 南柯一夢(남가일몽) : 꿈 또는 허무한 한때의 부귀영화(富貴榮華)
- 男負女戴(남부여대) : 가난한 사람들이 떠돌아다니는 형상을 가리킴
- 內憂外患(내우외환) : 나라 안의 걱정과 외적의 침입에 대한 근심
- 勞心焦思(노심초사) : 몹시 초조하게 생각하고 속을 태움
- 綠陰芳草(녹음방초) : 푸른 나무 그늘과 꽃다운 풀. 곧, 여름의 자연경치
- 累卵之勢(누란지세) : 알을 쌓아 놓은 듯한 형세. 곧, 매우 위태로운 형세
- 能小能大(능소능대) : 작은 일도 큰 일도 능히 해낼 수 있음
- 多多益善(다다익선) : 많으면 많을수록 좋음
- 斷金之交(단금지교) : 친구 사이의 사귀는 정이 두텁고 깊은 것
- 單刀直入(단도직입) : 군말을 떼고 바로 본론으로 들어감
- 簞食瓢飮(단사표음) : 청빈한 생활에 만족함
- 大器晚成(대기만성) : 크게 될 사람은 느지막이 이루어짐
- 讀書三到(독서삼도) : 독서는 눈으로 보고, 입으로 읽고, 마음으로 깨우쳐야 함
- 同價紅裳(동가홍상) : 같은 조건이라면 좀 낫고 편리한 것을 선택함
- 同病相憐(동병상련) : 고난을 겪는 사람끼리 서로 불쌍히 여겨 동정하고 도움
- 同床異夢(동상이몽) : 같은 처지에서도 서로 다른 생각을 함
- 登龍門(등용문) : 용문(龍門)은 중국 황하의 상류에 있는 급류로, 잉어가 그 곳에 오르면 용이 된다는 전설이 있음. 곧, 사람이 영달하는 관문
- 燈火可親(등화가친) : 등잔불을 가까이 하여 책을 보기에 좋은 때라는 뜻
- 馬耳東風(마이동풍) : 남이 말하는 것을 귀담아 듣지 않고 지나쳐 흘려버림
- 莫逆之友(막역지우) : 마음이 맞아 서로 거슬리는 일이 없는 친한 벗
- 望洋之歎(망양지탄) : 바다를 바라보고 하는 탄식. 곧, 힘이 미치지 못함을 탄식
- 麥秀之嘆(맥수지탄) : 고국의 멸망을 한탄함
- 明鏡止水(명경지수) : ① 맑은 거울처럼 잔잔하게 정지되어 있는 물 ② 잡념이 없이 아주 맑고 깨끗한 마음의 비유
- 明若觀火(명약관화) : 불빛을 보는 것처럼 밝음. 곧, 더할 나위 없이 분명함
- 矛盾之說(모순지설) : 말의 앞뒤가 맞지 않음. '모순'이라고도 함
- 目不識丁(목불식정) : 눈을 보고도 '丁'자 같은 쉬운 글자를 모름. 곧, 낫 놓고 'ㄱ'자도 모름
- 門前成市(문전성시) : 방문객이 많음을 비유한 말

- 博而不精(박이부정) : 여러 방면으로 널리 아나, 정통하지 못함
- 拔本塞源(발본색원) : 폐단의 근본을 뽑고 근원을 없애버림
- 傍若無人(방약무인) : 곁에 사람이 없는 것처럼 제멋대로 행동함
- 背水之陣(배수지진) : 물을 등지고 진을 침
- 百年河淸(백년하청) : 아무리 기다려도 사물이 이루어지기 어려움을 이름
- 百年偕老(백년해로) : 부부가 되어 화락하게 일생을 함께 늙음
- 白面書生(백면서생) : 오로지 글만 읽고 세상일에는 조금도 경험이 없는 사람
- 夫唱婦隨(부창부수) : 남편의 주장에 아내가 따름. 부부의 화합함
- 附和雷同(부화뇌동) : 제 주견은 없고 남이 하는 대로 무턱대고 따라 함
- 粉骨碎身(분골쇄신) : 뼈는 가루가 되고 몸은 산산조각이 남. 곧, 목숨을 걸고 힘을 다함
- 四顧無親(사고무친) : 사방을 돌아보아도 친한 사람이 없음. 곧, 의지할 만한 사람이 전혀 없음
- 四面楚歌(사면초가) : 사면을 적에게 포위당하여 고립 상태에 빠져 있음
- 沙上樓閣(사상누각) : 기초가 견고하지 못한 일을 일컬음
- 蛇足(사족) : '화사첨족'의 준말. 쓸데없는 군일을 하다가 도리어 실패함
- 事必歸正(사필귀정) : 무슨 일이든지 끝에 가서는 바르게 처리됨
- 殺身成仁(살신성인) : 몸을 죽여 어짊을 이룸. 곧, 자기를 희생하여 착한 일을 함
- 山紫水明(산자수명) : 산천의 경치가 아주 아름다움
- 森羅萬象(삼라만상) : 우주 안에 온갖 것의 일체
- 三旬九食(삼순구식) : 한 달에 아홉 끼만 먹을 정도로 먹을 것이 부족함
- 桑田碧海(상전벽해) : 뽕나무밭이 변하여 푸른 바다가 됨. 즉, 세상일이 크게 변함
- 塞翁之馬(새옹지마) : 사람의 길흉화복은 예측하기 어려움을 이름
- 纖纖玉手(섬섬옥수) : 가냘픈 여자의 손
- 束手無策(속수무책) : 어떤 일의 처리 방도를 생각하고 행동해 낼 수 없음
- 手不釋卷(수불석권) : 손에서 책을 놓지 않음. 곧, 열심히 공부함
- 袖手傍觀(수수방관) : 어떤 일을 당하여 손을 써 보지 못하고 보고만 있음
- 水魚之交(수어지교) : 고기와 물과의 사이처럼 떨어질 수 없는 특별한 친분
- 守株待兎(수주대토) : 토끼가 나무 그루터기에 걸려 죽기를 기다렸다는 고사에서 비롯된 말. 곧, 주변이 없어서 변통할 줄을 모르고 굳게 지키기만 함
- 脣亡齒寒(순망치한) : 입술이 없으면 이가 시리다는 뜻으로, 이해관계가 서로 매우 밀접하여 한쪽이 망하면 다른 한쪽이 위태로움을 이름

- 識字憂患(식자우환) : 학식이 있는 것이 도리어 근심을 사게 됨
- 神出鬼沒(신출귀몰) : 귀신이 출몰하듯 자유자재하여 그 변화를 헤아리지 못함
- 深思熟考(심사숙고) : 신중을 기하여 곰곰이 생각함
- 十匙一飯(십시일반) : 열 술이면 한 끼의 밥. 곧, 여러 사람이 힘을 합하면 한 사람을 구원할 수 있다는 말
- 我田引水(아전인수) : 내 논에 물대기. 곧, 자기에게만 유리하게 생각하고 행동함
- 眼下無人(안하무인) : 눈 아래 사람이 없음. 곧, 교만하여 사람들을 업신여김
- 梁上君子(양상군자) : 들보 위의 군자. ① 도둑 ② 쥐
- 漁父之利(어부지리) : 무명조개와 도요새가 서로 다투는 틈에 어부가 두 놈을 다 잡아 이익을 보았다는 데서, 쌍방이 싸울 때 제삼자가 힘들이지 않고 이익을 얻음을 뜻함
- 語不成說(어불성설) : 말이 사리에 맞지 않음. 말이 말 같지 않음
- 言語道斷(언어도단) : 말문이 막힌다는 뜻으로, 너무 어이가 없어 할 말이 없음
- 易地思之(역지사지) : 처지를 바꾸어서 생각함
- 緣木求魚(연목구어) : 안될 일을 무리하게 하려고 함
- 榮枯盛衰(영고성쇠) : 사람의 일생은 성하기도 하고 쇠하기도 함
- 五十步百步(오십보백보) : 대동소이(大同小異)한 것. 근소한 차이를 말함
- 烏合之卒(오합지졸) : 까마귀들이 모인 것 같은 군사. 곧, 임시로 모집하여 훈련이 없는 군사. 통제가 되지 않는 군사. 오합지중(烏合之衆)
- 溫故知新(온고지신) : 옛 것을 익히고 그것으로 미루어 새 것을 깨달음
- 臥薪嘗膽(와신상담) : 원수를 갚으려고 고생을 참고 견디어 냄
- 優柔不斷(우유부단) : 망설이기만 하고 결단하지 못함
- 雨後竹筍(우후죽순) : 어떠한 일이 한때에 많이 일어남
- 類萬不同(유만부동) : 여러가지가 많다 하여도 서로 달라 같지 않음
- 唯我獨尊(유아독존) : 이 세상에서 내가 제일 높다는 말
- 危機一髮(위기일발) : 위급함이 매우 절박한 순간
- 仁者無敵(인자무적) : 어진 사람은 모든 사람을 사랑하므로 적이 없음
- 一瀉千里(일사천리) : 문장이나 변론이 거침없이 명쾌하게 진행됨
- 一場春夢(일장춘몽) : 부귀영화가 덧없음
- 一攫千金(일확천금) : 힘 안 들이고 한꺼번에 많은 재물을 얻음
- 臨機應變(임기응변) : 그때그때의 형편에 따라 변통성 있게 그 자리에서 처결함
- 日就月將(일취월장) : 나날이 다달이 진전함. 학업이 날로 진보한다는 뜻

- 一筆揮之(일필휘지) : 단숨에 글씨를 쭉 써 내려감
- 吟風弄月(음풍농월) : 맑은 바람, 밝은 달을 대하여 시를 읊으며 즐거이 놂
- 二律背反(이율배반) : 서로 모순되는 두 개의 명제가 동등한 권리로 주장되는 일
- 一網打盡(일망타진) : 한 그물에 다 두드려 잡음. 곧, 한꺼번에 모조리 잡아들임
- 一脈相通(일맥상통) : 생각, 처지, 상태 등이 한 줄기로 서로 통함
- 一目瞭然(일목요연) : 한눈에도 똑똑하게 알 수 있음
- 一絲不亂(일사불란) : 질서나 체계가 정연하여 조금도 어지러운 데가 없음
- 一瀉千里(일사천리) : 강물이 거침없이 흘러 천 리에 내달음. 곧, 거침없이 기세좋게 진행됨
- 一朝一夕(일조일석) : 하루 아침 하루 저녁. 곧, 짧은 시간의 비유
- 一觸卽發(일촉즉발) : 한 번 스치기만 하면 곧 폭발함. 곧, 사소한 것으로도 그것이 동기가 되어 크게 터질 수 있는 아슬아슬한 형세
- 自家撞着(자가당착) : 언행의 앞뒤가 맞지 않음. '모순(矛盾)'과 같은 뜻
- 自暴自棄(자포자기) : 자기 자신을 스스로 돌보지 않음
- 自畵自讚(자화자찬) : 제가 한 일을 스스로 자랑함
- 作心三日(작심삼일) : 마음먹을 일을 오래 지속하지 못함
- 張三李四(장삼이사) : 장 서방네 셋째 아들과 이 서방네 넷째 아들이란 뜻으로, 특별히 신분을 일컬을 정도가 못 되는 사람. 평범한 사람. 어중이 떠중이
- 賊反荷杖(적반하장) : 도둑이 도리어 매를 든다는 뜻으로, 잘못한 사람이 도리어 시비나 트집을 잡는 경우의 비유
- 電光石火(전광석화) : 번갯불과 부싯돌의 불. ① 극히 짧은 시간 ② 썩 빠른 동작
- 戰戰兢兢(전전긍긍) : 몹시 두려워 벌벌 떨면서 조심함
- 輾轉反側(전전반측) : 누워 이리저리 뒤척이며 잠을 이루지 못함
- 轉禍爲福(전화위복) : 화가 바뀌어 복이 됨. 곧, 언짢은 일이 계기가 되어 오히려 다른 좋은 일이 있음
- 切嗟琢磨(절차탁마) : 옥돌을 쪼고 갈아서 빛을 냄. 곧, 학문과 덕행을 갈고 닦음
- 井底之蛙(정저지와) : 우물 안 개구리. 세상 물정에 어둡고 시야가 좁음
- 糟糠之妻(조강지처) : 지게미와 겨를 먹던 아내. 곧, 빈곤한 시절부터 어려움을 함께 한 아내. 본처(本妻)
- 朝令暮改(조령모개) : 아침에 내린 영을 저녁에 고침. 곧, 법령 등이 빈번하게 바뀜
- 朝三暮四(조삼모사) : 간사한 꾀로 남을 농락함을 이름

- 坐不安席(좌불안석) : 마음이 불안하고 걱정스러워 한 곳에 오래 앉아 있지 못함
- 坐井觀天(좌정관천) : 우물에 앉아 하늘을 봄. 곧, 견문(見聞)이 썩 좁음을 이르는 말. 곧, 우물 안 개구리를 뜻함
- 左衝右突(좌충우돌) : 이리저리 마구 찌르고 치고 받음
- 主客顚倒(주객전도) : 주인과 손님의 위치가 뒤바뀜
- 晝耕夜讀(주경야독) : 낮에는 밭 갈고 밤에는 글을 읽음. 곧, 가난을 극복하며 열심히 공부함
- 走馬加便(주마가편) : 달리는 말에 채찍질하기. 곧, 더 잘 되어 가도록 부추기거나 몰아침
- 走馬看山(주마간산) : 말을 타고 달리면서 산수를 봄. 곧, 바쁘게 대충 보며 지남
- 酒池肉林(주지육림) : 술의 못과 고기의 숲. 곧, 질탕히 차린 호화로운 술잔치
- 竹馬故友(죽마고우) : 죽마를 타던 옛 벗. 곧, 어릴 때부터 친하게 지낸 친구
- 衆寡不敵(중과부적) : 적은 수로써는 많은 수를 대적할 수 없음
- 指鹿爲馬(지록위마) : 사슴을 가리켜 말이라고 우긴 조고의 고사에서 비롯한 말. 곧, 윗사람을 농락하여 권세를 마음대로 함을 이름
- 指呼之間(지호지간) : 손짓하여 부르면 대답할 수 있을 정도의 가까운 거리
- 珍羞盛饌(진수성찬) : 잘 차린 좋은 음식
- 進退維谷(진퇴유곡) : 앞으로 나아갈 수도 뒤로 물러날 수도 없는 어려운 처지
- 滄海一粟(창해일속) : 넓은 바다에 좁쌀알 하나. 곧, 과대한 속의 보잘 것 없는 존재
- 天高馬肥(천고마비) : 하늘은 높고 말은 살찐다는 뜻으로, '가을'을 일컫는 말
- 天方地軸(천방지축) : ① 너무나 바빠서 허둥지둥 내닫는 모양 ② 분별없이 함부로 덤비는 모양
- 天壤之判(천양지판) : 하늘과 땅의 차이. 곧, 아주 엄청난 차이
- 天佑神助(천우신조) : 하늘이 돕고 신이 도움
- 天衣無縫(천의무봉) : 천사의 옷은 솔기가 없음. 곧, 사물의 흠 없이 완전함을 이름
- 千載一遇(천재일우) : 천 년에 한 번 만남. 곧, 좀처럼 만나기 어려운 좋은 기회
- 天眞爛漫(천진난만) : 조금도 꾸밈이나 거짓이 없이 천성 그대로 행동함
- 靑出於藍(청출어람) : 제자나 후배가 스승이나 선배보다 뛰어남
- 取捨選擇(취사선택) : 취할 것은 취하고, 버릴 것은 버려서 골라 잡음
- 惻隱之心(측은지심) : 불쌍하고 가엾게 여기는 마음
- 七顚八起(칠전팔기) : 일곱 번 넘어져 여덟 번 일어남. 곧, 수없는 실패에도 굽히지 않음

- 針小棒大(침소봉대) : 작은 사건을 크게 과장해서 이야기함
- 他山之石(타산지석) : 다른 산에서 나는 하찮은 돌도 자기의 옥을 가는 데 쓰임. 곧, 다른 사람의 하찮은 언행도 자기의 지덕을 연마하는 데 도움이 됨을 비유
- 泰斗(태두) : '泰山北斗'의 준말. ① 우러러 받듦을 받는 사람 ② 어떤 전문분야에서 썩 권위가 있는 사람
- 破竹之勢(파죽지세) : 대를 쪼개는 기세. 감히 막을 수 없게 맹렬히 적을 치는 기세
- 八方美人(팔방미인) : 여러 방면의 일에 능통한 사람
- 抱腹絶倒(포복절도) : 배를 움켜쥐고 쓰러질 정도로 우스움
- 風樹之嘆(풍수지탄) : '樹欲靜而風不止, 子欲養而親不待'에서 온 말. 곧, 효도를 다 하지 못하고 어버이를 여읜 자식을 이른 말
- 風前燈火(풍전등화) : 바람 앞의 등불. 곧, 몹시 위급한 상태
- 匹夫匹婦(필부필부) : 평범한 남녀
- 鶴首苦待(학수고대) : 학의 목처럼 길게 늘여 고대함. 곧, 몹시 기다림
- 汗牛充棟(한우충동) : 썩 많은 장서(藏書)
- 咸興差使(함흥차사) : 심부름 간 사람이 빨리 돌아오지 않음
- 虛張聲勢(허장성세) : 실속은 없으면서 허세만 부림
- 螢雪之功(형설지공) : 반딧불과 눈빛에 비춰 공부한 보람
- 好事多魔(호사다마) : 좋은 일에는 방해되는 것이 많음
- 虎視耽耽(호시탐탐) : 탐욕스러운 야심으로 기회를 노리며 형세를 살핌
- 浩然之氣(호연지기) : 넓고 큰 기운. 천하에 부끄러울 것이 없이 활짝 펴진 기운
- 魂飛魄散(혼비백산) : 몹시 놀라 정신이 없음
- 昏定晨省(혼정신성) : 저녁에는 잠자리를 정하고 아침에는 문안을 살핌. 곧, 아침저녁으로 어버이의 안부를 물어서 살핌
- 畵龍點睛(화룡점정) : 용을 그릴 때 마지막으로 눈알을 그려넣음. 곧, 무슨 일을 하는데 가장 긴요한 부분을 마치어 완성함을 이름
- 花容月態(화용월태) : 미인의 고운 얼굴과 자태를 이르는 말
- 畵中之餠(화중지병) : 그림의 떡. 즉, 실제로 사용하거나 보탬이 되지 않음
- 會者定離(회자정리) : 인생의 무상함은 인간의 힘으로는 어찌할 수 없음
- 嚆矢(효시) : 어떤 일이나 사물의 처음
- 興盡悲來(흥진비래) : 즐거움이 다하면 슬픔이 닥쳐옴

예상문제풀이

1 다음 ( ) 안에 알맞은 漢字를 써넣어 四字成語를 완성하시오.

① 公平(   )私 : 공정하여 사사로움이 없음
② 九牛(   )毛 : 많은 것 가운데서 매우 적은 것을 일컫는 말
③ (   )必歸正 : 모든 일은 반드시 바른 이치로 돌아간다는 말

2 다음 漢字語의 ( ) 안에 알맞은 漢字를 쓰시오. (略字를 써도 좋음)

① 以心(   )心 : 말이나 글에 의하지 아니하고 마음에서 마음으로 전함
② 眼(   )無人 : 사람을 업신여기고 교만함
③ (   )前燈火 : 바람 앞의 등불이라는 뜻으로, 매우 위태로운 상태를 이르는 말
④ 樂山樂(   ) : 산과 물을 좋아함
⑤ 百(   )之計 : 먼 뒷날까지에 걸친 계획

3 다음 ( ) 안에 알맞은 漢字를 써넣어 四字成語를 완성하시오.

① 走(   )看山   ② 目不(   )丁
③ 不(   )曲直

4 다음 단어의 ( ) 안에 알맞은 漢字를 쓰시오. (略字를 써도 좋음)

정답 및 해설

1. ① 無(공평무사(공변될(드러낼) 公, 평평할 平, 없을 無, 사사로울 私))
   ② 一(구우일모(아홉 九, 소 牛, 한 一, 털 毛))
   ③ 事(사필귀정(일 事, 반드시 必, 돌아갈 歸, 바를 正))

2. ① 傳(이심전심(써 以, 마음 心, 전할 傳, 마음 心))
   ② 下(안하무인(눈 眼, 아래 下, 없을 無, 사람 人))
   ③ 風(풍전등화(바람 風, 앞 前, 등잔 燈, 불 火))
   ④ 水(요산요수(좋아할 樂, 뫼 山, 좋아할 樂, 물 水))
   ⑤ 年(백년지계(일백 百, 해 年, 갈 之, 계획(꾀) 計))

3. ① 馬(주마간산(달릴 走, 말 馬, 볼 看, 뫼 山))
   ② 識(목불식정(눈 目, 아닐 不, 알 識, 넷째 천간(성할·당할) 丁))
   ③ 問(불문곡직(아닐 不, 물을 問, 굽을 曲, 곧을 直))

① 見( )思義 : 눈앞에 이익이 보일 때 의리를 생각함
② ( )草報恩 : 죽어 혼령이 되어도 은혜를 잊지 않고 갚음
③ 聞一( )十 : 한 가지를 듣고 열 가지를 미루어 앎
④ ( )風良俗 : 아름답고 좋은 풍속
⑤ 山戰( )戰 : 산과 물에서 싸웠다는 뜻으로, 세상일에 대하여 겪은 온갖 수난

5 다음 ( ) 안에 알맞은 漢字를 써넣어 四字成語를 완성하시오.

① 見利( )義 : 이익을 보면 의를 생각함
② 北( )三友 : 거문고, 瑟, 詩를 일컬음
③ 東問西( ) : 물음에 대한 엉뚱한 대답

6 다음 ( ) 안에 알맞은 漢字를 쓰시오. (略字로 써도 좋음)

① 敗家亡( ) : 가산을 탕진하고 몸을 망침
② 作( )三日 : 결심이 사흘을 가지 못함
③ 一長一( ) : 장점도 있고 단점도 있어 완전하지 않음
④ 燈下不( ) : 등잔 밑이 어둡다는 뜻. 가까이 있는 것이 도리어 알아내기 어려움을 이르는 말
⑤ 門前( )市 : 권세가 높거나 부자가 되어 집 문 앞이 방문객으로 저자를 이루다시피 한다는 말

7 다음 뜻을 가진 四字成語를 漢字로 쓰시오. 제12회 4급 출제

① 실물을 보고서 욕심이 생긴다.
② 집 문 앞이 방문객으로 저자를 이루다시피 하다.

정답 및 해설

4. ① 利(견리사의(볼 見, 이로울 利, 생각 思, 옳을 義))
② 結(결초보은(맺을 結, 풀 草, 갚을 報, 은혜 恩))
③ 知(문일지십(들을 聞, 한 一, 알 知, 열 十))
④ 美(미풍양속(아름다울 美, 바람/풍속 風, 좋을 良, 풍속 俗))
⑤ 水(산전수전(뫼 山, 싸울 戰, 물 水, 싸울 戰))

5. ① 思(견리사의(볼 見, 이로울 利, 생각 思, 옳을 義))
② 窓(북창삼우(북녘 北, 창 窓, 석 三, 벗 友))
③ 答(동문서답(동녘 東, 물을 問, 서녘 西, 대답할 答))

6. ① 身(패가망신(깨뜨릴(부술) 敗, 집 家, 망할 亡, 몸 身))
② 心(작심삼일(지을 作, 마음 心, 석 三, 날 日))
③ 短(일장일단(한 一, 길/장점 長, 한 一, 짧을(단점) 短))
④ 明(등하불명(등잔 燈, 아래 下, 아닐 不, 밝을 明))
⑤ 成(문전성시(문 門, 앞 前, 이룰 成, 시가(저자) 市))

7. ① 見物生心(견물생심(볼 見, 만물 物, 낳을 生, 마음 心))
② 門前成市(문전성시(문 門, 앞 前, 이룰 成, 시가(저자) 市))

8 다음 단어의 ( ) 안에 알맞은 漢字를 쓰시오. (略字로 써도 좋음)

① 東問西( ) : 어떤 물음에 대하여 당치도 않은 엉뚱한 대답을 함
② 九( )一生 : 여러 번 죽을 고비를 넘기고 간신히 살아남
③ 能( )能大 : 모든 일에 두루 능함
④ 同( )同樂 : 같이 고생하고 같이 즐김
⑤ 不問可( ) : 묻지 않아도 능히 알 수 있음

9 다음 ( ) 안에 들어갈 알맞은 漢字를 예에서 골라 그 번호를 쓰시오.

| ㉠ 意 | ㉡ 苦 | ㉢ 房 | ㉣ 全 | ㉤ 敬 |
| ㉥ 疑 | ㉦ 方 | ㉧ 故 | ㉨ 慶 | ㉩ 傳 |

① 半信半( )란 반쯤은 믿고 반쯤은 의심하는 것을 이르는 말이다.
② 종이, 붓, 먹, 벼루를 文( )四友라고 한다.
③ 같이 고생하고 같이 즐기는 것을 同( )同樂이라고 한다.
④ ( )天愛人이란 하늘을 공경하고 인류를 사랑한다는 뜻이다.
⑤ 마음이 서로 통하는 것을 以心( )心이라고 한다.

10 다음 ( ) 안에 알맞은 漢字를 써넣어 四字成語를 완성하시오.

① ( )人薄命 : 아름다운 여자는 목숨이 짧음
② 刻舟( )劍 : 미련하여 융통성이 없음을 비유
③ ( )功行賞 : 공을 잘 따져 각각 알맞은 상을 주는 일
④ 多事多( ) : 일이 많고 어려움
⑤ 單刀( )入 : 군말을 빼고 요점으로 풀이하여 들어감
⑥ 馬( )東風 : 쇠귀에 경 읽기

정답 및 해설

8. ① 答(동문서답(동녘 東, 물을 問, 서녘 西, 대답할 答))
② 死(구사일생(아홉 九, 죽을 死, 한 一, 날 生))
③ 小(능소능대(능할 能, 작을 小, 능할 能, 큰 大))
④ 苦(동고동락(같을 同, 쓸(괴로울) 苦, 같을 同, 즐거울 樂))
⑤ 知(불문가지(아닐 不, 물을 問, 옳을 可, 알 知))

9. ① ㉥ 반신반의(반 半, 믿을 信, 반 半, 의심할 疑)
② ㉢ 문방사우(무늬(글월) 文, 방 房, 넉 四, 벗 友)
③ ㉡ 동고동락(같을 同, 쓸(괴로울) 苦, 같을 同, 즐거울 樂)
④ ㉤ 경천애인(공경할 敬, 하늘 天, 사랑 愛, 사람 人)
⑤ ㉩ 이심전심(써 以, 마음 心, 전할 傳, 마음 心)

10. ① 佳(가인박명(아름다울 佳, 사람 人, 엷을 薄, 목숨 命))
② 求(각주구검(새길 刻, 배 舟, 구할 求, 칼 劍))
③ 論(논공행상(논할 論, 공 功, 갈 行, 상줄 賞))
④ 難(다사다난(많을 多, 일 事, 많을 多, 어려울 難))
⑤ 直(단도직입(홑 單, 칼 刀, 곧을 直, 들 入))
⑥ 耳(마이동풍(말 馬, 귀 耳, 동녘 東, 바람 風))
⑦ 從(백의종군(흰 白, 옷 衣, 따를 從, 군사 軍))
⑧ 似(비몽사몽(아닐 非, 꿈 夢, 같을(비슷할) 似, 꿈 夢))
⑨ 飯(십시일반(열 十, 숟가락 匙, 한 一, 밥 飯))
⑩ 說(어불성설(말씀 語, 아닐 不, 이룰 成, 말씀 說))

⑦ 白衣(　　　)軍 : 벼슬하지 않은 몸으로 전쟁터에 나감
⑧ 非夢(　　　)夢 : 꿈인지 생시인지 어렴풋한 상태
⑨ 十匙一(　　　) : 여러 사람이 한 사람 구제하기는 쉬움
⑩ 語不成(　　　) : 말이 사리에 맞지 아니함

11 다음 (　) 안에 들어갈 알맞은 漢字를 골라 그 번호를 쓰시오.

① 나이가 들수록 竹馬(　　　)友가 그리워지는 법이다. (㉠ 固 ㉡ 孤 ㉢ 故 ㉣ 高)
② (　　　)言利說이란 달콤한 말과 이로운 조건을 내세워 꾀는 말이란 뜻이다. (㉠ 告 ㉡ 苦 ㉢ 敢 ㉣ 甘)
③ '뿔을 가진 동물은 이가 없다'는 뜻인 角者無(　　　)란 사람이 복을 겸할 수 없음을 이르는 말이다. (㉠ 恥 ㉡ 齒 ㉢ 治 ㉣ 置)
④ 多多益(　　　)이란 '많으면 많을수록 좋다'는 뜻이다. (㉠ 先 ㉡ 仙 ㉢ 善 ㉣ 宣)

12 다음 漢字成語를 완성하시오. (略字를 써도 됨)

① (　　　)人事待天命 : 할 수 있는 데까지 노력하고 천명을 기다림
② (　　　)懸鈴(　　　)懸鈴 : 귀에 걸면 귀걸이, 코에 걸면 코걸이
③ 東(　　　)食西家(　　　) : 떠돌이 생활
④ (　　　)悔莫及 : 잘못된 뒤에 아무리 후회하여도 어찌할 수 없음
⑤ (　　　)有曲折 : 반드시 까닭이 있음
⑥ 七顚八(　　　) : 여러 번 실패하여도 꾸준히 일어남
⑦ (　　　)言復言 : 한 말을 또 함
⑧ 自强不(　　　) : 스스로 힘써 쉬지 아니함
⑨ 意(　　　)銷沈 : 의기가 쇠하여 사그라짐
⑩ (　　　)飛梨落 : '까마귀 날자 배 떨어진다'는 뜻으로 남의 혐의를 받기 쉬움을 비유함

정답 및 해설

11. ① ㉢ 죽마고우(대나무 竹, 말 馬, 옛 故, 벗 友)
② ㉣ 감언이설(달 甘, 말씀 言, 이로울 利, 말씀 說)
③ ㉡ 각자무치(뿔 角, 사람(놈) 者, 없을 無, 이 齒)
④ ㉢ 다다익선(많을 多, 더할(이익) 益, 좋을(착할) 善)

12. ① 盡(진인사대천명(다할 盡, 사람 人, 일 事, 기다릴 待, 하늘 天, 목숨 命))
② 耳, 鼻(이현령비현령(귀 耳, 매달 懸, 방울 鈴, 코 鼻))
③ 家, 宿(동가식서가숙(동녘 東, 집 家, 밥(먹을) 食, 서녘 西, 묵을 宿))
④ 後(후회막급(뒤 後, 후회할 悔, 없을 莫, 미칠 及))
⑤ 必(필유곡절(반드시 必, 있을 有, 굽을 曲, 꺾을 折))
⑥ 起(칠전팔기(일곱 七, 넘어질 顚, 여덟 八, 일어날 起))
⑦ 重(중언부언(무거울 重, 말씀 言, 다시 復))
⑧ 息(자강불식(스스로 自, 굳셀 强, 아닐 不, 숨쉴 息))
⑨ 氣(의기소침(뜻 意, 기운 氣, 녹일 銷, 가라앉을 沈))
⑩ 烏(오비이락(까마귀 烏, 날 飛, 배 梨, 떨어질 落))

13 다음 설명된 四字成語를 쓰시오.

① 앞뒤의 잔말을 빼고 요점만 말함
　（　　　　）
② 나쁜 것을 가까이하면 그것에 물들기 쉬움
　（　　　　）
③ 오랜 공적을 쌓아 늦게 이루어짐을 비유
　（　　　　）
④ 극히 가까운 친구　（　　　　）
⑤ 넓게 알고 있으나 자세하지 못함
　（　　　　）
⑥ 글만 읽고 세상 일에 경험이 없는 선비
　（　　　　）
⑦ 아는 것이 병　（　　　　）
⑧ 약한 것이 강한 것에 먹힘
　（　　　　）
⑨ 옛 것을 익히고 나아가 새 것을 앎
　（　　　　）
⑩ 변명할 말이 없음　（　　　　）

14 다음 漢字成語의 뜻을 풀이하시오.

① 後生可畏　（　　　　）
② 表裏不同　（　　　　）
③ 他山之石　（　　　　）
④ 靑山流水　（　　　　）
⑤ 朝三暮四　（　　　　）
⑥ 才子佳人　（　　　　）
⑦ 烏合之卒　（　　　　）
⑧ 塞翁之馬　（　　　　）
⑨ 博學多識　（　　　　）
⑩ 燈火可親　（　　　　）

정답 및 해설

13. ① 去頭切尾(거두절미 : 갈 去, 머리 頭, 끊을 切, 꼬리 尾)
　② 近墨者黑(근묵자흑 : 가까울 近, 검을 墨, 놈(사람) 者)
　③ 大器晩成(대기만성 : 큰 大, 그릇 器, 늦을 晩, 이룰 成)
　④ 莫逆之友(막역지우 : 없을 莫, 거스를 逆, 갈 之, 벗 友), 管鮑之交(관포지교 : 피리 管, 어물 鮑, 갈 之, 사귈 交)
　⑤ 博而不精(박이부정 : 넓을 博, 어조사 而, 아닐 不, 정세할/면밀할 精)
　⑥ 白面書生(백면서생 : 흰 白, 얼굴 面, 쓸(책) 書, 낳을 生)
　⑦ 識字憂患(식자우환 : 알 識, 글자 字, 근심 憂, 근심할 患)
　⑧ 弱肉強食(약육강식 : 약할 弱, 고기 肉, 굳셀(강할) 強, 밥(먹을) 食)
　⑨ 溫故知新(온고지신 : 따뜻할 溫, 옛 故, 일 知, 새로울 新)
　⑩ 有口無言(유구무언 : 있을 有, 입 口, 없을 無, 말씀 言)

14. ① 후생가외 : 후배가 두렵다는 말(畏 : 두렵다)
　② 표리부동 : 마음이 음흉해서 겉과 속이 다름
　③ 타산지석 : 다른 사람의 하찮은 언행일지라도 자기에게 도움이 된다는 말
　④ 청산유수 : 막힘이 없이 말을 썩 잘함
　⑤ 조삼모사 : 간사한 꾀로 남을 속여 놀림
　⑥ 재자가인 : 재주 있는 젊은 남자와 아름다운 여자(佳 : 아름답다)
　⑦ 오합지졸 : 어중이떠중이(＝烏合之衆)
　⑧ 새옹지마 : 세상의 모든 일이 덧없음을 비유(塞 : 변방, 翁 : 늙은이)
　⑨ 박학다식 : 학문이 넓고 식견이 많음
　⑩ 등화가친 : 책 읽기에 좋은 계절임

가족(家族)의 호칭

구 분	자 기		타 인	
	생존시	사 후	생존시	사 후
父 아버지	가친(家親) 엄친(嚴親) 부주(父主)	선친(先親) 선고(先考) 선부군(先父君)	춘부장(春府丈) 춘장(椿丈) 춘당(春堂)	선대인(先大人) 선고장(先考丈) 선인(先人)
母 어머니	자친(慈親) 모생(母生) 가자(家慈)	선비(先妣) 선자(先慈)	자당(慈堂) 대부인(大夫人) 모당(母堂) 훤당(萱堂)	선대부인(先大夫人) 선부인(先夫人)
祖父 할아버지	조부(祖父) 왕부(王父)	조고(祖考) 왕고(王考)	왕존장(王尊丈) 왕대인(王大人)	선조부장(先祖父丈) 선왕고장(先王考丈)
祖母 할머니	조모(祖母) 왕모(王母)	조비(祖妣)	왕대부인(王大夫人) 존조모(尊祖母)	선왕대부인(先王大夫人) 선조비(先祖妣)
子 아들	가아(家兒) 가돈(家豚) 돈아(豚兒) 미돈(迷豚)	망아(亡兒)	영랑(令郞) 영식(令息) 영윤(令胤)	
女 딸	여식(女息) 식비(息鄙)		영애(令愛) 영교(令嬌) 영양(令孃)	
孫 손자	손자(孫子) 손아(孫兒)		영포(令抱) 영손(令孫)	

공무원 기출문제집

서원각 기출문제집으로 시험 출제경향 파악하자!

▲ 기출문제 정복하기
전 직렬 공통 필수과목
일반행정직
사회복지직
교육행정직

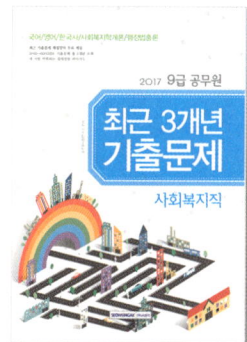
▲ 최근 3개년 기출문제
필수과목/행정직
교육행정직/사회복지직

▲ 최근 5개년 기출문제
국어/영어/한국사/사회
행정법총론/행정학개론
교육학개론

▲ 최근 10개년 기출문제
국어/영어/한국사/사회
행정법총론/행정학개론
교육학개론

▲ 문제만 담았다!
영어/한국사/사회
행정법총론/행정학개론
교육학개론

▲ 해설만 담았다!
국어/영어/한국사/사회
행정법총론/행정학개론
교육학개론

▲ 기출문제 정복하기
9급 건축직/7급 건축직/
기계직

▲ 서울시 공무원
필수과목 기출문제 정복하기

네이버 카페 검색창에서 '공무공부'를 검색하셔서 네이버 카페 공무공부에 가입하시면 각종 시험 정보를 보실 수 있습니다.

상식키우기

서원각과 함께하는 상식키우기!

▼ 공사/시사 일반상식

정치·법률, 경제·경영, 사회·노동, 과학·기술, 지리·환경, 세계사·철학, 문학·한자, 매스컴, 문화·예술·스포츠 관련 상식을 중요한 것만 모아 수록하였다.

▲ 공사공단 일반상식

▲ 시사일반상식

▲ MAC을 짚어 주는 시사일반상식

▼ 공기업/공공기관 채용 시리즈

공기업과 공공기관 채용시험에 나올 법한 상식만을 모았다! 정치·법률, 경제·경영, 사회·노동, 과학·기술, 지리·환경, 세계사·철학, 문학·한자, 매스컴, 문화·예술·스포츠 관련 상식을 중요한 것만 모아 수록하였다. 또한 한국사의 기출유형문제를 정리하여 포함하였다.

빈출 일반상식 – 중요 시사상식 및 빈출용어 수록
간추린 일반상식 – 출제가 예상되는 문제와 해설 수록

▲ 공기업/공공기관 채용 빈출 일반상식

▼ 한눈에 쏙! 시리즈

경제용어사전 – 단기간에 완성하는 경제용어 및 금융상식
시사용어사전 – 시사용어 및 시사 상식을 한눈에 쏙
부동산용어사전 – 부동산과 관련된 핵심 용어를 쉽고 간결하게 정리

▲ 경제용어사전

▲ 부동산용어사전